DIREITOS HUMANOS E CONCEPÇÕES CONTEMPORÂNEAS

EDITORA AFILIADA

*Conselho Editorial da
área de Serviço Social*

Ademir Alves da Silva
Dilséa Adeodata Bonetti (Conselheira Honorífica)
Elaine Rossetti Behring
Ivete Simionatto
Maria Lúcia Carvalho da Silva
Maria Lucia Silva Barroco

Dados Internacionais de Catalogação na Publicação (CIP)
(Câmara Brasileira do Livro, SP, Brasil)

Ruiz, Jefferson Lee de Souza
  Direitos humanos e concepções contemporâneas / Jefferson Lee de Souza Ruiz. – São Paulo : Cortez, 2014.

  ISBN 978-85-249-2292-3

  1. Assistência social 2. Ciências sociais 3. Direitos humanos 4. Serviço social I. Título.

14-10290   CDD-361.614

Índices para catálogo sistemático:
1. Direitos humanos : Bem-estar social 361.614

Jefferson Lee de Souza Ruiz

DIREITOS HUMANOS E CONCEPÇÕES CONTEMPORÂNEAS

DIREITOS HUMANOS E CONCEPÇÕES CONTEMPORÂNEAS
Jefferson Lee de Souza Ruiz

Capa: de Sign Arte Visual sobre foto "Lagoa Grande (PE) – 2006"
Fotógrafo: João Zinclar
Propriedade da imagem: Acervo Instituto João Zinclar, que gentilmente cedeu a imagem para reprodução exclusiva nesta obra
Guarda da imagem: Museu da Imagem e do Som – Campinas (SP)
Preparação de originais: Jaci Dantas
Revisão: Maria de Lourdes de Almeida
Composição: Linea Editora Ltda.
Assessoria editorial: Maria Liduína de Oliveira e Silva
Editora assistente: Priscila Flório Augusto
Coordenação editorial: Danilo A. Q. Morales

Nenhuma parte desta obra pode ser reproduzida ou duplicada sem autorização expressa do autor e do editor.

© 2014 by Autor

Direitos para esta edição
CORTEZ EDITORA
Rua Monte Alegre, 1074 – Perdizes
05014-001 – São Paulo – SP
Tel.: (11) 3864 0111   Fax: (11) 3864 4290
e-mail: cortez@cortezeditora.com.br
www.cortezeditora.com.br

Impresso no Brasil – outubro de 2014

"Quem traz, na pele, esta marca
possui a estranha mania
de ter fé na vida."

Milton Nascimento e Fernando Brant

"Uma ideia,
antes de ser concretizada,
possui uma estranha semelhança com a utopia."

J. P. Sartre

Sumário

Agradecimentos 11

Direitos humanos e concepções em disputa na sociedade contemporânea 13

Capítulo 1
De onde vêm os debates sobre direitos humanos

1.1 A origem dos direitos humanos 21

1.2 Direitos humanos nos séculos XVIII e XIX: limites da concepção liberal 49

1.3 Os direitos humanos no século XX: rápidas e profundas alterações 59

1.4 Século XXI: retrocesso anunciado? 77

Capítulo 2
Distintas concepções sobre direito
(e sobre direitos humanos)

2.1 Concepções e dimensões do direito: um debate com o pé na história 99

    2.1.1 O direito natural 100

    2.1.2 Direito e capitalismo 103

    2.1.3 Direito *x* lei 106

    2.1.4 Direito e a dimensão do devir 112

    2.1.5 Limites e dimensões do direito na sociedade capitalista 120

2.2 Distintas concepções e dimensões dos direitos humanos 124

    2.2.1 História, lutas de classes e seus impactos sobre os direitos humanos 125

    2.2.2 Dimensões complementares para o debate sobre distintas concepções 145

        2.2.2.1 Formação sócio-histórica e realidades sociais específicas 146

        2.2.2.2 Direitos humanos, propriedade privada e o direito à segurança 149

            2.2.2.2.1 Os contratualistas e a propriedade .. 157

            2.2.2.2.2 Marx e Engels: é necessário abolir a propriedade 164

        2.2.2.3 Direitos humanos e distintas leituras de suas potencialidades 168

    2.2.3 A relação entre concepções de direitos humanos e a vida objetiva 177

Capítulo 3
As principais concepções de direitos humanos em disputa na sociedade contemporânea

3.1 A concepção reacionária de direitos humanos 180

3.2 A concepção liberal de direitos humanos e algumas das principais críticas a esta perspectiva 206

3.3 A concepção socialista de direitos humanos, suas contribuições e limites 216

3.4 A concepção autodenominada contemporânea de direitos humanos 223

3.5 Uma concepção pós-moderna de direitos humanos? 229

3.6 A necessidade histórica de uma concepção dialética de direitos humanos: contribuição alternativa, também advinda do marxismo 242

3.7 Possíveis diálogos entre distintas concepções de direitos humanos 262

Epílogo
Há incompatibilidades entre marxismo e direitos humanos?

4.1 Emancipação política e emancipação humana 278

4.2 A possível incompatibilidade entre marxismo e direitos humanos 283

4.3 Um novo fim da história? A morte da dialética? 298

Referências 303

Sobre o Autor 312

Agradecimentos

A produção de um texto por um único autor pode parecer uma tarefa solitária. No fundo, nunca é. Textos expressam experiências e leituras sobre a vida. Debates, polêmicas, reflexões, leituras, orientações, críticas, momentos afetivos. Quem os produz é responsável, obviamente, pelas ideias que apresenta e defende. Mas tomar unicamente para si os processos que permitem chegar a um artigo, a um livro, a um poema, a uma canção é negar uma característica humana fundamental: somos seres sociais e é na troca (mesmo as brutais, como as das lutas de classes) que nos construímos.

Este livro não existiria sem a contribuição de muitos e muitas docentes ao longo da vida. A todos os professores e professoras, meus agradecimentos em Marlise Vinagre, Elídio Marques, Mauro Iasi e José Paulo Netto. Compondo as bancas que acompanharam este processo apresentaram críticas, sugestões, divergências, que me levaram a novas percepções sobre o texto e, eventualmente, à busca por aprimorá-lo. Iasi e Netto merecem destaque e um obrigado especial, pelas orientações que prestaram com profundo rigor acadêmico e sem jamais tentar impor ideias à visão que eu defendia sobre os direitos humanos e sua relação com o marxismo, com a história, com a conjuntura, com as lutas sociais.

As ideias que aqui apresento vêm me acompanhando, em diferentes intensidades e profundidades, desde minha adolescência. À época, participante de uma Comunidade Eclesial de Base no Jardim São Vicente, em Campinas/SP, tive meus primeiros contatos com o marxismo. A militância sindical e partidária só os aprofundaram, em processo que me levou, anos depois, à escolha do curso de Serviço Social na UFRJ e a sua melhor sistematização. Estão presentes aqui, então, integrantes das CEBs de Campinas; trabalhadores da Unicamp e das universidades estaduais paulistas; militantes que compuseram comigo direções sindicais, partidárias e de outros movimentos, como a Associação de Moradores do São Vicente; componentes do Grupo Teatral Fimbo. Já no Rio de Janeiro, direções e funcionários do Conselho Regional de Serviço Social; colegas discentes, docentes e técnicos-administrativos das escolas de Serviço Social da UFRJ e da Unirio; profissionais de várias políticas públicas e categorias profissionais com quem tive a oportunidade de dialogar sobre o tema deste livro em cursos, mesas, debates; colegas do Conjunto CFESS/CRESS. A todos e todas vocês, meu profundo agradecimento.

Ninguém escolhe seus familiares. Se pudéssemos fazê-lo, contudo, não me faltariam motivos para ter os mesmos pai, mãe, irmãos, sobrinhas e outros parentes que tive o privilégio de ter na vida. Em Vivien, mãe Maria, pai José e Tato, meu muito obrigado.

Ao longo da vida gritam dentro de nós paixões, amores, amizades. Vocês que já me ouviram dizer ou já me disseram "somos amigos" ou "nos amamos", estão aqui e sempre comigo.

A todos os que lutam por uma sociedade humanamente emancipada, em que todas as potencialidades dos seres sociais sejam plenamente desenvolvidas. Nestes, minha homenagem ao exemplar militante João Zinclar, fotógrafo e poeta da imagem, autor de Lagoa Grande (PE), a foto que é capa deste livro. A Augusto, Sônia e Victória, por terem viabilizado acesso à imagem junto ao Acervo Instituto João Zinclar, proprietário da foto, e ao Museu de Imagem e do Som de Campinas (SP), responsável por sua guarda. Registro meus agradecimentos às duas instituições. A Gustavo, grato pela gentil e atenta revisão das traduções do espanhol para o português. A Mauro e Maurílio, por seus textos para esta publicação.

A todos os profissionais da Cortez pelos contatos sempre tão profissionais e respeitosos e por viabilizarem a publicação deste livro.

Direitos humanos e concepções em disputa na sociedade contemporânea[1]

Apresentação

Direitos humanos vêm sendo preocupação de diferentes sujeitos sociais, de diversas opções políticas e ideológicas, em distintas perspectivas. Trindade (2002) afirma tratar-se de um tema de santos e canalhas. A ele se referiram Hitler e George Bush; socialistas, comunistas, capitalistas, pós-modernos, liberais, reacionários. O autor registra que provavelmente não haja ditador que não tenha, em algum momento, feito uso do que chama de linguagem dos direitos humanos.

Assim, eles são utilizados para defender modelos de sociedade muito distintos: sociedades sem prisões e outras, com presídios clandestinos, tortura, inexistência de defesa em relação a acusações recebidas. São usados para justificar invasões de países e assassinato de seus povos, ou para defender o direito de autodeterminação quanto a seus futuros e quanto à ordem econômica e política que considerem mais justas e adequadas para suas vidas. Direitos humanos são tema que se relaciona com muitas dimensões de nossas vidas: democracia; participação política; economia; saúde; educação; habitação; definição de legislações (e o que fazer quando há conflito com as mesmas, o

---

1. Texto produzido, em suas linhas mestras, como dissertação de mestrado em Serviço Social defendida em 2012 no âmbito da Escola de Serviço Social da UFRJ.

que nos leva a temas como aprisionamentos, luta antimanicomial, pena de morte e outros); eles tratam de acordos mínimos para situações de guerra ou conflitos civis; deslocamento pelo espaço geográfico; trabalho; reconhecimento de cidadania em outros países; livre orientação e expressão sexual; desenvolvimento das plenas potencialidades de segmentos como crianças, adolescentes, mulheres, negros, índios e tantos outros; falam de populações ribeirinhas, habitantes de quilombos ou das ruas das cidades, bem como do combate a expressões reacionárias como racismo, homofobia, xenofobia, tortura; têm a ver com desigualdades sociais e suas origens estruturais; assume determinadas características com a divisão da sociedade em classes e com a apropriação privada de meios de produção de riquezas, bens e serviços; dialogam com a formação sócio-histórica de cada país; referem-se à concentração dos meios de comunicação com multidões e, também, com organização política, sindical e em outros movimentos sociais. Direitos humanos podem dizer respeito a temas controversos e polêmicos como eutanásia, aborto, novas formas de vida a partir de células-tronco, utilização da evolução da ciência e da tecnologia para fins diversos.

Enfim, direitos humanos relacionam-se com modos de organizar a vida em suas diversas dimensões. Trata-se de discutir como são e devem ser sociedades em que a humanidade vive, trabalha, se reproduz socialmente, se educa, reconhece novas necessidades e luta por sua satisfação. Relacionam-se com leituras macrossocietárias sobre o mundo e com os modos de produção e apropriação da riqueza socialmente produzida, do patrimônio cultural da humanidade, da relação com o meio ambiente e com as condições de vida das atuais e das próximas gerações.

Esta amplitude provoca desafios: não é um tema a ser tratado ingênua ou superficialmente. Isto implica buscar identificar que diferentes perspectivas há a seu respeito, como e quando surgiram, que características assumem nos distintos modos de produção. Para determinadas apreensões, provoca pensar que contribuição podem oferecer à construção de uma sociedade efetivamente justa, necessariamente anticapitalista[2] — em que a produção coletiva e social da riqueza não seja apropriada privadamente.

É tema que exige buscar apreender as razões de sua centralidade nos debates de diferentes campos do conhecimento em pleno século XXI, as polêmicas e distinções existentes entre variadas concepções e que dimensões e contribuições levaram a sua legitimação e utilização, ao menos no campo discursivo, por tão distintos sujeitos sociais. Uma leitura sobre os direitos humanos sob a ótica do método crítico-dialético pode possibilitar entender as razões pelas quais foram utilizados para justificar o assassinato de milhões de seres sociais (Trindade, 2002; Hobsbawm, 1995) e, mesmo, a atual restrição de acesso a direitos não apenas advindos do mundo do trabalho, mas também direitos como os de liberdade individual na atual fase de acumulação capitalista, inclusive pelos que reivindicam serem seus maiores defensores (Marques, 2006).

Assim, o primeiro capítulo do texto visa recuperar, panoramicamente, elementos históricos importantes para o debate sobre direitos humanos. Em geral, ele é visto como resultado das revoluções burguesas realizadas nos Estados Unidos (em 1776) e na França (em 1789), sendo a segunda especialmente importante para o debate, tendo em vista sua repercussão mundial e histórica e o papel que teve para a derrota do modo de produção então vigente, o feudalismo. Afinal, como afirma Hobsbawm (2010, p. 149), "Em termos de geografia política, a Revolução Francesa pôs fim à Idade Média". O autor registra, ainda: "Uma vez oficialmente abolido, o feudalismo não se restabeleceu em parte alguma" (ibid., p. 152).

Mas você encontrará, aqui, uma perspectiva algo distinta: situar o surgimento dos direitos humanos nestes eventos sem relacionar

---

2. Marx a denomina sociedade comunista. A apreensão de suas ideias, por diferentes pensadores e perspectivas (autodenominadas marxistas), contudo, deu a este termo conteúdos distintos, que dialogam com contribuições muito diferentes entre si. Em função destes episódios, o próprio Marx teria afirmado, em certa oportunidade, a seu genro, não ser marxista. Ao longo do texto abordaremos análises de como algumas destas concepções resultaram em violações de direitos, embora adotadas em nome do marxismo e de sociedades de suposta transição para o comunismo.

diferentes dimensões presentes ao longo da Revolução Francesa (classes que a compuseram, disputas internas por sua direção e o que dela resultaria a partir destes confrontos etc.) pode resultar em favorecer a apreensão dos direitos humanos em uma determinada perspectiva, a liberal, que tende a conferir legitimidade imediata e maior eficácia a apenas uma parte dos direitos — os civis e políticos. Uma hipótese alternativa à contextualização histórica dos direitos humanos já começará a ser esboçada no capítulo: embora geralmente assumam formas particulares em cada sociedade e contexto histórico, lutas por direitos existem desde que o ser humano se reconheceu como ser social. Ela estará evidenciada ao longo do livro e em parte de um de seus capítulos, quando forem apresentados elementos que definem a concepção de direitos humanos aqui denominada dialética.

A tarefa proposta pelo segundo capítulo é a de identificar a polêmica sobre como definir quais são as principais concepções sobre direitos humanos em disputa no início do século XXI. Isto nos leva, necessariamente, a apreciar algumas das dimensões do direito, bem como diferentes posicionamentos teóricos sobre este debate. Nele, introduzimos reflexões sobre a adequação do reconhecimento de distintas concepções de direitos humanos. Veremos que há os que defendam que, ao modo do que ocorria durante o período conhecido como Guerra Fria, também os direitos humanos estariam polarizados entre duas concepções fundamentais — que denominam liberal e socialista (ou marxista). Ao mesmo tempo, há autores que agrupam distintas concepções de direitos humanos a partir de perspectivas filosóficas distintas — o que faria com que tais concepções se agrupassem em blocos com determinadas características peculiares. Outras citações demonstrarão como há reflexões que apontam a existência de distintas concepções mesmo dentro da mesma perspectiva filosófica e política — como o liberalismo ou o marxismo. O capítulo identifica, ainda, diferentes dimensões do debate sobre direitos humanos (como formação sócio-histórica, distintas interpretações sobre o direito à propriedade, perspectivas que anunciam — como direitos — necessidades sociais que ainda veem sua satisfação ser disputada no quotidiano da vida social) e sua influência.

O terceiro capítulo visa apresentar — especialmente se considerarmos que direitos humanos implicam mais do que a dimensão positivada (reconhecida em leis nacionais e/ou documentos internacionais de direitos humanos), sem desprezar sua importância — a possibilidade de existência de uma miríade mais ampla de concepções sobre o tema que apenas a liberal e a socialista, como defendido por parte dos autores citados no capítulo dois. A seguir, a tarefa proposta é apresentar possíveis fundamentações e desdobramentos teóricos e práticos de cada concepção, bem como dimensões dos contextos históricos a partir dos quais seus defensores os justificaram ou justificam. São citadas seis distintas apreensões sobre o tema, assim denominadas: concepção liberal, reacionária, socialista (ou marxista),[3] "contemporânea" (ou concepção "de Viena"), pós-moderna, dialética. Onde possível são exploradas eventuais contradições e/ou diversidades existentes internamente em cada uma destas concepções. É inevitavelmente perceptível que algumas delas dialogam entre si, tendo aspectos comuns, semelhantes e contraditórios em algo similar ao processo de conservação e superação que caracteriza o processo dialético em curso na história. Portanto, tais diálogos, em nosso juízo, não eliminam a correção de destacar suas especificidades. Uma das tarefas do capítulo, portanto, é exatamente tentar justificar o que lhes particulariza em relação às demais.

---

3. Ambas denominações soam insuficientes. Uma ou outra são geralmente utilizadas para caracterizar a concepção de direitos humanos em que direitos sociais — na questionável divisão feita por Marshall (1967) — devem preponderar sobre direitos civis e políticos, o que a coloca em colisão direta com a concepção liberal, que faria exatamente a proposição oposta. Ocorre que mesmo entre socialistas e marxistas não há apenas uma concepção de direitos humanos — como veremos no mesmo capítulo, a partir de contribuições da chamada Escola de Budapeste. Uma hipótese a ser verificada é a de que o que se denomina concepção socialista ou marxista de direitos humanos refere-se, especialmente, à atuação dos países do bloco socialista ao longo do debate sobre direitos humanos especialmente a partir da segunda metade do século XX. Expressa, assim, influências e limites do chamado socialismo real e burocrático — embora mesmo entre críticos de aspectos da perspectiva de sociedade implantada pelos *países que se reivindicaram socialistas* (para usar o termo de Hobsbawm, 1995) seja possível encontrar quem defenda hierarquização similar para o debate sobre direitos humanos. Ainda assim é importante registrar que ambas se pautam pela leitura que fazem das críticas marxianas aos direitos em perspectiva liberal e ao direito sob a égide do capital.

A vida em sociedade não é tão simples que nos permita, em uma análise teórica e política mais aprofundada, desconsiderar que a aproximação sucessiva do que qualificamos de verdade se dá a partir de distintas dimensões. A necessidade e a possibilidade de uma concepção dialética de direitos humanos são tratadas ao final do terceiro capítulo, na tentativa de demonstrar a viabilidade de uma visão alternativa às concepções anteriormente descritas e analisadas — a partir de contribuições anteriores, particularmente as da Escola de Budapeste. Trata-se de retomar que elementos particularizam os seres humanos em relação a outras espécies vivas e o que se entende por direitos, buscando articular apreensões críticas dos dois principais elementos componentes do vocábulo "direitos humanos". Refere-se, portanto, a uma das distintas contribuições de autores que reivindicam a base teórica de Marx para a análise dos fenômenos sociais — embora não nos pareça ser a predominante no bloco chamado "socialista" no que diz respeito ao debate sobre os direitos humanos.

O texto se encerra com um epílogo — de menor fôlego, portanto, que os capítulos anteriores. O leitor perceberá que o trajeto aqui traçado leva, inevitavelmente, a constatar uma polêmica existente no campo crítico em relação ao papel do direito em uma sociedade efetivamente anticapitalista (especialmente naquela sociedade que já tiver concluído o processo de transição para outra sociabilidade — portanto, uma sociedade sem classes sociais). Assim, o epílogo reúne reflexões, elementos e citações que possibilitam introduzir o polêmico debate que afirma a existência de incompatibilidades entre marxismo e direitos humanos e, ainda, que uma sociedade sem classes eliminaria todas as dimensões do direito. Ele é aberto por uma breve recuperação da diferenciação marxiana entre emancipação política e emancipação humana (ainda que esta última compareça ao longo de todo o texto). O epílogo não desconsidera que o percurso efetuado anteriormente pode anunciar uma determinada posição acerca de tal possível incompatibilidade. Que o leitor não espere, contudo, posição definitiva sobre esta polêmica — ainda aberta no campo do marxismo.

Cumprir o traçado proposto só é possível em perspectiva que valoriza a historicidade, o humanismo, a totalidade e a dialética que — dentre outros conceitos — estão presentes em toda a vida social. O que equivale a dizer que o texto procura ter como referência central contribuições da teoria social crítica, identificada com a produção teórica do alemão Karl Marx, negando, portanto, perspectivas que não reconhecem o papel das metanarrativas para a apreensão dos fenômenos que envolvem a vida. A tentativa, assim, é de que a característica predominante seja a apontada por Netto, ao afirmar que

> O procedimento metodológico próprio a esta teoria consiste em partir do empírico ("os fatos"), apanhar as suas relações com outros conjuntos empíricos, investigar a sua gênese histórica e o seu desenvolvimento interno e reconstruir, no plano do pensamento, todo este processo. [...] A pesquisa, portanto, procede por aproximações sucessivas ao real, agarrando a *história* dos processos simultaneamente às suas *particularidades internas*. (Netto, 1998, p. 30, grifos originais)

Passemos, assim, ao desenvolvimento de nossas ideias.

Capítulo 1

De onde vêm os debates sobre direitos humanos

1.1 A origem dos direitos humanos

É bastante habitual associar-se às revoluções burguesas o nascimento do discurso em torno dos direitos humanos. Tal associação não é feita sem um dado de realidade. Afinal, foi especialmente a partir da Revolução Francesa de 1789 que valores como os de igualdade, liberdade e fraternidade foram firmados como princípios básicos para o debate deste tema. Autores de distintas perspectivas — como Bobbio (2004), Comparato (2008) e Trindade (2002) — chamam, ainda, atenção para o fato de que a partir destas revoluções o termo direitos humanos seria reconhecido em documentos de alguma validade — jurídica, mas também ética e política — no nível nacional e internacional.

Observemos: ainda que tivesse como antecedente histórico a Declaração de Independência dos Estados Unidos, em 1776, a Declaração dos Direitos do Homem e do Cidadão de 1789 teria como inequívoco reforço a potência de uma revolução que foi capaz de percorrer o mundo. Comparato registra o impacto dos debates havidos no parlamento francês em torno da aprovação do texto de 1789:

[...] os direitos do homem em sociedade são eternos, [...] invariáveis como a justiça, eternos como a razão; eles são de todos os tempos e de todos os países. (Mathieu de Montmorency, em oito de agosto de 1789, apud Comparato, 2008, p. 134)[4]

Não se trata aqui de fazer uma declaração de direitos unicamente para a França, mas para o homem em geral. (Pétion, apud Comparato, 2008, p. 34)

Uma declaração deve ser de todos os tempos e de todos os povos; as circunstâncias mudam, mas ela deve ser invariável em meio às revoluções. É preciso distinguir as leis e os direitos: as leis são análogas aos costumes, sofrem o influxo do caráter nacional; os direitos são sempre os mesmos. (Duquesnoy, apud Comparato, 2008)

Uma nota importante: Duquesnoy apresenta, nesta breve intervenção no parlamento francês, elementos que apontam que o direito tem diversas dimensões e não pode ser reduzido ao previsto em lei.

Acerca da Revolução Americana, Comparato (ibid., p. 105-107) classifica de "característica mais notável" da Declaração de Virgínia de 1776 o fato de ter sido o primeiro documento a afirmar princípios democráticos na história política moderna. Ao lado do reconhecimento da necessidade da soberania popular, a referida Declaração reconheceria a existência de "direitos inerentes a todo ser humano, independentemente das diferenças de sexo, raça, religião, cultura ou posição social". O autor atenta para o fato de que o então presidente dos Estados Unidos, Thomas Jefferson, era arguto o suficiente para perceber que tais direitos não eram inatos — o que implicaria afirmar que sua realização não dependeria "exclusivamente das virtudes dos cidadãos". Tratava-se, portanto, de oferecer a todos "condições políticas indispensáveis à busca da felicidade".

---

4. Ainda que seja possível apresentar críticas à perspectiva quase natural de direitos de Montmorency, não nos passa despercebido que ela não localiza a existência de direitos humanos *a partir* da Revolução Francesa. Importante destacar que se tratava, como aponta Comparato, de um grande entusiasta daquele processo revolucionário.

Já acerca da Revolução Francesa, Tocqueville afirmaria que ela teria característica própria dos grandes movimentos religiosos, mais que das revoluções políticas:

> Vimo-la aproximar ou separar os homens, a despeito das leis, das tradições, dos temperamentos, da língua, transformando por vezes os compatriotas em inimigos e os estrangeiros em irmãos; ou antes, ela formou, acima de todas as nacionalidades particulares, uma pátria intelectual comum, da qual os homens de todas as nações puderam tornar-se cidadãos. (Tocqueville em *L'Ancien Régime et la Révolution*, apud Comparato, 2008, p. 134-135)

Hobsbawm também se manifesta acerca da força da Revolução Francesa — e de contradições potencialmente existentes dentro dos próprios processos revolucionários — relacionando-a a outro momento revolucionário central para a história europeia e mundial, a Primavera dos Povos de 1848:

> Uma libertação de grande porte foi tentada por José II da Áustria em 1781; mas fracassou, em face da resistência política de interesses estabelecidos e da rebelião camponesa que ultrapassou o que tinha sido programado, e teve que ficar incompleta. O que na verdade aboliu as relações agrárias feudais em toda a Europa ocidental e central foi a Revolução Francesa, por ação direta, reação ou exemplo, e a Revolução de 1848. (Hobsbawm, 2010, p. 52)

Contudo, o autor demonstra que não apenas França e Estados Unidos viviam, ao longo do século XVIII, convulsões e revoluções sociais, ao citar que o fim daquele século significou crise para os regimes feudais e sistemas econômicos europeus. Segundo Hobsbawm, agitações políticas, revoltas, movimentos coloniais em busca de autonomia (chegando ao ponto de secessão) ocorreram nos Estados Unidos (1776-1783), na Irlanda (1782-1784), na Bélgica (1787-1790), na Holanda (1783-1787) e mesmo na Inglaterra (1779), dentre outros locais. Historiadores mais recentes, segundo o autor, falam em uma era de revolução democrática, com o exemplo francês sendo o mais dramático, de maior alcance e repercussão (Hobsbawm, 2010, p. 98-99). Aos que vivenciaram tal Revolução não parecia haver outra hipótese de intervenção na história:

> Sem dúvida, a nação francesa, como suas subsequentes imitadoras, não concebeu inicialmente que seus interesses pudessem se chocar com os de outros povos, mas, pelo contrário, via a si mesma como inauguradora ou participante de um movimento de libertação geral dos povos contra a tirania. (Ibid., p. 107)

Para Comparato, impactos como os exercidos pela Revolução Francesa de 1789 só voltariam a ocorrer com tal semelhança em função da Revolução Russa de 1917. Para o autor, os valores da Revolução Francesa teriam desdobramentos sobre lutas sociais naquele próprio país (onde significariam sua transposição do campo do ideal para a prática concreta — 2008, p. 136-141) e em países tão distantes como o Brasil, onde, na conspiração baiana de 1798 ter-se-iam verificado ideias revolucionárias francesas conquistando oficiais e humildes artesãos (Kenneth Maxwell, em *A conspiração baiana de 1798*, apud Comparato, ibid., p. 135).

É importante verificar aspectos adicionais de como era o mundo em 1789. Hobsbawm (ibid., p. 27-55) será nossa base para esta tarefa. Segundo o autor, o mundo na década de 1780 era, simultaneamente, menor e maior que o atual. Era menor geograficamente — porque se desconhecia a existência de seu território, a não ser por "[...] informações descuidadas de segunda ou terceira mão colhidas por viajantes ou funcionários em postos remotos" (ibid., p. 28). Também "em termos humanos" (loc. cit.) o mundo era menor. Não se dispunha de recenseamentos e "[...] as estimativas demográficas eram pura especulação", embora fosse evidente que cerca de um terço da população atual habitasse o planeta. Nas suposições existentes, Ásia e África tinham maior população que atualmente; Europa e Américas, menor:

Aproximadamente, dois de cada três seres humanos eram asiáticos em 1800; um de cada cinco, europeu, um de cada dez, africano, e um de cada 33, americano ou da Oceania. É óbvio que esta população muito menor era mais esparsamente distribuída pela face do globo, exceto em algumas pequenas regiões de agricultura intensa ou de alta concentração urbana, tais como partes da China, Índia e Europa central e ocidental, onde densidades comparáveis às dos tempos modernos podem ter existido. (Hobsbawm, 2010, p. 28-29)

Condições climáticas e doenças endêmicas (como a malária) restringiam a ocupação de muitas áreas.

Por outro lado, ainda que já contasse com sistemas de comunicação mais evoluídos que os padrões do século XVI (como ferrovias, estradas, veículos puxados a cavalo, serviços postais e — especialmente, por conta da maior agilidade — o deslocamento por mares ou rios), o mundo era, na prática, maior do que é hoje. Hobsbawm (ibid., p. 30) registra que não havia grandes impactos de tais limitações:

[...] para a grande maioria dos habitantes do mundo as cartas eram inúteis, já que não sabiam ler, e o ato de viajar — exceto talvez o de ir e vir dos mercados — era absolutamente fora do comum. Se eles ou suas mercadorias se moviam por terra, isso era feito na imensa maioria das vezes a pé ou então nas baixas velocidades das carroças.

"Entre a década de 1760 e o fim do século, a viagem de Londres a Glasgow foi reduzida de 10 ou 12 dias para 62 horas", registra o autor, afirmando, ainda, que "[...] estima-se em 20 milhões o número de cartas que passaram pelo Correio britânico no início das guerras com Bonaparte" (ibid., p. 19). Ainda assim, a agilidade das informações dependia muito das condições geográficas: "A notícia da queda da Bastilha chegou a Madri em 13 dias; mas em Péronne, distante apenas 133 quilômetros da capital francesa, as 'novas de Paris' só chegaram no fim do mês" (ibid., p. 31).

A grande maioria das pessoas morria onde havia nascido (exceto por razões como serem expulsas de seus pedaços de terra ou pelo recrutamento militar para guerras): "em 1861, nove em cada dez habitantes de 70 dos 90 departamentos franceses moravam no departamento onde haviam nascido" (Hobsbawm, 2010, p. 32). Não havia jornais. Informações circulavam por viajantes ou por vias oficiais (Estado e Igreja). O mundo era rural (Rússia, Escandinávia e Bálcãs tinham entre 90% e 97% de sua população vivendo nos campos). Mesmo em locais com tradição urbana, as populações rurais eram muito maiores em percentuais:

> De fato, exceto em algumas áreas comerciais e industriais bastante desenvolvidas, seria muito difícil encontrar um grande Estado europeu no qual ao menos quatro de cada cinco habitantes não fossem camponeses. (Ibid., p. 33)

Apenas duas cidades talvez pudessem ser chamadas de urbanas segundo os padrões atuais: Londres, com um milhão de habitantes, e Paris, com quinhentos mil — mais umas vinte cidades teriam cerca de cem mil habitantes. O termo "urbano", à época, geralmente definia locais em que a população poderia chegar da praça central aos edifícios públicos e ao campo com certa facilidade. Tal quadro tinha impactos sobre a economia. Hobsbawm registra ser fácil compreender

> por que a primeira escola sistematizada de economistas do continente, os fisiocratas franceses, tomara como verdade o fato de que a terra, e o aluguel da terra, era a única fonte de renda líquida. (Ibid., p. 36)

O autor destaca, na mesma linha de argumentação, como se dava o conflito entre possuidores ou não de acesso a tais riquezas: "[...] o ponto crucial do problema agrário era a relação entre os que cultivavam a terra e os que a possuíam, os que produziam sua riqueza e os que a acumulavam" (loc. cit.).

Índios e negros eram escravizados para tocar a economia agrária, fosse nas colônias europeias, fosse nas Américas (norte do Brasil e litoral sul dos Estados Unidos eram grandes zonas de produção escravocrata). Havia outras regiões, principalmente na Europa, em que o trabalho se dava com "camponeses tecnicamente livres" (Hobsbawm, 2010, p. 37) — em várias regiões do planeta havia comércio de pessoas, tal como se fazia com mercadorias. Para exemplificá-lo, vale visitar o exemplo utilizado por Hobsbawm. Segundo ele, um anúncio publicado em 1801 na *Gazette* de Moscou ilustra este processo:

> à venda, três cocheiros, bem treinados e bastante apresentáveis, duas moças de 18 e 15 anos, ambas de boa aparência e hábeis em vários tipos de trabalho manuais. A mesma casa tem à venda duas cabeleireiras, sendo uma de 21 anos, que sabe ler e escrever, tocar instrumentos musicais e fazer trabalhos de mensageira, e a outra apta a arrumar os cabelos de cavalheiros e damas; *vendemos também pianos e órgãos*. (Ibid., p. 38, grifo nosso)

Não é difícil imaginar o quanto a defesa de liberdade poderia significar para a vida de milhões de pessoas nesta situação, ainda que não a associassem às necessidades comerciais do capitalismo nascente.

As grandes propriedades feudais (já então citadas pelo autor como "latifúndios") eram realidade caracterizada como "espantosa":

> Catarina, a Grande, deu entre 40 e 50 mil servos aos seus favoritos; os Radziwill da Polônia tinham fazendas tão grandes quanto a metade da Irlanda; Potocki possuía 3 milhões de acres[5] na Ucrânia; os Esterhazy húngaros (patronos de Haydn) possuíam em certa época 7 milhões de acres. Eram comuns as fazendas de várias centenas de milhares de acres. (Hobsbawm, 2010, p. 39-40)

Apenas em algumas áreas ("A Inglaterra era a principal delas", ibid., p. 42) o desenvolvimento agrário já se anunciava rumo a uma "agricultura puramente capitalista". O século XVIII foi um período de "[...] expansão demográfica, de urbanização crescente, de fabricação

---

5. Cada dois acres e meio de terra correspondem a cerca de um hectare (que, por sua vez, significa dez mil metros quadrados).

e comércio [que] encorajava a melhoria da agricultura e de fato a requisitava" (Hobsbawm, 2010, p. 44). Mas, registra o autor, o que surpreendia os que nele viviam não eram seus impressionantes avanços, mas os obstáculos existentes para o avanço agrícola.

Já havia em desenvolvimento experiências de produção industrial — ainda que muito ligada ao chamado "sistema doméstico" de produção, "[...] no qual o mercador comprava os produtos dos artesãos ou do tempo de trabalho não agrícola do campesinato para vendê-los em um mercado mais amplo" (ibid., p. 46). No entanto, registra Hobsbawm, "[...] o industrial típico (a palavra não havia sido inventada ainda) era nesta época um pobre gerente e não um capitão de indústria" (ibid., p. 46-47).

Toda esta conjuntura se articulava com o desenvolvimento científico, ainda que houvesse, também aqui, diferenças em relação aos tempos atuais:

> As ciências, ainda não divididas pelo academicismo do século XIX em uma ciência "pura" e uma outra "aplicada" inferior, dedicavam-se à solução de problemas produtivos, e os mais surpreendentes avanços da década de 1780 foram na química, que era por tradição muito intimamente ligada à prática de laboratório e às necessidades da indústria. (ibid., p. 47)

O evidente progresso da produção, do comércio, da razão como elemento de desenvolvimento da ciência e da economia levou ao chamado Iluminismo. Nele, características como "[...] a convicção no progresso do conhecimento humano, na racionalidade, na riqueza e no controle sobre a natureza" (loc. cit.) eram centrais. Hobsbawm faz importantes ressalvas a como se apreende, no entanto, na atualidade, o Iluminismo. Vejamos:

> Não é propriamente correto chamarmos o "iluminismo" de uma ideologia da classe média,[6] embora houvesse muitos iluministas — e foram

---

6. A introdução ao livro de Hobsbawm chama atenção para o fato de que, em inglês britânico, o termo classe média pode significar desde o "conjunto das novas camadas sociais,

eles os politicamente decisivos — que assumiram como verdadeira a proposição de que a sociedade livre seria uma sociedade capitalista. Em teoria, seu objetivo era libertar todos os seres humanos. Todas as ideologias humanistas racionalistas e progressistas estão implícitas nele, e de fato surgiram dele. Embora na prática os líderes da emancipação exigida pelo Iluminismo fossem provavelmente membros dos escalões médios da sociedade, embora os novos homens racionais o fossem por habilidade e mérito e não por nascimento, e embora a ordem social que surgiria de suas atividades tenha sido uma ordem capitalista e "burguesa". (Hobsbawm, 2010, p. 49)

Para Hobsbawm, o mais correto é chamar o Iluminismo de ideologia revolucionária, mesmo considerando a moderação política de vários de seus expoentes continentais — que chegavam a apostar no despotismo esclarecido. Contudo, o Iluminismo significava a abolição do feudalismo, que não deixaria de existir voluntariamente (ao contrário: vinha se fortalecendo contra o avanço de forças econômicas e sociais que lhe questionavam). Suas fortalezas (as monarquias) eram onde "iluministas moderados depositavam sua fé" (ibid., p. 49). Este processo daria um conteúdo peculiar ao que chamamos individualismo:

> Libertar o indivíduo das algemas que o agrilhoavam era o seu principal objetivo [do pensamento iluminista e "esclarecido"]: do tradicionalismo ignorante da Idade Média [...], da superstição das Igrejas [...], da irracionalidade que dividia os homens em uma hierarquia de patentes mais baixas e mais altas de acordo com o nascimento ou algum outro critério irrelevante. A liberdade, a igualdade e, em seguida, a fraternidade de todos os homens eram seus *slogans*. No devido tempo se tornariam os *slogans* da Revolução Francesa. O reinado da liberdade individual não poderia deixar de ter as consequências mais benéficas. (Ibid., p. 48, grifos originais)

---

políticas e profissionais emergentes na época" até "categoria social intermediária específica". Naquela tradição há termos diferentes para a burguesia propriamente dita (*upper middle class* — classe média superior) e para a pequena burguesia (*lower middle class* — classe média inferior). Ambas, em português, normalmente são denominadas classe média (cf. primeira nota de rodapé existente em Hobsbawm, ibid., p. 19).

A força de tal discurso faria com que à época — como, aliás, ocorre na atualidade com processos similares — mesmo os governantes adotassem tais *slogans* como seus:

> Naquela época, os príncipes adotavam o *slogan* do "iluminismo" do mesmo modo como os governos de nosso tempo, por razões análogas, adotam *slogans* de "planejamento"; e, como em nossos dias, alguns dos que adotavam *slogans* em teoria muito pouco fizeram na prática, e a maioria dos que fizeram alguma coisa estava menos interessada nas ideias gerais que estavam por trás da sociedade "iluminada" (ou "planejada") do que na vantagem prática de adotar os métodos mais modernos de multiplicação de seus impostos, riqueza e poder. (Hobsbawm, 2010, p. 50, grifos originais)

Havia proximidades e diferenças entre alterações ocorridas na França e na Grã-Bretanha, ressaltando o aspecto complementar que tais processos apontaram para as alterações então em curso no mundo. Hobsbawm destaca que embora a economia no mundo do século XIX fosse formada pela influência da revolução industrial britânica, a política e a ideologia que as sustentavam tinham por origem a Revolução Francesa:

> A Grã-Bretanha forneceu o modelo para as ferrovias e fábricas, o explosivo econômico que rompeu com as estruturas socioeconômicas tradicionais do mundo não europeu; mas foi a França que fez suas revoluções e a elas deu suas ideias, a ponto de bandeiras tricolores de um tipo ou de outro terem-se tornado o emblema de praticamente todas as nações emergentes, e a política europeia (ou mesmo mundial) entre 1789 e 1917 ser em grande parte a luta a favor e contra os princípios de 1789, ou os ainda mais incendiários de 1793. A França forneceu o vocabulário e os temas da política liberal e radical-democrática para a maior parte do mundo. A França deu o primeiro grande exemplo, o conceito e o vocabulário do nacionalismo. A França forneceu os códigos legais, o modelo de organização técnica e científica e o sistema métrico de medidas para a maioria dos países. A ideologia do mundo moderno atingiu as antigas civilizações que tinham

até então resistido às ideias europeias inicialmente através da influência francesa. (Hobsbawm, 2010, p. 97-98)

Contudo, alerta o autor, não seria correto levar a diferença entre a influência britânica e francesa muito longe: "Nenhum dos dois centros da revolução dupla restringiu sua influência a qualquer campo da atividade humana, e os dois eram antes complementares que competitivos" (ibid., p. 98). Mesmo em situações em que ambos convergiam mais evidentemente — "como no socialismo, que foi quase simultaneamente inventado e batizado nos dois países" — o faziam a partir de direções bastante diferentes (loc. cit.).

É inegável, portanto, o efeito político gerado por tais revoluções no que diz respeito a colocar na ordem do dia nos Estados Unidos e na França do século XVIII o debate em torno do reconhecimento de direitos. Tratava-se de negar toda uma organização social que já não atendia aos anseios da burguesia — que vinha crescendo ao longo dos anos.

No caso da França, significava derrotar privilégios feudais que alijavam de liberdade e igualdade não só a mesma burguesia: estas também eram aspirações de setores populares com os quais ela se aliou para a Revolução — embora posteriormente os ignorasse e reprimisse, durante o denominado Período do Terror (Trindade, 2002, p. 61-69).[7]

Nas palavras de Dornelles (2007, p. 21),

Foi a partir dessas lutas travadas pela burguesia europeia contra o Estado absolutista que se criaram condições para a instituição formal de um elenco de direitos que passariam a ser considerados fundamentais

---

7. O autor informa que o Terror — prisões, condenações à guilhotina, perseguições políticas — não foi utilizado apenas por um lado das classes que se opunham. Entre setembro de 1793 até julho de 1794 ele foi adotado da "esquerda" sobre a "direita" (denominações que identificavam o local em que cada representação parlamentar se instalava nos debates legislativos franceses e suas posições acerca do processo revolucionário então em curso). No dia 27 de julho de 1794 iniciava-se o terror de direita (ibid., p. 69-77), com a prisão e morte de Robespierre, deputado jacobino, e mais 22 membros de suas organizações guilhotinados — outros 71 teriam o mesmo destino no dia seguinte. Começava o processo a partir do qual Jean Tulard, citado por Trindade, afirma que se definiria a correlação de forças de então: "A Revolução seria burguesa e nada faria pelos operários" (ibid., p. 69).

para os seres humanos. *Esse elenco de direitos coincidia com as aspirações de amplas massas populares* em sua luta contra os privilégios da aristocracia. (Grifo nosso)

Hobsbawm (2010, p. 108) também valoriza a contribuição dos setores populares para o sucesso da Revolução, afirmando que o Terceiro Estado teria obtido sucesso contra a unidade entre rei e ordens privilegiadas exatamente por não representar apenas a minoria militante e instruída, mas as opiniões de forças "bem mais poderosas: os trabalhadores pobres das cidades, e especialmente de Paris, e em suma, também, o campesinato revolucionário".

Contextualiza, ainda, o que — nas condições efetivas de uma população da qual, em geral, não se esperava mobilização em torno de direitos — levou a tal contribuição:

> Os pobres do interior ficavam assim desesperados e envolvidos em distúrbios e banditismo; os pobres das cidades ficavam duplamente desesperados, já que o trabalho cessava no exato momento em que o custo de vida subia vertiginosamente. Em circunstâncias normais, teria ocorrido provavelmente pouco mais que agitações cegas. Mas em 1788 e 1789 uma convulsão de grandes proporções no reino e uma campanha de propaganda e eleição deram ao desespero do povo uma perspectiva política. E lhe apresentaram a tremenda e abaladora ideia de se libertar da pequena nobreza e da opressão. Um povo turbulento se colocava por trás dos deputados do Terceiro Estado. (Ibid., p. 109)

Não se tratava, ainda, de uma classe proletária — o capitalismo ainda não havia desenvolvido aqueles que Marx e Engels (2008, p. 30) indicariam, posteriormente, como os coveiros que enterrariam tal sistema:

> [...] os jacobinos[8] podiam sustentar o radicalismo porque em sua época não existia uma classe que pudesse fornecer uma solução social coerente

---

8. Hobsbawm diferencia jacobinos da França e da Inglaterra. Segundo o autor, os primeiros compunham uma facção da classe média liberal que estava pronta a continuar revolucionária

como alternativa à deles. Esta classe só surgiu no curso da revolução industrial, com o "proletariado" ou, mais precisamente, com as ideologias e movimentos baseados nele. Na Revolução Francesa, a classe operária — e mesmo esta é uma designação imprópria para a massa de assalariados contratados, mas fundamentalmente não-industriais — ainda não desempenhava qualquer papel independente. Eles tinham fome, faziam agitações e talvez sonhassem, mas por motivos práticos seguiam os líderes não proletários. (Hobsbawm, 2010, p. 112)

Ou seja, tempos revolucionários potencializam as lutas:

De fato, a contrarrevolução mobilizou contra si as massas de Paris, já famintas, desconfiadas e militantes. O resultado mais sensacional de sua mobilização foi a queda da Bastilha, uma prisão estatal que simbolizava a autoridade real e onde os revolucionários esperavam encontrar armas. *Em tempos de revolução nada é mais poderoso do que a queda de símbolos*. (Ibid., p. 109-110, grifos nossos)

A força de tal processo político levaria figuras históricas como Adolf Hitler, que ficou marcado para a história como o principal responsável pela morte de milhões de pessoas na Segunda Guerra Mundial, a afirmar, em 1924, em *Mein Kampf*: "os direitos humanos estão acima dos direitos do Estado" (Trindade, 2002, p. 13-14).

É, portanto, bastante compreensível que se denominem as declarações de 1776 e de 1789 como *certidões de nascimento* dos direitos humanos, como fazem Comparato (2008) e, mesmo, Trindade (2002). O que não nos isenta da necessidade de estabelecer precisões acerca desta afirmação, com importantes e fecundos desdobramentos políticos. Façamos, assim, um parêntese à breve reconstituição histórica aqui em curso.

Uma das dimensões a ser considerada costuma chamar a atenção de trabalhadores sociais em sua atuação profissional: o fato de a

---

e veio a significar revolução radical por toda parte (ibid., p. 111). Já o jacobinismo britânico foi único por ser primordialmente um fenômeno de artesãos ou da classe operária (ibid., p. 136).

pessoa por eles atendida ter ou não certidão de nascimento. Uma das exigências habituais para o acesso a diferentes políticas é ter documentação civil. Este é um dos direitos reconhecidos a todas as pessoas, por exemplo, em documentos como a Constituição Federal do Brasil, de 1988.[9] Não se trata, portanto, de negar a importância da existência de documentos escritos para a vida em sociedade nos últimos séculos. É fácil constatarmos, no entanto, que a inexistência de registro de nascimento ou de outra documentação não elimina de fato uma vida humana sequer da face da terra. Dados de 2006 do Instituto Brasileiro de Geografia e Estatística, relativos à Pesquisa Nacional por Amostra de Domicílios realizada em 2005, estimavam em 363.849 os brasileiros nascidos em 2005 e não registrados até março de 2006 — número que chegaria a 599 mil crianças no Censo Demográfico de 2010. As análises do IBGE — novamente relacionando acesso a direitos e relação formal com o Estado — alertavam que

> Sob a ótica da cidadania, é fundamental a recuperação dos registros de nascimentos o mais rápido possível, visto que essas crianças e, às vezes, até adultos, precisam estabelecer uma relação formal com o Estado e legitimar o acesso aos seus serviços. (IBGE, 2005, p. 25)

No mesmo documento, o Instituto identifica que há um registro tardio de nascimento de vários brasileiros, com pico em torno do sétimo ano de vida, associando tal fato provavelmente à necessidade de ingresso na escola.

Como argumentava Duquesnoy em citação reproduzida anteriormente, portanto, é necessário reconhecer que há diferenças entre lei e direito, entre o que está escrito e o que constatamos como legitimamente existente em uma sociedade. As pessoas não nascem no momento em que sua certidão de nascimento é assinada e registrada em órgão público existente para tal fim — embora não providenciar tal

---

9. Em seu artigo 5º, inciso LXXVI, reconhece-se, inclusive, o direito à gratuidade de tal documentação para os reconhecidamente pobres (cf. Constituição da República Federativa do Brasil, 2007).

registro possa trazer consequências importantes para sua vida futura. Contudo, sua existência de fato não se expressa pelo documento, mas pela constatação inequívoca de que ela está viva e pode, ainda que potencialmente à margem do acesso a políticas legalmente constituídas, trabalhar, reproduzir-se, interagir com o mundo, com a natureza e com outras pessoas — e, até mesmo (embora com maiores dificuldades formais) ter parte de seus direitos efetivamente reconhecidos. Registre-se que o inverso é verdadeiro: dentre a maioria da humanidade que tem seu registro de nascimento devidamente providenciado há enormes contingentes que, ainda assim, não têm acesso às políticas existentes, tal como seus congêneres não registrados. O que confere, efetivamente, o acesso a direitos, portanto, não é o reconhecimento formal de existência, mas a força das lutas e os resultados das contradições sociais que se constroem a partir da demanda por satisfação de necessidades para a vida e da capacidade de mobilização daqueles que são alijados de tal acesso.

Assim também ocorre com os direitos humanos. Os processos revolucionários de 1776 e 1789 não dão, necessariamente, origem a sua essência. Como uma certidão de nascimento, tais direitos passam a ter reconhecimento formal, fruto de convenções sociais existentes na época em que tais declarações são instituídas. Podemos, assim, estabelecer diálogo com um ensinamento fundamental de Marx e Engels acerca das ideias que predominam em cada momento histórico. Afirmam os autores:

> As ideias da classe dominante são, em todas as épocas, as ideias dominantes, ou seja, a classe que é o poder *material* dominante da sociedade é, ao mesmo tempo, o seu poder *espiritual* dominante. (Marx e Engels, 2009, p. 67, grifos originais)

Ora: ao se anunciar como classe que supostamente representava interesses de toda a sociedade, a burguesia precisou construir um discurso que a legitimasse para tal papel. Os direitos humanos dele fizeram parte:

Importa ter presente que, para os revolucionários de 1789, a concepção dos direitos humanos expressava uma ideia que fundamentava um discurso político. Contudo, na medida em que a burguesia chega ao poder e sedimenta sua hegemonia, os direitos humanos deixam de ser aspirações teóricas idealizadas para adquirirem formalização política e justificativas específicas incorporadas ao Estado. (Aymar, apud Wolkmer, 2004, p. 25-26)[10]

Não devemos, neste sentido, desconsiderar os apontamentos dos autores já citados: o processo revolucionário francês não interessava apenas à burguesia nascente. As restrições impostas pelo modo feudal de organização societária produziam impactos quotidianos para a vida de outros setores sociais existentes no século XVIII. As bandeiras da revolução, portanto (mesmo as de liberdade, igualdade e fraternidade) poderiam ser vistas — e o eram, efetivamente — com sentidos distintos dos propostos pelos liberais capitalistas. Ao perceberem a explosividade das proposições que eles mesmos defenderam ao longo dos processos revolucionários, estes liberais tiveram que "desidratá-las", reduzir o conteúdo dado a tais reivindicações por setores populares necessários para o processo revolucionário, mas que não seria mais ouvido na condução da nova configuração social. Ao contrário: seria submetido a um papel subalterno, de venda de sua força de trabalho para a produção da riqueza social que seria apropriada, posteriormente, de forma privada. Trata-se da relação, concomitante, entre interesses particulares da burguesia e a forma de síntese universal que contém o ideário burguês. Sua expressão universal faz com que suas proposições sejam atraentes para outros setores sociais, mas não eliminam seu caráter particular.

Hobsbawm (2010, p. 100) nos auxilia a interpretar tal processo e, ainda, como ele teria repercussões posteriores:

[...] o termo "liberdade", antes de 1800 sobretudo uma expressão legal que denotava o oposto de "escravidão", tinha começado a adquirir um

---

10. A citação a Aymar é retirada de AYMAR, Carlos. *Karl Marx, crítico de los derechos humanos*. Madrid: Tecnos, 1987. p. 151-152.

novo conteúdo político. Sua influência direta é universal, pois ela forneceu o padrão para todos os movimentos revolucionários subsequentes, suas lições (interpretadas segundo o gosto de cada um) tendo sido incorporadas ao socialismo e ao comunismo modernos.

Por que esta simples constatação pode ter, como anteriormente afirmado, importantes desdobramentos políticos? Há concepções existentes ainda na sociedade do século XXI acerca dos direitos humanos que afirmam que tal debate se estabelece a partir dos interesses da burguesia, o que, portanto, implicaria características que lhes seriam intrínsecas, essenciais, fundantes. Não são poucos os militantes políticos e os posicionamentos acadêmicos que afirmam serem os direitos humanos um debate — exclusivamente — de perspectiva liberal. Por detrás desta afirmação certamente é possível perceber a imediata identificação da origem e da essência dos direitos humanos como nascidas das perspectivas da burguesia e do modelo de sociedade que, desde o século XVIII, permanece hegemônico socialmente. Esta formulação carece de dados históricos anteriores e indica uma forma não dialética de observação da realidade. Vejamos.

O debate em torno dos direitos do ser humano não se inicia com as revoluções burguesas. Diversos autores demonstram como questões que hoje consensualmente se encontram no campo do debate dos direitos humanos (ainda que seja possível encontrar quem os classifique nas "gerações" definidas por Marshall[11] e, inclusive, persistam

---

11. Cf. Marshall, 1967, p. 57-114. Para o autor, os direitos teriam surgido sucessivamente em gerações. Como decorrência das revoluções burguesas, os primeiros teriam sido os direitos civis, necessários para a constituição da sociedade capitalista. Ao longo dos séculos XIX e XX, os direitos políticos seriam os responsáveis pela democratização da sociedade e pela ampliação da participação política de diversos segmentos populacionais. Durante, especialmente, o século XX, teriam surgido os direitos sociais, econômicos e culturais, frutos das lutas de sindicatos e de revoluções socialistas. Na fase posterior do "desenvolvimento" dos direitos, haveria o surgimento dos que se chamaria de direitos difusos, como o da autodeterminação dos povos e o de segmentos populacionais interclassistas (mulheres, homossexuais, pessoas com deficiência etc.). Há diversos autores que questionam a lógica de constituição dos direitos apontada por Marshall, por várias razões. Dentre elas encontra-se a crítica de que se esta lógica tem possível concretude para o que ocorreu em países europeus, ela não vale para outras localidades do

defendendo importâncias distintas para alguns direitos em detrimento de outros) motivaram lutas sociais muito antes do século XVIII. Consideremos, assim, alguns deles.

Comparato, em exemplar reconstituição histórica, busca em sociedades muito anteriores às que conviveram com a ascensão do capitalismo os fundamentos históricos e filosóficos que configuram os direitos humanos. Eles podem ser encontrados em textos bíblicos (aqui, e por Comparato, necessariamente compreendidos como relatos históricos de povos que viviam contradições dos processos sociais vigentes à época, portanto jamais lidos como lições ditadas por um suposto deus e que devam servir de orientação rígida para a humanidade ao longo de toda a história) e filosóficos, advindos do período axial.[12] Mesmo sem se conhecerem ou se comunicarem, figuras como Zaratustra (na Pérsia), Buda (na Índia), Lao-Tsé e Confúcio (na China), Pitágoras (na Grécia) e Dêutero-Isaías (em Israel) criariam visões de mundo que levariam ao abandono de explicações mitológicas para a história, com o início de longo desdobramento de ideias e princípios sobre o homem[13] (Comparato, 2008, p. 8-12). O critério supremo das

---

mundo. Outro aspecto é o aparente evolucionismo dos diversos direitos, se vistos nesta perspectiva. Para conhecer algumas dessas críticas, é possível consultar Coutinho (2008), Iasi (2011) e Trindade (2011), dentre outros.

12. Comparato (2008, p. 8) credita a Karl Jaspers, em *Vom Ursprung und Ziel der Geschichte* (1949), tal interpretação. Nesta leitura, o período axial compreenderia os séculos VIII a II a.C. e formaria o "eixo histórico da humanidade", o que lhe conferiria a adjetivação de axial (aquilo que conforma o eixo).

13. Ao longo do presente texto será recorrente a utilização, por diversos autores, da palavra "homem" para definir o sujeito a quem deveria ser conferido direitos humanos. Em geral, esta referência é feita enquanto gênero humano, não fazendo distinção entre homens e mulheres. Há situações, contudo, em que tal referência, se localizada historicamente, significa, mesmo, tratamento desigual então destinado às mulheres. De nossa parte, evitaremos a utilização do vocábulo "homem" para definir ambos os gêneros. A linguagem não é, como outras construções humanas, isenta de ideologia — como veremos ainda ao longo do primeiro capítulo. A escolha histórica da denominação de um dos gêneros para designar toda a espécie humana tem impactos sobre a relação entre homens e mulheres e o domínio que os primeiros exerceram (ainda o fazem, em pleno século XXI) sobre as segundas na história da humanidade, como registrado há pouco. Os resultados de tal utilização ideológica da linguagem estão em vários campos das relações sociais. Em passado recente dizíamos "a coisa está *russa*", quando registrávamos algum descontentamento com algo. Ainda dizemos "levantei com o pé *esquerdo*". Será mero acaso não

razões humanas seria o próprio ser humano, o que levaria, pela primeira vez na história, à substituição do saber mitológico da tradição pelo saber lógico da razão (Comparato, 2008, p. 9) e mesmo as religiões a se tornarem "mais éticas e menos rituais ou fantásticas" (ibid., p. 10). O ser humano passaria a ser considerado como portador de uma igualdade essencial, dotado de liberdade e de razão, sem desconsiderar suas distinções de sexo, raça, costumes sociais, religião (ibid., p. 11-12). A fuga do povo judeu, guiado por Moisés, do rei do Egito, bem como outros relatos bíblicos, são exemplos de que a luta pelo direito à liberdade e à igualdade já se faziam presentes há, ao menos, cerca de dois milênios.

Façamos um parêntese para dialogar sobre interpretações alternativas de textos bíblicos. Interpretações menos mágicas leem como metáforas citações constantes nos relatos históricos dos povos que redigiram a Bíblia. Moisés, por exemplo, não teria aberto o Mar Vermelho, em cena que o cinema imortalizou em diversos filmes. Pescador, Moisés conhecia as marés, e pôde utilizar-se de seus conhecimentos empíricos da natureza para contribuir com a fuga do Egito, ao saber em que momentos a baixa das águas permitiria a travessia e quanto tempo de vantagem em relação aos exércitos egípcios a população em fuga deveria ter. Fenômenos de rápida alternância das marés, permitindo, inclusive, andar em alto mar, também existem em cidades do litoral brasileiro (como Porto Seguro ou Maceió).

Por sua vez, a igualdade de condições de vida era uma perspectiva bastante presente à época. "Ninguém considerava propriedade particular as coisas que possuía, pois tudo era posto em comum entre eles" (*Atos dos Apóstolos*, 4: 32, apud Trindade, 2002, p. 119). Este trecho é cantado há décadas em igrejas católicas com letra adaptada que afirma que "Os cristãos tinham *tudo em comum, dividiam seus bens* com alegria" (grifos nossos). Percebe-se, aqui, uma concepção de igualda-

---

dizermos "a coisa está *americana*" ou "levantei com o pé *direito*" nestas ocasiões? Tais afirmações ajudam a conformar um caldo cultural de críticas político-ideológicas apresentadas a países e concepções políticas ligadas à esquerda e ao anticapitalismo.

de distinta da liberal, além de relato histórico do que alguns autores denominariam posteriormente comunismo primitivo.

Quando tais relações eram rompidas, convulsões sociais ocorriam. Aslan (2013, p. 59-69) resgata de textos históricos como Jesus teria provavelmente vivido sua juventude. Segundo o autor, praticamente todos os jovens moradores de Nazaré (artesanais e diaristas) teriam participado da reconstrução de Séforis. Tratava-se de uma cidade tida então como uma "metrópole urbana sofisticada" (Aslan, ibid., p. 63), com cerca de 40 mil habitantes e construções impressionantes como um teatro romano, no centro da cidade, com nada menos que 4.500 assentos. Uma cidade "tão rica quanto Nazaré era pobre" (loc. cit.). Séforis havia sido invadida e queimada por romanos, como represália à cessão de armas para rebeldes seguidores de Judas, em embate contra o Império Romano. Naquela ocasião homens foram massacrados, mulheres e crianças capturadas e leiloadas como escravas (ibid., p. 68). Mais que dois mil rebeldes teriam sido crucificados em massa (loc. cit.). Situada a poucos quilômetros de Nazaré, Séforis era acessível em uma caminhada. "Pode-se estar certo de que Jesus e seus irmãos, que viviam a uma curta distância, em Nazaré, teriam estado entre eles [os jovens que reconstruíram Séforis]" (ibid., p. 68-69). Jesus, então, teria passado a maior parte da vida não em Nazaré, mas trabalhando na então capital cosmopolita, "construindo casas principescas para a aristocracia judaica durante o dia, retornando à sua arruinada casa de paredes de barro à noite" (ibid., p. 69). Registra Aslan: Jesus teria certamente testemunhado pessoalmente "a rápida e crescente divisão entre os absurdamente ricos e os pobres individados" (loc. cit.). Tais memórias não desapareceriam das mentes dos trabalhadores braçais e dos despossuídos de riquezas "que, como Jesus, passavam seus dias assentando tijolos para construir outra mansão para mais um nobre judeu" (loc. cit.). O autor registra, ainda, que líderes de rebeliões anteriores contra Roma, como Judas, o Galileu, também não sumiriam da memória da população então oprimida. O que nos permitiria interpretar mais abrangentemente as lutas havidas à época e mesmo as pregações de Jesus e seguidores em defesa da igualdade.

Trindade (2002, p. 118-120) relembra que uma noção de um modo de vida igualitário (um modo "comunista" de organização social) foi também defendida por Platão (embora não sem contradições com os valores por nós atualmente defendidos, como veremos no trecho a seguir), em *A república*:

> Platão imaginou que entre esses guardiões da comunidade haveria igualdade de educação e de oportunidades intelectuais entre meninos e meninas, ausência de barreiras sexuais, comunidade de bens, de mulheres, de pais e de filhos, controle eugênico da procriação e dos nascimentos (como na criação de animais), morte dos recém-nascidos imperfeitos e aborto obrigatório dos fetos originados de casais que se encontrassem antes ou depois da idade permitida para a procriação.

Segundo o autor, uma das condições para que a antiga Esparta alcançasse hegemonia após a vitória contra Atenas na Guerra do Peloponeso foi a criação, pelo rei Licurgo, de um "bem-sucedido Estado 'militar-comunista de elite': arrecadou todas as terras, redistribuiu-as entre os cidadãos" (ibid., p. 119), além de estabelecer modo de vida austero e disciplinado. A eliminação da anterior desigualdade de acesso aos bens foi condição para a prosperidade que teria levado Esparta à citada vitória. Outros momentos históricos são citados por Trindade para afirmar como a ideia de uma organização social sem classes já esteve presente ao longo dos tempos, valorando distintamente conceitos que hoje fazem parte do debate sobre os direitos humanos:

> Foi o caso, por exemplo, do movimento anabatista alemão do século XVI, iniciado por Thomaz Münzer, que conduziu à grande Guerra dos Camponeses de 1525, e a tentativa de Jean de Leyde de instaurar um reino "comunista" cristão em Münster. Durante a primeira revolução burguesa da Inglaterra, em 1648, também aflorou uma corrente de plebeus radicais — os *levellers* (niveladores), que tendia para propostas sociais igualitárias. (Ibid., p. 120, grifo original)

Ainda segundo o mesmo autor, tais processos tiveram impacto sobre a literatura[14] e levaram à crítica a males morais e sociais decorrentes da desigualdade do acesso à propriedade privada por filósofos do Iluminismo — com Morelly publicando, em 1755, na França, o *Code de La Nature*, em que defendia a propriedade coletiva da terra como condição para solucionar males sociais.

Como na sociedade atual, conceitos que envolvem direitos humanos (pensemos em liberdade e democracia) foram objeto de disputa político-ideológica em torno de sua conformação e de que interesses deveriam atender. Comparato afirmará, por exemplo, que a Declaração das Cortes de Leão de 1188 (na Península Ibérica) e a Magna Carta de 1215 (na Inglaterra) seriam marcos significativos de rebeldia e luta pelo valor da liberdade, bem como de questionamento a prerrogativas e poderes excessivamente concentrados nas mãos de reis e nobres e do clero. Registrará, no entanto, que não se trata, então, de liberdade como valor universal, em benefício de todos, mas dos estamentos superiores da sociedade da época (o clero e a nobreza), com, por vezes, alguma concessão feita ao "Terceiro Estado", o povo (Comparato, 2008, p. 46). A já comentada democracia ateniense, restrita a homens de posses, não nos deixa dúvidas sobre o alcance geográfico de tais disputas e apropriações conceituais para legitimar um ou outro segmento social.

Outro autor que apresenta inúmeras disputas em torno de direitos — atualmente denominados de direitos humanos — ao longo da história da humanidade é Max Beer.[15] Além dos já citados direitos de

---

14. Trindade (2002, p. 120) cita as obras *A utopia* (1516), de Thomas Morus; *A cidade do sol*, de Tomaso Campanella; *A nova Atlântida*, de Francis Bacon; *Oceana*, de Harrington; e *Voyage dans l'Île des Plaisirs*, de Fénélon, como exemplos deste impacto.

15. Iasi (2006, p. 9-10) alerta que a obra de Beer aqui utilizada é parte de uma tradição de influência do positivismo sobre o pensamento marxista, correndo o risco de interpretar a história como algo linear — o que pode levar ao risco do que qualifica de "a mais perversa armadilha da alienação": a de acreditar que tudo sempre foi e sempre será do mesmo modo (ibid., p. 7). Contudo, destaca depoimentos de Antonio Candido e Celso Furtado que demonstram como o livro de Max Beer foi fundamental para a formação de ambos. Nas palavras de Candido, trata-se de uma "faísca que ateia o fogo", despertando aquele autor para a interpretação crítica da

liberdade e de regimes democráticos de deliberação sobre a vida social, Beer apresenta exemplos de disputas e conflitos sociais em outros campos. Vejamos alguns deles.

Um dos temas constantes nas lutas sociais ao longo da história foi o do suposto *direito* à propriedade. Beer ressalta que no século 12 a.c. não havia conhecimento de propriedade privada da terra:

> Não há mesmo, em hebreu, uma palavra para designar a propriedade. Existe apenas a palavra *nachlah*, que quer dizer "parte hereditária". A propriedade, em hebreu, chama-se *baal*, palavra que também significa o senhor, o marido ou o criador. (Beer, 2006, p. 23, grifos originais)

Beer faz uma recuperação histórica de lutas sociais desde a Antiguidade. Tal procedimento poderia dar a impressão de que como sempre houve opressão, sempre houve quem contra ela lutasse (o que, convenhamos, a história jamais negou). Beer chega a denominar os inevitáveis conflitos em sociedades onde há desigualdades sociais de "encarniçadas lutas de classe" (ibid., p. 27). Iasi alerta para o risco de se cair na citada "[...] velha armadilha do sempre foi assim e sempre será", e propõe como encarar este desafio:

> Dois mecanismos devem ser utilizados aqui para compreensão dessas lutas históricas. O primeiro é que cada período histórico particular da sociedade de classes encontrou mediações específicas por onde operaram os conflitos, a opressão e as resistências, e que é possível compreendê-los, sem que percam sua especificidade, como parte de uma totalidade que o movimento da história nos permite compreender melhor e mais profundamente do que pela simples análise de cada parte. Segundo, e fundamental, que esse movimento nos revela o caráter dialético dessa totalidade histórica, ou seja, o eterno movimento de suas contradições, de saltos de qualidade, de unidade e identidade de contrários, de negações de negações. (Iasi, 2006, p. 11)

---

história. A utilização de exemplos da obra de Beer, assim, não significa aqui adesão a suas posições sobre a história e a vida social.

Às desigualdades advindas das relações na vida social eram propostas, de tempos em tempos, soluções e reformas — atendendo "[...] a reivindicações dos deserdados de toda a Antiguidade — a grega e a latina, inclusas" (2006, p. 35). Assim, de tempos em tempos (50 em 50 anos) haveria prescrição de dívidas (estas também tinham os anos de jubileu, o sétimo de cada série) e uma "volta à liberdade e à igualdade" presente nas sociedades antigas — fruto, registre-se, da crença de que toda a terra pertencia a Javé — a quem hoje é mais habitual se chamar de Deus —, devendo ser comum a todo o povo. Como na atualidade, muitos se queixavam das leis não se aplicarem na prática — como Jeremias. Beer constata: "Noutras palavras, isso quer dizer que o desenvolvimento econômico foi mais forte que a legislação social" (ibid., p. 37).

A Grécia também seria parte de manifestações em torno de condições dignas de vida. Megara, cidade situada entre Corinto e Atenas, teve em 640 d.C. reação indignada de massas de camponeses contra grandes proprietários rurais. A razão não era outra: "A criação de rebanhos em grande escala, com fins comerciais, dera lugar à expropriação dos bens dos camponeses, como mais tarde iria também acontecer na Inglaterra" (ibid., p. 45). Atenas veria polêmicas em torno da participação política das populações, sempre motivadas por perturbações e conflitos que questionavam a desigualdade social. Clístenes, em 509 d.C., haveria instaurado a igualdade política (a democracia, tema caro aos defensores de direitos humanos na atualidade, independente da concepção que tenham do termo e da significação que lhe destinem), embora ainda baseada na escravidão (ibid., p. 58).

A luta por igualdade dividia Platão e Aristóteles. Enquanto o primeiro sugeria, em *As leis*, suprimir os principais antagonismos econômicos (ibid., p. 65), o segundo acreditava que desigualdade, escravidão e propriedade privada, assim como a opressão do Estado, eram fatos naturais, que jamais desapareceriam (ibid., p. 66).

Também durante a Idade Média, a desigualdade era tema presente, sempre relacionada com a apropriação também desigual de riquezas. Registra Beer, acerca de Basílio, em publicação sob o título de *Homilias*:

> Nada resiste ao poder do dinheiro. Todos se curvam perante ele. [...] O pão de que te aproprias é daquele que tem fome. Daquele que está nu são as roupas que guardas nas tuas arcas. Daquele que anda descalço, e que trabalha em tua casa sem nada receber, é o dinheiro que escondeste no teu subterrâneo. [...] O supérfluo dos ricos é o necessário dos pobres. Quem possui um bem supérfluo possui um bem que não lhe pertence. (Beer, 2006, p. 133 e 135)

Interessante notar como afirmações muito semelhantes aparecem em recentes manifestações contra a desigualdade gerada pelo capitalismo. Na mobilização "Ocupe o Rio de Janeiro", em 2011, era possível ler nos tapumes que cobriam obra então em curso na estação do metrô da Cinelândia (praça em que as barracas da mobilização foram montadas) a seguinte frase: "Se você tem algo mais do que é necessário para tua vida, você também é um ladrão".

Outros temas polêmicos nos debates sobre direitos humanos também foram motivo de enfrentamentos em séculos anteriores às revoluções burguesas. Um exemplo vem dos cátaros, movimento herético que remonta à segunda metade do século X, segundo Beer surgido inicialmente na Bulgária como movimento de oposição dos camponeses ao feudalismo nascente e propagando-se pela Europa ocidental, em que adquiriria um caráter urbano e artesão. Em Goslar, no ano de 1052, hereges foram queimados por afirmar "[...] que ninguém tem o direito de matar um ser vivo" (ibid., 2006, p. 183), em condenação aberta à guerra e às matanças da época, que poderiam ser facilmente transpostas para o debate em torno da pena de morte que ainda mobiliza países inteiros em pleno século XXI. Tomás de Aquino foi o responsável por anunciar a posição, oficial e indignada, da Igreja contra os hereges:

> A heresia — diz ele — é um pecado tão grande que só poderá ser castigado com a exclusão da Igreja e do mundo. Um herege que persiste

no erro não poderá mais ser salvo pela Igreja. A Igreja deverá desprezá-lo e proteger os seus fieis, excluindo-o de seu seio. A tarefa de eliminá-lo deste mundo e de castigá-lo com a pena de morte cabe à justiça secular. (Beer, 2006, 192)

Registre-se que uma das principais bandeiras dos movimentos heréticos não se relacionava ao respeito ou não às "leis de Deus": seus integrantes questionavam a desigualdade e defendiam a volta ao comunismo primitivo. O alcance de suas ideias percorreu a Europa — Beer (ibid., p. 195-225) cita Itália, França, Bulgária, Alemanha e Flandres como territórios em que as lutas hereges teriam tido expressão significativa.

O reconhecimento da existência de lutas desde sociedades pré-capitalistas importa, inclusive, para dialogar com concepções que fundamentam perspectivas liberais de vida e organização da sociedade, como as que defendem que a criação do Estado se deu, necessariamente, em função da impossibilidade de lidar com os homens lobos dos homens no estado de natureza:[16]

> Certamente, também neste período [sociedades primitivas] a comunidade humana se encontrava em um estado de sociedade e não em um pretenso estado de natureza. Também ali havia conflitos, também ali era necessário levar os indivíduos a agir de acordo com os interesses da coletividade. Deste modo, também ali se faziam necessárias "leis" e "poder", mas essas eram representadas pelos usos e costumes e este pela autoridade paterna, grupal ou tribal. (Tonet, 2002, p. 4)

Parece-nos já perceptível que a luta por direitos dos seres sociais e, inclusive, sua positivação nos processos revolucionários burgueses do século XVIII (particularmente o francês) indica não *o início* de um processo histórico de lutas e enfrentamentos em defesa de direitos. O que se estava propugnando era a conformação de um arcabouço ideo-

---

16. Referência a Hobbes (2009), em *Leviatã*, cuja visão será tratada com maior atenção quando discutirmos a adequação de se considerar a existência de um *direito* à propriedade, ao longo do capítulo 2.

lógico que legitimasse socialmente o novo regime que surgia. O que não significa negar a importância das revoluções burguesas para o conteúdo que o debate assumiria posteriormente (e até mesmo nos dias atuais, em diferentes frentes de atuação, militância, pesquisa acadêmica e filiações ideológicas). Trata-se, assim, de uma história em mutação:

> Ele [o conceito de direitos humanos] tem uma história complexa e sofreu muitas alterações desde a sua elaboração inicial até o momento presente. [...] Os chamados direitos humanos foram oficialmente proclamados, pelas primeiras vezes, nas constituições dos Estados Unidos e da França, entre 1776 e 1789. *Sua afirmação, porém*, como sobejamente sabido, *é muito anterior* e vem inserida no combate ao absolutismo e à sociedade feudal. (Tonet, 2002, p. 2, grifos nossos)

Como veremos adiante, outros autores identificam importantes traços e dimensões do debate sobre direitos humanos ainda anteriormente ao feudalismo.

Quanto a este modo de produção, questionando valores do absolutismo feudal, e apontando a promessa de dias melhores para classes sociais que depois seriam traídas ao longo da consolidação do processo revolucionário, os liberais (setor hegemônico em tais processos revolucionários) conseguiram se apresentar como os grandes defensores de valores que, muito antes do advento da burguesia, já eram vistos como emancipatórios e capazes de fazer avançar os padrões de vida de cada sociedade. Tais raízes foram tão profundas que mais de dois séculos depois ainda persiste, no discurso e nas interpretações de parte significativa de setores críticos da sociedade, a visão de que o surgimento dos direitos humanos tenha advindo das revoluções burguesas (e que, portanto, não valeria apostar fichas prioritárias na disputa por direitos que, necessariamente, estariam relacionados com a perspectiva liberal de organização societária).

Reafirmamos: esta concepção é apenas uma das que persistem disputando hegemonia no campo dos direitos humanos e da forma de organizar a vida em sociedade. Faz-se necessário desmistificar tal interpretação — como, aliás, as próprias contradições da história já vêm fazendo, ao demonstrar como países que reivindicam a tradição liberal têm desrespeitado direitos tidos como civis e políticos. Vejamos um exemplo. O fenômeno das migrações — também milenar — tem se acentuado nas últimas décadas em função da desigualdade de condições de vida entre países de diferentes continentes. Marques (2006) o destaca como um dos principais aspectos que demonstram como países centrais vêm tratando direitos civis e políticos após a derrubada das torres gêmeas, nos Estados Unidos. Mais recentemente o Brasil — a partir de seu anúncio como uma das maiores economias do mundo — também inicia controversas medidas de contenção à imigração de haitianos (apenas nos três últimos dias de dezembro de 2011 cerca de 500 haitianos teriam ingressado no Brasil, por cidades acreanas, tendo sido — inclusive — explorados por redes organizadas que, anteriormente, atuavam na fronteira entre México e Estados Unidos; a vinda de haitianos e de outros povos ao Brasil persiste sendo realidade em 2014, quando efetuamos a revisão final deste livro). Uma interessante análise da posição do Brasil e de como ela fere o acúmulo das nações unidas em torno do tema da migração pode ser encontrada em Cavalcanti (2012). Nela, a professora da Universidade Federal do Rio de Janeiro denuncia como o discurso do governo federal diferencia, a partir de seus interesses imediatos, haitianos e demais povos:

> "Se selecionamos os mais qualificados e desprezamos os outros — que são os mais necessitados — não estamos praticando generosidade nenhuma, mas simplesmente cuidando dos nossos interesses de forma imediatista. [...] Agora, em 2012, estamos prestes a praticar uma política imigratória moralmente indefensável, baseada na discriminação".

Imigrantes vêm sendo tratados como cidadãos de segunda ou terceira categoria por países capitalistas centrais. Neste processo, mesmo direitos básicos lhes vêm sendo negados.

Nos capítulos seguintes voltaremos à análise (que consideramos equivocada) que considera o surgimento dos direitos humanos como exclusivamente liberal. Uma das consequências que ela pode apontar — e que será tratada quando apreciarmos as concepções socialista e dialética de direitos humanos e, especialmente, conforme anunciado, no epílogo desta publicação — é a possível incompatibilidade entre marxismo (e/ou comunismo, e/ou construção efetiva de uma sociedade anticapitalista, libertária e igualitária) e direitos humanos. A efetiva existência de direitos humanos em perspectiva universal, indivisível, interdependente e inter-relacionada (como — veremos a seguir — foi afirmada por assembleias mundiais de direitos humanos da Organização das Nações Unidas realizadas em 1966, em Nova York, e 1993, em Viena, Áustria) é incompatível com a sociedade capitalista que a burguesia construiu ao longo dos últimos séculos. Uma possibilidade de contraditar esta afirmação seria referir-se a sistemas como o *Welfare State*, existente em países da Europa ao longo de várias décadas no século passado. Analisá-lo, contudo, em perspectiva de universalidade implica perceber que sustentar determinado modo de vida que viabilizava acesso a direitos a quase totalidade da população europeia significou manter explorados povos de países colonizados e dependentes daqueles que implantavam tais políticas. Analisando este período, Netto afirma:

> Não por acaso, a primeira metade dos anos sessenta [do século XX] assistiu à caracterização da sociedade capitalista — evidentemente desconsiderando o inferno de sua periferia, o então chamado Terceiro Mundo — como sociedade afluente, sociedade de consumo. (Netto, 2001, p. 47)

É necessário, assim, perceber que afirmar algumas das interpretações e dimensões sobre o direito (como aquelas que o relacionam à efetiva satisfação de todas as necessidades humanas) implica uma ordem societária que supere o modo capitalista de produção.

1.2 Direitos humanos nos séculos XVIII e XIX: limites da concepção liberal

Ao longo do século XVIII e da primeira metade do século XIX a história registra diversas polêmicas em torno dos limites da concepção liberal de direitos humanos (panorama pelo qual passaremos na seção 3.2 do presente texto). Já está evidenciado — ainda que a argumentação para fundamentar tal posição vá se fortalecer ao longo deste livro — que não concordamos com a visão de que o surgimento dos direitos humanos se dê em perspectiva exclusivamente liberal, nem como decorrência das revoluções burguesas. Flores cita Hountondji para ilustrar esta relação:

> Concretamente, para Paulin Hountondji, hay que relativizar el dogma de que Europa sea el origen único de los derechos humanos, ya que es preciso diferenciar entre la *idea* y el *concepto* de ellos. "Ciertamente Europa no inventó los derechos humanos, como tampoco invento la idea de dignidad humana. Simplemente fue capaz de realizar sobre este tema — y ése fue su mérito — una investigación sistemática que adquirió la forma de una discusión progresiva abierta. De este modo produjo *no la cosa, sino el discurso sobre la cosa,* no la idea del derecho natural o de la dignidad humana, *sino el trabajo de expresión relativo a esa idea,* el proyecto de su formulación y sus consecuencias, en resumen, el proyecto de una filosofia de los derechos humanos";[17] pero esto no significa que nacieran aquí y que se desarrollaran sin contradicción. La colonización, el imperialismo, el caudillaje, la miseria, la explotación, la falta de desarrollo en todos sus aspectos constituyen factores que relativizan tanto la recepción de los derechos humanos como productos universales en los países del Tercer Mundo, como cierran toda perspectiva para encontrar la huella de los mismos en las propias tradiciones y formas de vida. (Flores, 1989, p. 120, grifos originais)[18]

---

17. Citação a Paulin Hountondji, "El discurso del amo: Observaciones sobre el problema de los derechos humanos en África", en vv.aa. *Los fundamentos filosóficos de los derechos humanos.* Barcelona: Serbal/Unesco, 1985. p. 357.

18. Concretamente, para Paulin Hountondji, há que se relativizar o dogma de que a Europa seja a origem única dos direitos humanos, já que é preciso estabelecer a diferença entre sua *ideia* e seu *conceito.* "Certamente a Europa não inventou os direitos humanos, como tampouco inventou a ideia de dignidade humana. Simplesmente foi capaz de realizar, sobre esse tema — e este foi seu mérito —, uma investigação sistemática que adquiriu a forma de uma discussão progressiva e aberta. Desse modo, produziu *não a coisa, mas o discurso sobre a coisa,* não a ideia de direito natural ou da dignidade humana, *mas o trabalho de expressão relativa a essa ideia,* o projeto de sua formulação e suas consequências, em resumo, o projeto de uma filosofia dos

Mas admitamos, por suposto, que assim fosse — ou seja, que a origem dos direitos humanos tivesse fundamento exclusivamente liberal. A questão que se apresentaria é: como observar e analisar um determinado fenômeno social em cada época histórica, à luz dos fundamentos que lhe deram origem, mas também das alterações próprias da evolução dialética da história?

Novamente parece ser Marx quem nos dá a pista:

> Este rigor categorial [de Marx] está presente em todos os debates sobre o direito. Ele diferencia e nomeia as ocorrências com precisão, mostrando que a clara visualização da realidade e análise de conjuntura é um pré-requisito fundamental para o debate dos direitos. (Mota, 2011, p. 34)

Ou seja, analisar, no século XXI, o debate em torno dos direitos humanos precisa considerar as alterações havidas ao longo da história, reflexo das lutas sociais e do conflito entre interesses de classes distintas. Cabe-nos, assim, visitar algumas das principais alterações ocorridas no campo dos direitos humanos, ao menos nos últimos 200 anos.

Este nosso rápido percurso se inicia ainda com a crítica (e ações concretas de questionamento, de diferentes sujeitos sociais e em distintas perspectivas) aos limites apontados pelas declarações advindas das revoluções burguesas, especialmente a Revolução Francesa.

Trindade nos auxilia na apreensão de como tais reações se efetivaram. Segundo o autor, as contradições internas à Revolução Francesa de 1789 logo se expuseram, com a burguesia reconfigurando o conteúdo das bandeiras que levaram à derrota do feudalismo como regime de produção. O resultado deste processo foi que já no próprio século XIX seria possível perceber reações às limitações impostas pela

---

direitos humanos"; porém, isso não significa que eles nasceram aqui e que se desenvolveram sem contradição. A colonização, o imperialismo, o caudilhismo, a miséria, a exploração, a falta de desenvolvimento em todos os seus aspectos constituem fatores que relativizam tanto a recepção dos direitos humanos como produtos universais nos países de Terceiro Mundo, como encerram toda perspectiva de encontrar o solo dos mesmos nas próprias tradições e formas de vida (Flores, 1989, p. 120, grifos originais).

burguesia à efetivação dos direitos que ela mesma afirmara defender. Trindade (2002, p. 121-125) cita três grandes socialistas utópicos para exemplificar questionamentos que se apresentavam.

Segundo o autor brasileiro, Claude-Henri de Rouvroy, conde de Saint-Simon (1760-1825) — um dos presos durante o período de Terror — não tardou a perceber que a Revolução não teria significado o triunfo de todo o Terceiro Estado, mas apenas de parte dele: a burguesia que sobrevivia de especulação, de rendas e de aluguéis. Saint-Simon imaginou, assim, como possível alternativa uma sociedade "industrialista", que reuniria operários, empresários industriais, comerciantes, banqueiros, num processo de reorganização racional da sociedade. Dentre as bandeiras defendidas estavam a emancipação feminina, o trabalho obrigatório para todos e a abolição do direito de herança (embora o direito à propriedade não fosse questionado). Engels (1974, p. 56) veria em declarações de Saint-Simon de 1816 (de que a política seria a ciência da produção, o que já previa a absorção da política pela economia) o germe da ideia de que relações econômicas são a base das instituições políticas.

O segundo dos grandes socialistas denominados utópicos é Fourier (François-Marie Charles Fourier, 1772-1837), ex-comerciante que se tornou escritor fascinado pelas ideias de Rousseau e pelos problemas sociais do tempo em que viveu. Fourier comparava as possibilidades de harmonia social defendidas por filósofos do século XVIII com a miséria moral e material gerada pelo capitalismo que então triunfava. Engels (ibid., p. 57) afirma que Fourier via no grau de emancipação das mulheres em uma sociedade a "medida natural da emancipação geral". Segundo Trindade (2002, p. 123), o francês concebia o desenvolvimento da sociedade de modo dialético e imaginou a criação de "falanstérios" — locais em que existiriam comunidades cooperativas livres, planejadas, classificadas por Trindade como "ilhas de comunismo", que aos poucos substituiriam o "mar capitalista" como nova base para as relações sociais.

Por fim, Robert Owen (1771-1858) é classificado por Trindade como "um industrial inglês muito prático". Dono de imensa fábrica de fios de algodão na Escócia e movido inicialmente por certo espírito filantrópico, reduziu jornadas de trabalho, recusou-se a contratar menores de dez anos, ofereceu escolas para os filhos dos trabalhadores, serviços de saúde e armazéns para vendas a preço de custo. Surpreendeu-se: em sua fábrica desapareceram fenômenos como alcoolismo e brigas; não houve necessidade de policiamento, asilo ou caridade; e — o que mais chocou a sociedade à época — os lucros cresceram assustadoramente. Trindade (2002, p. 123-124) cita novamente Engels, comentando a reação de Owen ao perceber que sua empresa crescia e seu lucro aumentava, mesmo em meio a uma crise algodoeira e à continuidade de pagamento de salários por quatro meses a operários que ficaram sem trabalho. Owen, estupefato, teria feito e refeito seus cálculos e chegado à seguinte conclusão:

> A vida que dava aos seus operários distava muito ainda de ser, a seus olhos, uma existência digna de um ser humano: "Aqueles homens eram meus escravos". As circunstâncias relativamente favoráveis em que os colocara estavam ainda muito longe de permitir uma evolução racional do caráter e da inteligência em todos os sentidos e menos ainda uma vida livre. "E, contudo, a parte produtora daquela população de 2.500 homens criava para a sociedade tanta riqueza real como, apenas meio século antes, teria exigido o trabalho de 600.000 homens juntos. Perguntava a mim próprio: onde vai parar a diferença entre a riqueza consumida por essas 2.500 pessoas e a que precisaria para o consumo dos 600 mil?" (Engels, 1974, p. 60-61)

Owen percebia que os modernos meios de produção serviriam ao bem-estar social se fossem apropriados coletivamente, não privadamente. Inicialmente recebido nos salões nobres da Europa por sua caridade e respeito pelos pobres, suas ideias começaram a ser vistas como perigosas e a imprensa retirou-lhe o espaço anteriormente oferecido. Ainda tentou criar outras "ilhas de comunismo" nos Estados Unidos e no México. Embora arruinado financeiramente, manteve-se ao lado dos trabalhadores e presidiu o primeiro congresso inglês das *trade-unions*, época em que se conseguiu aprovar a primeira lei que limitava jornadas de trabalho de crianças e mulheres nas fábricas.

Netto (2001, p. 44) é outro autor a recuperar exemplos das ações de Owen para citar até onde chegavam as ilusões do utopismo. Qualificando-o como um dos "mais dotados e consequentes representantes" do socialismo utópico, o inglês teria preparado "um memorial dirigido a todos 'os republicanos vermelhos, comunistas e socialistas da Europa', enviado tanto ao governo provisório francês de 1848 quanto... à 'rainha Vitória e seus conselheiros responsáveis!'". No trecho em questão, Netto debate a ilusão, rompida para milhões de trabalhadores ao longo do processo revolucionário de 1848, de que a chamada "questão social" pudesse ser eliminada na ordem burguesa. Tal rompimento, afirma o autor (loc. cit.), exige a exclusão de qualquer colaboração de classes.

Trindade apresenta as razões pelas quais, em sua análise, tais importantes experiências, levadas a cabo pelos três socialistas utópicos citados, não vingaram: ilhas de comunismo não sobrevivem cercadas de capitalismo; ainda que isso ocorresse, não se convence capitalistas a abrir mão de seus lucros por razões morais; não bastam sensibilidade social e chamamentos à razão para alterar a organização de uma sociedade. Destaca, no entanto, que o socialismo utópico inaugura uma crítica moral ao capitalismo. Seus argumentos seriam utilizados por lutas de trabalhadores que, então ainda isolados, buscavam respeito aos direitos humanos.

A organização da sociedade capitalista dividida em novas classes ver-se-ia questionada por outras lutas coletivas. Uma delas, já citada, é tida, até hoje, como a principal do período: as revoluções europeias de 1848 (conhecidas como "Primavera dos Povos", devido à forte presença popular e ao seu caráter internacional — Trindade, 2002, p. 128) levaram, especialmente a França, a conviver com a emergência de operários reivindicando uma "república democrática e social". O Brasil é citado pelo autor como exemplo do impacto internacional destas mobilizações, no que respeita à Revolução Praieira, em Pernambuco, no mesmo ano:

deflagrada em Pernambuco, Brasil, em 1848, por liberais radicais, recebeu influência direta da Primavera dos Povos. Como suas matrizes europeias, desfraldou um programa democrático, recebeu adesão da população pobre e terminou derrotada pelas armas dos conservadores do Segundo Reinado. (Trindade, 2002, p. 128)

Em relação à Primavera dos Povos, Comparato (2008, p. 167-170) destacará seu alcance e, a seguir, algumas repercussões:

> Iniciando-se com a revolução popular de Paris de 24 de fevereiro, em questão de poucas semanas o movimento estendeu-se, como um rastilho de pólvora, ao sudoeste da Alemanha, Baviera, Prússia, Áustria, Hungria, Lombardia, os Estados Pontifícios e a Itália Meridional. (Ibid., p. 167)

E, ainda,

> A revolta popular de Paris, irrompida em 23 de fevereiro de 1848, visou claramente não só à derrubada do rei, mas também à reinstauração da república, nos moldes do espírito revolucionário de 1792-93. Instalado um governo provisório, do qual participava o operário Albert — fato altamente simbólico, que não se viu em nenhum momento da grande revolução do final do século XVIII —, decidiu-se convocar de imediato uma assembleia constituinte. (Ibid., p. 167-168)

O autor nos lembra que Marx voltaria à cena para a crítica à Constituição de 1848, na obra *18 Brumário de Luís Bonaparte*, citando-a por seu caráter republicano/burguês (Comparato, 2008, p. 169-170): as liberdades individuais eram previstas por amigos da ordem, para beneficiar a burguesia e limitar direitos das outras classes da sociedade. Para Comparato, tal carta constitucional representou uma obra de compromisso entre, de um lado, o liberalismo e, de outro, o socialismo democrático: a família, a propriedade e a ordem pública aparecem com letras maiúsculas no preâmbulo; o ensino público oferecido era voltado para o mercado de trabalho. No entanto, registra não ser possível desconsiderar a previsão de deveres sociais do Estado para com os trabalhadores e necessitados (em seu artigo 13) — "aponta para a criação do que viria a ser o Estado do Bem-Estar Social, no século XX" — nem a citação, pela primeira vez na história constitucional, da abolição da pena de morte em matéria política, bem como a proibição da escravidão nas terras francesas.

Os trabalhadores percebiam, crescentemente, que a condição a que eram submetidos pela exploração de seu trabalho não era obra divina ou do acaso, e colocavam-se em cena para a defesa de seus direitos. Como sabemos atualmente, a força de tais lutas não seria capaz de derrotar de forma definitiva o modo capitalista de produção. Inegável reconhecer, no entanto, que elas demonstraram-se presentes ao longo de todo o século XX, registradas em experiências de movimentos sociais de âmbito nacional e internacional, de sociedades que se construíram como alternativas ao capitalismo, bem como no reconhecimento de direitos, negados veementemente pelos burgueses, como direitos humanos ao longo do século XX.[19] Tais avanços levaram Norberto Bobbio a afirmar, em 2001, haver percebido que

> O problema grave de nosso tempo, com relação aos direitos do homem, não era mais o de fundamentá-los, e sim o de protegê-los. Desde então, não tive razões para mudar de ideia. (Bobbio, 2004, p. 25)

O autor apontava, então, o que se colocaria como o dilema do início do século XXI no que diz respeito aos direitos humanos: efetivar acesso aos diversos direitos sociais, civis, políticos, econômicos, de forma universal e inter-relacionada. Denunciava, de certa forma, que embora obtendo imensos avanços do ponto de vista de sua previsão positivada — especialmente nas declarações e documentos internacionais —, os direitos humanos não vinham sendo efetivamente protegidos e promovidos pelos distintos Estados. Bobbio, neste par-

---

19. No que se refere à evolução do debate sobre direitos humanos no século XX utilizaremos como principal referência o texto básico do Curso de Capacitação de Gestores em Direitos Humanos (cf. Secretaria Especial de Direitos Humanos, 2004).

ticular, se alia aos que veem os direitos como resultados das lutas por satisfação de necessidades sociais:

> A linguagem dos direitos tem indubitavelmente uma grande função prática, que é emprestar uma força particular às reivindicações dos movimentos que *demandam para si e para os outros a satisfação de novos carecimentos materiais e morais*; mas ela se torna enganadora se obscurecer ou ocultar a diferença entre o direito reivindicado e o direito reconhecido e protegido. (Bobbio, 2004, p. 10, grifos nossos)

Reconhece, também, que esta é uma característica dos próprios direitos denominados sociais:

> O campo dos direitos sociais, finalmente, está em contínuo movimento: assim como as demandas de proteção social nasceram com a revolução industrial, é provável que o rápido desenvolvimento técnico e econômico traga consigo novas demandas, que hoje não somos capazes nem de prever. (Ibid., p. 34)

Para ilustrar como este processo se dá em pleno século XXI é possível citar o campo das comunicações. Com a rápida evolução científica e tecnológica na produção de formas de comunicação até recentemente desconhecidas (*internet*, rádio e televisão digitais, redes sociais e outras) não se alteraram apenas a relação das pessoas com aparelhos como os telefones celulares (que, mesmo em países como o Brasil, já são quase um bem universalizado). Alteraram-se comportamentos: hoje dificilmente alguém deixa toda sua vida diária arrumada em torno de possíveis telefonemas que receberia em seu aparelho fixo, ao chegar em casa após a jornada de trabalho e/ou estudos. Ao contrário: mesmo crianças e adolescentes em idade escolar carregam consigo seus aparelhos, alterando comportamentos e provocando novos desafios didáticos para as salas de aula. O que até então poderia ser visto apenas como novos produtos comerciais — a febre em torno da televisão e da imagem, a rápida evolução do acesso à *internet* etc. — começa a ser assimilado por diversas populações como necessidade, iniciando lutas sociais e disputas em torno de contra-

-hegemonias ideológicas. Um dos principais debates internacionais sobre tal evolução se dá em torno da lei argentina para os meios de comunicação (Ley de Medios), que reorganizou a posse de meios de produção de comunicação naquele país e ousou enfrentar o poderio de uma das principais redes locais deste campo, o grupo Clarín.[20]

Bobbio, contudo, não chega — ao menos na obra citada — a uma crítica de que tais desafios se colocam em franca oposição com o modo de produção vigente e a sociabilidade dele decorrente: o capitalismo aprofunda a negação de direitos e alimenta diversas dimensões da desigualdade social mundo afora. Acerta na constatação, mas parece tender ver a história como um processo evolutivo, sem identificar as contradições profundas existentes no próprio debate sobre direitos humanos e, nelas próprias, as possibilidades de sua superação e concretização de patamares superiores. É o que Saes, ao comentar a perspectiva marshalliana de evolução dos direitos, denuncia ser quase um mito do autoaperfeiçoamento do direito:

> Na ótica de nosso autor [Marshall] não basta que tais direitos sejam "declarados" e figurem nalgum texto legal para que eles se concretizem e possam ser considerados em plena operação na vida real. Segundo Marshall, a concretização de cada um desses tipos de direito depende da emergência de *quadros institucionais específicos*. Assim, os direitos civis dependem, para que sejam respeitados e cumpridos, do desenvolvimento da profissão especializada de defensor de particulares (isto é, da profissão de advogado); da capacitação financeira de toda a sociedade para arcar com as custas dos litígios (o que implica a assistência judiciária aos pobres); bem como da conquista, por parte dos magistrados, de independência diante das pressões exercidas por particulares econômica e socialmente poderosos. Já os direitos políticos só se viabilizam caso a Justiça e a Polícia criem condições concretas para o exercício dos direitos de votar e de se candidatar. Finalmente, os direitos sociais só serão concretizados caso o Estado esteja dotado de um aparato administrativo suficientemente forte, a ponto de propiciar, a todos, serviços

---

20. Ainda sobre comunicação, na sua relação com a questão social e a forma como profissões como o Serviço Social acabam sendo vistas pela população, vale conferir Sales e Ruiz (2009).

sociais que garantam o acesso universal a um mínimo de bem-estar e segurança materiais. (Saes, 2000, p. 5, grifo original)

Para Saes, não se trata de uma confusão de Marshall entre cidadania e "letra da lei" — o que permitiria "alçar qualquer republiqueta contemporânea — como muitas repúblicas sul-americanas e centro-americanas da primeira metade do século XX — à condição de 'paraíso dos direitos'" (loc. cit.). Contudo, alerta, há cientistas políticos britânicos que atribuem frequentemente à concepção marshalliana outro equívoco na caracterização teórica que faz do processo que concretizou os "três elencos de direitos":[21] ele teria subestimado e desconsiderado o papel determinante das lutas populares no processo que viabilizou sua conquista. Iasi (2011, p. 184), comentando a crítica de Saes a Marshall, afirma: "*Não há rupturas* na formulação de Marshall, *mas evolução*" (grifos nossos).

Assim, uma reconstituição social da história dos direitos humanos nos leva à conclusão de que demandas transformadas em lutas concretas, especialmente as produzidas por segmentos subalternizados, são as que, ao longo dos anos, se reconhecem como tais direitos. Isto não significa que eles sejam automaticamente garantidos, o que ocorre ainda menos se numa perspectiva de universalidade. Sua efetivação depende de efetiva pressão de mobilizações sobre o Estado e seus diferentes poderes (Legislativo, Executivo, Judiciário), sobre o capital (caso especial dos direitos trabalhistas), bem como de sua legitimação junto à sociedade.

1.3 Os direitos humanos no século XX: rápidas e profundas alterações

Durante o século XX as diversas lutas sociais existentes, em diferentes âmbitos, países e continentes, intervieram para a ocorrência

---

21. Saes cita Anthony Giddens e Brian Turner como dois destes críticos — ambos, segundo o autor, citados por J. M. Barbalet na obra *A cidadania*, publicada pela Editorial Estampa, de Lisboa, em 1989.

de grandes transformações no que diz respeito ao debate que envolve os direitos humanos. Um dos fatos mais significativos foi a consideração dos direitos sociais como parte dos direitos fundamentais do ser humano, oriunda — conforme registram Trindade (2002) e Comparato (2008) — especialmente a partir da Revolução Mexicana de 1910 e (mais duradoura, impactante e significativa para o século passado) da Revolução Russa de 1917. Começavam a constituir-se, na disputa dialética em torno de que direitos deveriam ser reconhecidos e promovidos socialmente, germes para futuras novas concepções de direitos humanos.

Várias décadas depois, os horrores das duas grandes guerras mundiais teriam, paradoxalmente, papel importante para o desenvolvimento de um processo de internacionalização dos direitos humanos. Tais guerras dizimaram populações de diversos países. Citando Brzezinski, Hobsbawm oferece elementos para tal análise:

> Como comparar o mundo da década de 1990 ao mundo de 1914? Nele viviam 5 ou 6 bilhões de seres humanos, talvez três vezes mais que na eclosão da Primeira Guerra Mundial, e isso embora no Breve Século XX mais homens tivessem sido mortos ou abandonados à morte por decisão humana que jamais antes na história. Uma estimativa recente das "megamortes" do século menciona 187 milhões (Brzezinski, 1993), o equivalente a mais de um em dez da população mundial total de 1900. (Hobsbawm, 1995, p. 21)

As consequências sociais das duas grandes guerras teriam longo alcance:

> No caso extremo da URSS, o efeito econômico líquido da guerra foi inteiramente negativo. Em 1945, a agricultura do país estava em ruínas, assim como a industrialização dos Planos Quinquenais pré-guerra. Tudo que restava era uma imensa e inteiramente inadaptável indústria de armamentos, um povo morrendo de fome e em declínio, e maciça destruição física. (Ibid., p. 55)

Após o término da Primeira Guerra Mundial houve tentativa de vários países de começar a estabelecer acordos mínimos para a convivência entre os diversos Estados-nação. Dois exemplos deste processo são: a criação da Liga das Nações — que, em linhas gerais, visava criar condições pactuadas de resolução de controvérsias entre os diversos países; e a aprovação, em 1925, do Protocolo de Genebra — Proibição do emprego na guerra de gases asfixiantes, tóxicos ou similares e de meios bacteriológicos de guerra, que tinha evidente intenção de, em situações em que conflitos bélicos se mostrassem inevitáveis, proteger a vida de civis.[22]

Hobsbawm, no entanto, afirma que a Liga das Nações não logrou êxito em sua existência:

> Foi em grande parte uma reação contra os tratados secretos acertados entre os aliados durante a guerra, nos quais dividiram a Europa do pós-guerra e o Oriente Médio com uma surpreendente falta de atenção pelos desejos, ou mesmo interesses, dos habitantes daquelas regiões. Os bolcheviques, descobrindo esses documentos sensíveis nos arquivos czaristas, haviam-nos prontamente publicado para o mundo ler e, portanto, exigia-se um exercício de redução de danos. A Liga das Nações foi de fato estabelecida como parte do acordo de paz [...]. A recusa dos EUA a juntar-se à Liga das Nações privou-a de qualquer significado real. (Hobsbawm, 1995, p. 41-42)

Novamente os fatos históricos falaram alto em tal processo. O "acordo" assinado pelos diferentes países após a Primeira Guerra Mundial previa para a Alemanha custos absolutamente impagáveis, o que a levou a forte crise político-econômica e favoreceu o crescimento de um discurso nacionalista de direita, que pregava a supremacia da "raça pura ariana" sobre as demais. Nas palavras de Hobsbawm,

---

22. A íntegra do Protocolo de Genebra de 1925 pode ser consultada em Mazzuoli ([org.], 2005, p. 93). A obra, citada várias vezes durante o presente texto, reúne Cartas, Tratados, Pactos e outros documentos internacionais aprovados no âmbito da Organização das Nações Unidas (ONU).

Todo partido na Alemanha, dos comunistas na extrema esquerda aos nacional-socialistas de Hitler na extrema direita, combinava-se na condenação do Tratado de Versalhes, como injusto e inaceitável. (Hobsbawm, 1995, p. 43)

O autor alerta para o fato de que o Tratado em questão não era um anúncio de paz estável, mas, antes, de sua condenação — o que tornava uma nova guerra praticamente certa (ibid., p. 42). Além dos aspectos que incomodavam a Alemanha (dentre eles a cessão de parte de suas terras — como a Alsácia-Lorena — para a França, a privação de suas colônias no ultramar e a redução de seu exército — ibid., p. 41), Versalhes incomodava outras potências:

Os EUA quase imediatamente se retiraram, e num mundo não mais eurocentrado e eurodeterminado, nenhum acordo não endossado pelo que era agora uma grande potência mundial podia se sustentar. [...] Isso se aplicava tanto às questões econômicas do mundo quanto à sua política. Duas grandes potências europeias, e na verdade mundiais, estavam temporariamente não apenas eliminadas do jogo internacional, mas tidas como não existindo como jogadores independentes — a Alemanha e a Rússia soviética. [...] A Itália também continuava insatisfeita. (Ibid., p. 42)

Konder ressalta como Hitler e Mussolini interpretaram este momento e o apresentaram às populações de seus países. Estaria em curso um processo de "proletarização" da Itália e da Alemanha:

Assim como Mussolini utilizou a concepção da "Itália proletária" de Corradini, Hitler se apoiou nos escritos de um nacionalista de direita, Arthur Moeller van den Bruck, que, num livro publicado em 1923, *O Terceiro Reich* (livro que mais tarde viria a dar seu nome ao regime hitleriano), advertia a opinião pública de seu país para o fato de que as outras nações europeias, vencedoras da guerra de 1914-1918, estavam proletarizando a Alemanha. [...] O sentido social conservador dessa ideia era claro: tanto na Alemanha quanto na Itália, os trabalhadores eram convidados a ver em seus compatriotas capitalistas não os beneficiários de um sistema social baseado na exploração interna, mas sim *colegas proletarizados (ou em vias de proletarização), vítimas de um sistema de exploração internacional.* (Konder, 2009a, p. 36-37, grifos originais)

Corrompendo e interpretando conceitos marxistas de forma a atender a seus interesses (exemplos de *lutas de classes* e *ideologia*), instituindo o "mito de nação", articulando-se e financiando-se a partir de vultosas contribuições capitalistas e sendo o primeiro movimento conservador a utilizar modernos métodos de propaganda, fascismo e nazismo se consolidaram como possíveis alternativas para as populações de seus países — com impactos em outras nações, como Japão e, mesmo, França (ibid., p. 23-104). Buscando responder à questão sobre o que é o fascismo, Konder elabora o que alerta ser uma primeira tentativa de sua conceituação. Destaque-se sua relação com o modo de produção capitalista:

> O fascismo é uma tendência que surge na fase imperialista do capitalismo, que procura se fortalecer nas condições de implantação do capitalismo monopolista de Estado, exprimindo-se através de uma política favorável à crescente concentração do capital; é um movimento político de conteúdo social conservador, que se disfarça sob uma máscara "modernizadora", guiado pela ideologia de um pragmatismo radical, servindo-se de mitos irracionalistas e conciliando-os com procedimentos racionalistas-formais de tipo manipulatório. O fascismo é um movimento chauvinista, antiliberal, antidemocrático, antissocialista, antioperário. Seu crescimento num país pressupõe condições históricas especiais, pressupõe uma preparação reacionária que tenha sido capaz de minar as bases das forças potencialmente antifascistas (enfraquecendo-lhes a influência junto às massas); e pressupõe também as condições da chamada sociedade de consumo dirigido, bem como a existência nele de um certo nível de fusão do capital bancário com o capital industrial, isto é, a existência do capital financeiro. (Ibid., p. 53)

Estavam postas as condições para a Segunda Guerra Mundial, com impactos ainda mais catastróficos sobre a humanidade: sessenta e um países participaram da guerra, com quarenta deles vivendo sangrentas batalhas em seus territórios; morreram sete milhões de alemães (outros sete ficaram ser ter casas para morar); o fascismo assassinou seis milhões de poloneses, seis milhões de judeus, vinte milhões de cidadãos da União Soviética — treze deles, civis (Konder, 2009a, p. 103-104).

O final de tal processo (em que, lembra-nos Hobsbawm — 1995 —, uma impensável aliança entre as potências capitalistas e socialistas se efetivou para combate ao nazismo) resultou em uma nova configuração de forças internacional. Embora os Estados Unidos vissem sua economia crescer em ritmo intenso (fruto de vários fatores, especialmente os de não ter seu território atacado durante a Segunda Guerra e vir a ser, posteriormente, o principal financiador da reconstrução de grandes países mundo afora, através do Plano Marshall), isto não significou um predomínio único de suas políticas para o mundo. A União Soviética havia sido talvez a principal responsável pela derrota do nazismo, a partir da reação do Exército Vermelho na conhecida Batalha de Stalingrado, e posterior avanço e derrota das tropas alemãs em Berlim. Estavam consolidados, a partir de então, dois blocos antagônicos, que permaneceriam até os primeiros anos da década de 1990, no citado processo conhecido como Guerra Fria. Impossível, ainda, desconsiderar o impacto internacional deletério aos EUA em função da bomba atômica lançada sobre o Japão. Hobsbawm (1995, p. 34-35) analisa como este processo tinha a ver com a nova organização das potências internacionais:

> O lançamento da bomba atômica sobre Hiroxima e Nagasaki em 1945 não foi justificado como indispensável para a vitória, então absolutamente certa, mas como um meio de salvar vidas de soldados americanos. É possível, no entanto, que a ideia de que isso viesse a impedir a URSS, aliada dos EUA, de reivindicar uma participação preponderante na derrota do Japão tampouco estivesse ausente das cabeças do governo americano.

Mas os traumas e a memória dos horrores das duas grandes guerras fizeram com que avançassem o reconhecimento e as pressões internacionais pela necessidade de medidas que visassem (ao menos teoricamente, como veríamos ao longo do século XX e no início do atual) impedir o retorno de enfrentamentos e ataques bélicos. Uma das medidas tomadas foi a criação, em 1945, da Organização das Nações Unidas (em substituição à já citada Liga das Nações).

Já havia, à época (como citado há pouco), documentos internacionais com o objetivo de estabelecer padrões de relações entre os países. Posteriormente, debates no âmbito da Organização das Nações Unidas (ONU) fizeram surgir, em 1948, a Declaração Universal dos Direitos Humanos, até os dias atuais importante referência no debate do tema. No texto do documento fica evidente o enfrentamento existente entre perspectivas liberais (que acentuam a afirmação de direitos civis e políticos — em vinte artigos) e socialistas (responsáveis pela previsão, ainda que em inferioridade numérica de artigos — apenas cinco — de direitos sociais).[23] Como era de se esperar, recebeu críticas vindas de perspectivas distintas.

Autores com perspectiva reacionária não se contentam com a evolução dos debates em torno dos direitos humanos, ao compararem documentos mais recentes. É o caso de Huntington:

> A declaração de Viena não continha nenhum endosso explícito dos direitos de liberdade de expressão, de imprensa, de reunião ou de religião, e ficou assim, em muitos aspectos, mais fraca do que a Declaração Universal dos Direitos Humanos que as Nações Unidas tinham aprovado em 1948. Essa mudança refletiu o declínio do poder do

---

23. Marques (2006, p. 56) chama atenção para o fato de que os últimos artigos da Declaração Universal de Direitos Humanos firmam o direito a *uma ordem internacional em que direitos e liberdades nela anunciados possam ser plenamente realizados*. Cabe-nos perguntar: que ordem internacional era hegemônica em 1948? Ainda que estivesse posto historicamente o início da Guerra Fria, não há registro de historiadores que afirmem que não se tratava de um momento específico de confronto entre o capitalismo hegemônico e uma possível contraposição advinda das vitórias do Exército Vermelho na Segunda Guerra Mundial — e da consequente expansão da influência da URSS. Não é possível, portanto, perceber, no próprio texto da Declaração, a insuficiência do capitalismo em atender a tais direitos, uma vez que — mesmo com uma provável unanimidade sobre a preponderância do bloco capitalista na redação e votação do texto final da Declaração Universal de 1948 — se reconhece necessário registrar que é preciso uma ordem internacional *que lhes permita atendimento pleno?*

Ocidente. Um norte-americano defensor dos direitos humanos observou que "o regime internacional de direitos humanos de 1945 não existe mais".[24] (Huntington, 1997, p. 245)

Tais polarizações não seriam esgotadas em 1948. Ao longo das décadas seguintes, ela pôde ser percebida em inúmeros debates e documentos aprovados no âmbito da ONU. Em 1966, por exemplo, novo embate sobre os direitos civis e políticos e os direitos sociais se consolidaria. Embora os países do bloco socialista tenham envidado esforços no sentido de um único pacto internacional de direitos humanos, o bloco liberal manteve sua vantagem anterior, forçando uma mesma assembleia da ONU a aprovar dois pactos distintos: o Pacto Internacional sobre Direitos Civis e Políticos (cf. Mazzuoli [org.], 2005, p. 579-595) e o Pacto Internacional sobre Direitos Econômicos, Sociais e Culturais (ibid., p. 595-602). Vencia, ainda que temporariamente, a concepção de que direitos civis e políticos seriam os que deveriam prever imediata execução, enquanto direitos sociais, econômicos e culturais seriam considerados como de implementação progressiva pelos Estados.

Acerca deste último documento cabe um importante parêntese. Se é fato que não foi possível, na correlação de forças de 1966, prever textualmente o mesmo nível de reconhecimento aos direitos sociais, econômicos e culturais, por outro lado o Pacto de Direitos Econômicos, Sociais e Culturais formalizou o reconhecimento de direitos que, inequivocamente, estão associados ao trabalho. A leitura de seus artigos 6° e 7°, embora longa para uma citação, fala por si só:

Artigo 6°:
1. Os Estados-partes do presente Pacto reconhecem o direito de toda pessoa de ter a possibilidade de ganhar a vida mediante um trabalho livremente escolhido ou aceito e tomarão medidas apropriadas para salvaguardar este direito.

---

24. Citação a Charles Norchi. The Ayatollah and the Author: Rethinking Human Rights. *Yale Journal of World Affairs*, n. 1, p. 16 (verão de 1989).

2. As medidas que cada Estado-parte no presente Pacto tomará, a fim de assegurar o pleno exercício deste direito, deverão incluir a orientação e a formação técnica e profissional, a elaboração de programas, normas técnicas apropriadas para assegurar um desenvolvimento econômico, social e cultural constante e o pleno emprego produtivo em condições que salvaguardem aos indivíduos o gozo das liberdades políticas e econômicas fundamentais.

Artigo 7º:

Os Estados-partes do presente Pacto reconhecem o direito de toda pessoa de gozar de condições de trabalho justas e favoráveis, que assegurem especialmente:

a) Uma remuneração que proporcione, no mínimo, a todos os trabalhadores:

i) um salário equitativo e uma remuneração igual por um trabalho de igual valor, sem qualquer distinção; em particular, as mulheres deverão ter a garantia de condições de trabalho não inferiores às dos homens e perceber a mesma remuneração que eles, por trabalho igual;

ii) uma existência decente para eles e suas famílias, em conformidade com as disposições do presente Pacto;

b) Igual oportunidade para todos de serem promovidos, em seu trabalho, à categoria superior que lhes corresponde, sem outras considerações que as de tempo, de trabalho e de capacidade;

c) O descanso, o lazer, a limitação razoável das horas de trabalho e férias periódicas remuneradas, assim como a remuneração dos feriados. (Mazzuoli [org.], 2005, p. 597)

Pode-se objetar que tal reconhecimento era meramente formal e que a vida quotidiana continuaria impondo aos trabalhadores a necessidade de muitas lutas, greves, mobilizações pela real efetivação destes direitos. Mas nos parece inegável que o reconhecimento formal de direitos — ainda que com limitações que lhe são próprias — potencializa lutas em torno de sua obtenção e efetivação.

Fruto das lutas dos trabalhadores, tais direitos viam-se reconhecidos como tal em um Pacto Internacional de direitos humanos, aprovado em Assembleia Geral da Organização das Nações Unidas, indo além das vitórias já alcançadas neste campo com a criação da

Organização Internacional do Trabalho, em 1948 — casos da limitação da jornada de trabalho e a atenção especial a mulheres e crianças. Registre-se que o artigo seguinte do mesmo Pacto reconhecerá o direito de greve (embora em conformidade com as leis de cada país) e o de livre associação sindical.

Tais embates não estavam concluídos. Em 1993 a Conferência Mundial sobre Direitos Humanos realizada em Viena viria expressar, textual e indubitavelmente, a posição predominante na autodenominada concepção contemporânea de direitos humanos. Prevê o artigo 5º da Declaração e Programa de Ação de Viena, então aprovado:

> Todos os direitos humanos são universais, indivisíveis, interdependentes e inter-relacionados. A comunidade internacional deve tratar os direitos humanos de forma global, justa e equitativa, em pé de igualdade e com a mesma ênfase. Embora particularidades nacionais e regionais devam ser levadas em consideração, assim como diversos contextos históricos, culturais e religiosos, é dever dos Estados promover e proteger todos os direitos humanos e liberdades fundamentais, sejam quais forem seus regimes políticos, econômicos e culturais. (Mazzuoli [org.], 2005, p. 529)

O século XX foi profícuo neste processo de prever direitos em cartas, tratados e documentos internacionais, positivando considerações sobre temas que vão de relações diplomáticas e consulares à utilização de espaços marítimos pelas nações; de princípios reguladores para o espaço aéreo e cósmico às zonas polares e à proteção do meio ambiente; de documentos de proteção a refugiados ou de repressão a crimes de genocídio àqueles que preveem ações para a eliminação de todas as formas de discriminação racial ou contra a mulher;[25] de direitos específicos da criança à constituição da Organi-

---

25. Registre-se que nestas duas últimas convenções, aprovadas, respectivamente, em 1965 e 1979, artigo prevê textualmente que, do ponto de vista dos direitos humanos e da busca de igualdade de direitos entre todos os que compõem a humanidade, eventuais aplicações de ações afirmativas não devem ser consideradas discriminatórias, uma vez que visam oferecer condições

zação Internacional do Trabalho (OIT) e suas súmulas que orientam diversas legislações nacionais, dentre outros diversos temas.[26]

Tem crescido o número de analistas e defensores dos direitos humanos que têm denunciado — como fazia Marx — que o regime capitalista, com sua forma de organização da economia, da cultura, da política e da vida social em suas distintas dimensões potencializa e amplia a violação dos mais diversos direitos humanos. Isto não ocorre apenas em situações de guerra, invasões ou conflitos armados, como as já citadas, mas em diversos campos do debate, como ainda veremos. Há, no entanto, um registro necessário: violações de direitos humanos não são algo exclusivo de países capitalistas. Elas foram marca constante no século XX também em experiências que se reivindicaram socialistas. Tal registro se reveste de caráter autocrítico, uma vez que não temos dúvidas de reconhecer que, com todos os possíveis erros cometidos, há resultados de experiências ditas socialistas infinitamente superiores àqueles provocados pelo modo capitalista de produção. Exemplo próximo e reconhecido mundialmente são os sistemas de educação e saúde públicos de Cuba, pequeno país latino-americano, ainda que sob décadas de cerco econômico promovido e incentivado por seu maior opositor, os EUA. Esta impressão não

---

iguais de vida, trabalho e realização pessoal a diferentes segmentos. Há, aqui, uma concepção de igualdade e o reconhecimento da diversidade e heterogeneidade existente entre os seres sociais — mesmo que componentes de uma mesma classe social —, o que pode contribuir para os polêmicos debates em torno de quotas e outras ações afirmativas.

26. Cf., a respeito, Mazzuoli (op. cit.). Importante registrar que, ainda com tal abrangência destas cartas e documentos internacionais, outras se encontram em pauta há anos, no âmbito da ONU, para apreciação pelos países. Reis (2004, p. 284) registra que uma delas, proposta pelo Brasil (Resolução brasileira sobre a não discriminação por orientação sexual e direitos humanos) vinha sendo adiada em função da pressão de países fundamentalistas. A sequência deste debate demonstra o quanto a aprovação destas orientações internacionais sobre direitos humanos é um processo polêmico e de disputas. A aprovação de uma Resolução sobre o tema ocorreu apenas em 17 de junho de 2011 no âmbito do Conselho de Direitos Humanos da Organização, reunido em Genebra. Ela foi apresentada pela África do Sul e sua aprovação foi polêmica (23 votos favoráveis — dentre eles o do Brasil —, 19 contra e três abstenções). A Anistia Internacional registrou, à época, que a homossexualidade mantinha-se proibida por 76 países. Disponível em: <http://noticias.uol.com.br/ultimas-noticias/afp/2011/06/17/onu-aprova-resolucao-historica-sobre-direitos-dos-homossexuais.jhtm>. Acesso em: 3 jan. 2012.

nos é particular, e nem se resume a Cuba. A revista *Der Spiegel*, tida como uma das mais importantes da Alemanha, publicou, em 2009, matéria intitulada "Maioria dos alemães orientais sente que a vida era melhor no comunismo". A matéria traz depoimentos de jovens que sequer viveram na Alemanha Oriental antes da queda do Muro de Berlim, mas que relatam insatisfações com a vida na Alemanha unificada. Há descrições do novo país como "Estado de escravos" e "ditadura do capital", com pessoas de 38 anos afirmando que só após a unificação percebeu pessoas pedintes e sem-teto lutando por sua sobrevivência diária. Ainda que sem poupar críticas à situação anterior ("não era uma coisa boa que as pessoas não pudessem sair do país, e muitos foram oprimidos"; "não construí um templo para adoração do pickles Spreewald na minha casa" — referência à conserva que era parte da identidade da Alemanha Oriental, retratada no belo filme alemão *Adeus, Lenin*, de 2003, direção de Wolfgang Becker), alemães ouvidos afirmam não ver grandes distinções entre a qualidade de vida que havia na RDA e a da Alemanha unificada. Outros acentuam a falta que sentem "daquele sentimento de companheirismo e solidariedade".[27]

Acerca do debate específico dos direitos humanos já apontamos a fundamental contribuição do campo socialista para o reconhecimento de direitos denominados econômicos, sociais e culturais. Ainda assim, o registro de que também em países socialistas houve violação de direitos humanos é fundamental para preservar fidelidade à história.

Hobsbawm[28] levanta alguns dos fatos que demonstrariam tal comportamento, especialmente por parte da URSS à época em que governada por Stalin. Dentre eles aponta: o tratamento inferior destinado aos camponeses (dentre outros fatores, eram mais taxados e tinham mais dificuldade de acesso a políticas de seguridade social); a redução de liberdades mínimas de expressão e de liberdades civis

---

27. Cf. Bonstein, 2009.
28. Especialmente nos capítulos 13 (denominado *"Socialismo real"*) e 16 (denominado *Fim do socialismo*); cf., respectivamente, Hobsbawm, 1995, p. 363-392; 447-482.

— imposta por um modo cada vez mais autoritário e concentrador de governo, que não hesitava em adotar táticas de terror e medo. Isto ocorria, inclusive, entre seus partidários:

> O 17º Congresso do PCUS revelou uma substancial oposição a ele [Stalin]. Se de fato constituía uma ameaça a seu poder, jamais saberemos, pois, entre 1934 e 1939, 4 ou 5 milhões de membros e funcionários do partido foram presos por motivos políticos; quatrocentos ou quinhentos, executados sem julgamento; e o próximo (18º) Congresso do Partido, que se reuniu na primavera de 1939, continha uns míseros 37 sobreviventes dos 1827 delegados que tinham estado presentes no 17º em 1934. (Kerblay, apud Hobsbawm, 1995, p. 381)

O autor não hesita, no entanto, a diferenciar a qualificação de "totalitário" ao regime soviético, além de apontar inequivocamente outros autores que, a seu ver, também seriam críticos às medidas tomadas então:

> Apesar de brutal e ditatorial, o sistema soviético não era "totalitário", um termo que se tornou popular entre os críticos do comunismo após a Segunda Guerra Mundial, tendo sido inventado na década de 1920 pelo fascismo italiano para descrever seu próprio projeto. [...] Representava um sistema centralizado abarcando tudo, que não apenas impunha total controle físico sobre sua população como, por meio do monopólio da propaganda e da educação, conseguia de fato fazer com que o povo internalizasse seus valores. O romance 1984, de George Orwell (publicado em 1948), deu a essa imagem ocidental da sociedade totalitária sua mais poderosa forma: uma sociedade de massa de cérebro lavado, sob o olhar vigilante do "Grande Irmão", do qual só o ocasional indivíduo solitário discordava. Isso é sem dúvida o que Stalin teria querido alcançar, embora houvesse indignado Lenin e outros Velhos Bolcheviques, para não falar de Marx. (Ibid., p. 383)

A URSS sequer hesitaria em reprimir e combater, militarmente — após a morte de Stalin, em 1953 (ibid., p. 386) — experiências que também se reivindicavam do campo socialista, embora buscassem construir passos autônomos em relação à União Soviética. Foram os casos da Hungria, em novembro de 1956,[29] ou da Tchecoslováquia (a conhecida Primavera de Praga), em 1968, dentre outros.

Tonet, discutindo o papel do direito e da política conforme concebido pelos liberais e as críticas marxianas a estes dois conceitos, também registra a diferença entre o discurso socialista e o que se registrou em diversas sociedades que assim se reivindicaram. Afirma o autor:

> Esta ideia se tornou mais evidente ainda com o fracasso das revoluções ditas socialistas. Pretendendo seguir as ideias de Marx, todas elas se propunham a extinguir o direito e a política. No entanto, o que sucedeu foi mais do que o contrário. Não só estas duas dimensões não foram extintas, senão que ambas retrocederam a níveis muito inferiores ao que de melhor existia na sociedade burguesa. Em vez de se tornarem mais livres, os homens se tornaram muito menos livres. O que [para os liberais capitalistas], além de comprovar a inviabilidade do socialismo, também seria prova de que qualquer tentativa de extinguir o direito e a política não fazia progredir e sim regredir a humanidade. (Tonet, 2002, p. 3)

Obviamente a crítica aqui apresentada é distinta das realizadas por países como Estados Unidos e outros países centrais capitalistas a regimes que lhes fazem oposição. Ademais, é interessante registrar que as críticas vindas destas fontes costumam corresponder a interesses conjunturais, demonstrando o quanto é vazia de sentido a defesa que dizem fazer dos direitos humanos (mesmo aqueles que consideram centrais — os denominados civis e políticos). Vejamos como Huntington[30] faz tal constatação — embora tente justificá-la:

---

29. "Ali, o novo governo, sob outro reformador comunista, Imre Nagy, anunciou o fim do sistema unipartidário, o que os soviéticos talvez pudessem tolerar — as opiniões entre eles estavam divididas — mas também a retirada da Hungria do Pacto de Varsóvia e sua futura neutralidade, o que eles não iriam tolerar. A revolução foi reprimida pelo exército russo em novembro de 1956" (1995, p. 387).

30. Repare-se que Huntington é aqui utilizado (ver, especialmente, seção 3.1) para ilustrar o que conforma a concepção reacionária de direitos humanos — que, dentre outras características,

Durante a Guerra Fria, o Ocidente e os Estados Unidos em especial se defrontavam com o problema do "tirano amistoso": os dilemas de cooperar com ditadores e juntas militares que eram anticomunistas e por isso parceiros úteis na Guerra Fria. Essa cooperação produziu mal-estar e, às vezes, embaraços quando esses regimes cometiam violações revoltantes dos direitos humanos. Entretanto, a cooperação podia ser justificada como o mal menor: esses governos geralmente eram menos repressivos do que os regimes comunistas e se podia supor que seriam menos duráveis e também mais suscetíveis às influências norte-americanas e de outras origens externas. (Huntington, 1997, p. 247)

Para uma demonstração semelhante, basta citar declaração (embora de linguajar pouco recomendável para os olhos de qualificados leitores) que se tornou histórica. Em 1993 o então presidente dos EUA, Franklin Roosevelt, declarou sobre o então presidente da Nicarágua: "Somoza pode ser um filho da puta, mas é o nosso filho da puta".[31]

Em geral, concepções denominadas socialistas para o debate sobre direitos humanos são associadas exclusivamente àquelas que defendiam o predomínio de direitos sociais sobre outros (em geral denominados civis e políticos, gerando outro equívoco teórico — uma vez que direitos, mesmo aqueles que visam proteger aspectos da vida individual dos seres sociais, necessariamente advêm da vida em sociedade e da forma como ela se organiza, reconhece e confere satisfação a necessidades humanas a habitantes do planeta). Outras concepções vindas deste mesmo bloco de pensadores que defendem sociedades anticapitalistas e se inspiram nas ideias de Karl Marx acabam por ser desconsideradas inclusive por parte significativa dos próprios militantes que se reivindicam socialistas ou comunistas.

---

tende a defender que para o futuro da humanidade há que se garantir acesso a benefícios, riquezas e condições dignas de vida de modo especial apenas para aquela que denomina "civilização ocidental" (América do Norte, países europeus centrais, Nova Zelândia e Austrália), em detrimento dos povos das demais "sete civilizações".

31. Várias fontes registram a frase do ex-presidente americano. A aqui utilizada foi retirada do sítio *Observatório de Imprensa*. Disponível em: <http://www.observatoriodaimprensa.com.br/news/view/paulo-verlaine--37413>. Acesso em: 30 mar. 2012.

Voltando às alterações efetivamente ocorridas no campo do debate sobre os direitos humanos, Lyra Filho (1982, p. 109-110) nos demonstra como este processo é reconhecido também por pensadores conservadores. Vejamos:

> Para termos uma ideia da diferença entre as declarações dos direitos humanos e estes mesmos direitos, basta pensar que a declaração "oficial" mais recente já é inatual, na medida em que ainda não incorpora outros aspectos da libertação, surgidos em lutas sociais posteriores. Por exemplo, a marca do social, na Declaração dos Direitos Humanos, ainda é muito vaga e incompleta e não dá expressão plena às metas socialistas do Direito contemporâneo autêntico. Aliás, este envelhecimento das "declarações" foi percebido até pelo filósofo francês bem reacionário, que era Jacques Maritain, quando acentuou, à ocasião em que foi redigida a última declaração "oficial", que ela devia ser revista, pelo menos, de 15 em 15 anos.[32]

A distância entre as previsões dos diversos documentos internacionais e a realidade efetivamente vivida por povos de diferentes países não passaria despercebida aos defensores de direitos humanos por todo o mundo, levando a pressões pela criação de sistemas internacionais, regionais e nacionais voltados para sua proteção. Há mecanismos convencionais e extraconvencionais de proteção em direitos humanos previstos internacionalmente e com possível atuação legitimada no âmbito dos Estados. Os extraconvencionais são criados a partir de resoluções e documentos da ONU ou de cada país. Há, por exemplo, relatorias especiais, composta por *experts* internacionais, para acompanhar a violação de direitos humanos em um determinado campo e apresentar relatórios periódicos aos diversos países. Há, ainda, grupos de trabalho, comitês e representações específicas para os diversos temas. Dois exemplos brasileiros são: a relatoria exercida por Raquel Rolnik para questões de habitação, como o direito a moradia

---

32. A utilização de maiúsculas para "direitos" e "direitos humanos" é original e de responsabilidade de Lyra Filho. No caso de "Direito", quando referido exclusivamente à área do conhecimento que leva este nome, também utilizamos maiúsculas.

digna, remoções, despejos e outras ações no âmbito das cidades; o mecanismo de prevenção à tortura e demais tratamentos cruéis e/ou degradantes, instalado no estado do Rio de Janeiro a partir da Comissão de Direitos Humanos da Assembleia Legislativa estadual e do fato do Brasil ser signatário do tratado internacional acerca deste tema. Mecanismos convencionais são estabelecidos por declarações e convenções de direitos humanos aprovados no âmbito da ONU e dos sistemas regionais de proteção — no caso do Brasil, no âmbito da Organização dos Estados Americanos. Tais mecanismos preveem a existência, inclusive, de tribunais internacionais para os quais indivíduos e coletivos podem encaminhar denúncias que, embora já apresentadas em âmbito nacional, não tenham recebido atenção, apuração e providências de seu Estado. Os tribunais podem aprovar sanções a países violadores de direitos humanos, determinar indenizações aos que tiveram direitos violados, dentre outras medidas. O Brasil já foi condenado internacionalmente em várias situações, como os massacres da Candelária e do Carandiru, o caso Maria da Penha, o assassinato de Diniz Bento da Silva pela política militar do Paraná, em 1993 (em decorrência de seu envolvimento com a luta pela terra), dentre outras situações. Mais recentemente, a situação de presídios capixabas (especialmente em Vila Velha) foi apresentada à análise internacional. Neles, há relatos de decapitações, torturas e tratamentos similares a presos.[33]

Inicialmente, tais sistemas de proteção a direitos humanos expressaram, também eles, a incapacidade de irem além de apontar princípios e orientações gerais aos diversos países. Novas pressões e mobilizações levaram, assim, à criação, ao longo dos anos e após lutas e denúncias de inúmeros e diversos movimentos sociais, de sistemas de monitoramento e tribunais penais, regionais e internacionais, no sentido de que houvesse, respectivamente, real investimento financeiro em políticas voltadas para o atendimento de direitos humanos e punição para sua violação. Um interessante exemplo deste processo são os Planos Nacionais de Direitos Humanos aprovados pelo Brasil. O país, ainda sob

---

33. Acerca dos mecanismos e de punições já sofridas pelo Brasil é possível consultar SEDH, 2004, p. 34-47.

o governo federal de Fernando Henrique Cardoso, se esforçou por ser o primeiro a cumprir recomendação das assembleias da ONU de instituir PNDH's em seu território — sendo, no entanto, antecedido pela Austrália. Uma das características do 1º PNDH brasileiro, no entanto, foi a afirmação genérica de diversos direitos, o que reforçava lutas sociais em torno dos mesmos, mas lhes caracterizava pela velha dificuldade em torno de direitos positivados (previsões que não se efetivam na vida social). Questionando este processo, o 2º PNDH previu prazos e a relação entre a efetivação de tais direitos e o papel do Estado — em suas distintas esferas —, bem como acentuou a necessidade de previsão orçamentária para situações em que isso se fizesse necessário para a efetivação destes direitos. Dialogando com o que afirmamos anteriormente sobre o direito à comunicação, no debate sobre o 3º Plano Nacional de Direitos Humanos (a nosso ver, equivocadamente lançado às vésperas de eleições presidenciais, numa tentativa de utilização eleitoreira que fez apenas aumentar pressões conservadoras sobre debates como a democratização dos meios de comunicação e o aborto como direito sexual especialmente das mulheres) tais informações não foram apresentadas à população que não acompanha todas as dimensões deste tema. Registre-se: os próprios defensores do PNDH-3, envoltos com a — no mínimo — inabilidade de sua utilização para angariar votos de certos setores sociais, não foram capazes de restabelecer a relação entre os planos nacionais de direitos humanos e as previsões para todos os países signatários das diversas cartas e tratados internacionais da Organização das Nações Unidas.[34]

No âmbito dos chamados "direitos sociais" houve, em função da agenda neoliberal[35] implementada mundo afora um imenso retrocesso na oferta, por parte dos diversos Estados, de políticas sociais que

---

34. Sobre a evolução havida do 1º para o 2º PNDH's brasileiros, cf. Secretaria Especial de Direitos Humanos (2004). Sobre o 3º PNDH, vale conferir os artigos publicados na revista *Direitos Humanos*, Especial PNDH-3, de abril de 2010 (SEDH, 2010).

35. O nascedouro do projeto neoliberal é creditado por diversos autores ao Consenso de Washington, ainda que Anderson (1995, p. 9) registre que o texto que lhe deu origem foi *O caminho da servidão*, de Friedrich Hayek, escrito em 1944. Sua primeira experiência prática teria sido a ditadura chilena de Pinochet. Anderson (ibid., p. 19) afirma, por exemplo, que "aquele

visassem à satisfação de necessidades dos seres sociais. Tal processo se deu mundialmente. Ataques a conquistas trabalhistas, privatização de empresas estatais, criação de mecanismos de regulação privada de políticas públicas,[36] contrarreformas previdenciárias, dentre outros, são fenômenos possíveis de observar em praticamente todos os continentes. Foram políticas em geral impostas, pela força, com brutalidade contra movimentos sociais e diversos segmentos populacionais que reagiam à perda de direitos conquistados, previstos e dos quais faziam uso em suas vidas quotidianas.[37]

1.4 Século XXI: retrocesso anunciado?

Um rápido panorama do próprio século XX e do início do século XXI demonstra-nos, portanto, a insuficiência de previsões legais de diversos direitos. Milhões de pessoas voltaram a ser dizimadas em guerras como as do Vietnã, da Coreia e inúmeras outras.[38] Negros e mulheres continuam recebendo menos por trabalhos iguais, com os primeiros sendo as maiores vítimas da violência urbana (aqui é preciso, ainda, incluir o recorte etário) em diversos países;[39] o capital

---

regime tem a honra de ter sido o verdadeiro pioneiro do ciclo neoliberal da história contemporânea".

36. A exemplo das organizações sociais, que vêm sendo implementadas no Brasil para diversas políticas públicas, especialmente no campo da saúde. Para maior aprofundamento do debate e conhecimento das lutas em curso contra este modelo de gestão para a saúde, é possível consultar: <http://pelasaude.blogspot.com/>.

37. Joseane Soares Santos (2007, p. 23) relaciona o relativamente recente restabelecimento da democracia no Brasil e o que denomina de autoritarismo neoliberal: "Chamo atenção para o recente restabelecimento da democracia no Brasil que ocorre nesta conjuntura internacional de crise do capitalismo, em que uma das 'saídas' apontadas pelas classes dominantes, do ponto de vista político, tem por base o neoliberalismo. Isso significa dizer das dificuldades para consolidar direitos, especialmente sociais, neste contexto marcado pelo autoritarismo neoliberal".

38. Cf. Hobsbawm, 1995.

39. Pesquisa realizada na Universidade Federal do Rio de Janeiro a partir de dados do Sistema Único de Saúde dos anos de 2006 e 2007 demonstra que o índice de assassinatos de negros é duas vezes superior aos de brancos no Brasil (embora haja equivalência destes segmentos

continua construindo sua sustentação da exploração do trabalho de milhões de homens e mulheres, mantendo a propriedade privada dos meios de produção e causando fome, miséria e morte pelo mundo; a destruição da natureza dificilmente esteve em fase tão avançada na história da humanidade. O tratamento destinado a imigrantes pelo Brasil, pelos Estados Unidos e por países da Europa central, como veremos, também confirma esta relação. Outra citação necessária é ao fenômeno do desemprego. Sobre ele (e suas relações com o novo século em curso), vejamos o que nos diz Trindade:

> O formidável incremento da produtividade do trabalho a partir da década de 1970, emulada pela intensíssima injeção de ciência e de tecnologia na produção de mercadorias corpóreas e incorpóreas (bens físicos e prestação de serviços), que só vem se acelerando desde então, tornou aguda a concorrência mundial intermonopolista. Valendo-se do avanço científico e da tecnologia mais sofisticada — automação/robotização/informatização de ramos econômicos inteiros — e da reestruturação dos processos produtivos e dos métodos gerenciais, o capitalismo passou a eliminar ofícios, atividades e profissões, descartando, de modo permanente, uma quantidade imensa de trabalhadores ao redor do planeta. (Trindade, 2011, p. 308)

Embora nem sempre retratem a realidade por si sós, alguns números e estatísticas têm a capacidade de ilustrar e oferecer concretude a análises da vida social. É o que parece ocorrer com o desemprego. Segundo o mesmo Trindade (ibid., p. 308), relatório da Organização Internacional do Trabalho publicado em novembro de 1996 apontava a existência de um bilhão de pessoas desempregadas ou subdesempregadas no planeta. À época, destaca o autor, isto significava um terço da população em idade de trabalho no mundo. A Europa tem se desdobrado em preocupações em torno do desemprego, especial-

---

na população total do país). A análise dos dados indica que um dos fatores geradores deste quadro é a concentração da população negra em áreas de risco, em que a violência é mais disseminada. A maior parte dos homicídios atinge crianças, adolescentes e jovens entre 10 e 24 anos (cf. Uribe, 2009).

mente de jovens — os mais atingidos pela ausência de oportunidades de trabalho. Em dezembro de 2011 o índice de desemprego na zona do Euro (considerados 17 países) era de 10,4% da população em idade produtiva. A Espanha chegava a incríveis 22,9% de sua população sem emprego.[40] Apenas dois meses depois os índices, ainda que lentamente, avançavam na Espanha e na Zona do Euro. Respectivamente eram de 23,6% e 10,8%.[41] Quanto ao desemprego juvenil, analisando os dados do Eurostat e do Fundo Monetário Internacional, Marinheiro aponta que a Europa terá "uma geração perdida":

> Já são dois os países cuja taxa de desemprego entre jovens (pessoas de 15 a 24 anos) passa dos 50% (Espanha e Grécia). Em outros seis (Bulgária, Eslováquia, Irlanda, Itália, Lituânia e Portugal), ela está acima dos 30%. [...] Em agosto daquele ano [2008], um mês antes da quebra do banco Lehman Brothers, nenhum dos 27 países da União Europeia tinha taxa de desemprego superior a 25% para pessoas entre 15 e 24 anos. Hoje, são 13. [...] Altas taxas de desemprego por longo tempo criam a geração perdida porque as pessoas não conseguem emprego logo depois de formadas e passam a ser menos interessantes para o mercado de trabalho ao ficarem mais velhas e sem experiência. (Marinheiro, 2012, p. A-18)

O século XXI se iniciou, portanto, com velhos fenômenos sociais evidenciando, em novos tempos, consequências da implementação do sistema capitalista e das tentativas da burguesia de ampliar a produtividade de seu capital. Tais consequências chegam a atingir requisitos absolutamente indispensáveis para a vida, como a alimentação.

Mensagem do diretor-geral da Unesco por ocasião do Dia Internacional para a Eliminação da Pobreza nos dá uma noção de antigos

---

40. Os dados são da Eurostat, agência oficial de estatística da Europa, e podem ser consultados em: <http://epp.eurostat.ec.europa.eu/tgm/table.do?tab=table&language=en&pcode=teilm020&tableSelection=1&plugin=1>. Acesso em: 14 fev. 2012.

41. Os dados são da mesma Eurostat e do Fundo Monetário Internacional (FMI), divulgados em abril de 2012 e publicados pelo jornal *Folha de S.Paulo* em sua edição de 3 de abril (cf. Marinheiro, 2012).

fenômenos sociais que continuam marcando o século XXI: "800 milhões de pessoas passam fome e 36 milhões de indivíduos morrem a cada ano de suas consequências" (Matsuura, 2006). Dados do mesmo ano, da Organização Internacional do Trabalho, citados por Marques (2006, p. 183), demonstram que

> [...] nada menos que 520 milhões de trabalhadores se situavam abaixo da 'linha de pobreza' de 1 dólar por dia, e 1 bilhão e 375 milhões de trabalhadores, muito perto da metade do total de empregados, estavam abaixo da linha dos dois dólares diários. Assim, 48,4% das pessoas empregadas no mundo (para além das dezenas de milhões de desempregadas) vivem em famílias que se situam no limiar da sobrevivência.

Marques interpreta tais dados, afirmando que eles desmentem a ideia corrente que associa automaticamente miséria e ausência de emprego. A obtenção de mais-valia a partir da exploração do trabalho persiste sendo a mais fundamental razão de criação de miséria e pobreza no século XXI.

Ele, por sua vez, iniciar-se-ia com um fato novo, que marcaria o debate de sua primeira década e seria utilizado pelos EUA para expor, com maior evidência, a defesa — em nome de suposta defesa dos direitos humanos[42] — de seu desrespeito e violação. Em 11 de setembro de 2001 as Torres Gêmeas e o Pentágono americanos foram atacados por aviões sequestrados, em ações assumidas pela Al-Qaeda. Tal

---

42. O que não desqualifica a importância dos direitos humanos. Vejamos a reflexão de Marques a respeito: "Uma [...] relevante objeção frequente — especialmente no campo da crítica à ordem — é a que aponta a utilização dos 'direitos humanos' como legitimação da intervenção dos Estados e interesses econômicos 'centrais' nas regiões periféricas/dependentes. Essa abordagem parte de uma confusão conceitual que é preciso afastar: o uso retórico legitimador não pode ser confundido com os conteúdos normativos correspondentes aos direitos humanos. A defesa destes, portanto, não apenas não está comprometida como precisará se opor decididamente àquele. É bem conhecida a utilização de acusações de violações de direitos como instrumento de deslegitimação de adversários dos Estados centrais. Nenhum significante está isento de sua apropriação falseadora e com 'direitos humanos' não seria diferente. O que não se pode perder de vista é que não apenas os movimentos de resistência são capazes de incorporar o discurso de denúncia das violações de direitos, como são os objetivamente mais interessados na realização dos conteúdos de tais direitos" (Marques, 2011, p. 197-198).

evento atingiu em cheio a empáfia americana de império indestrutível, que jamais havia sofrido ataques (que costuma, na verdade, produzir), fazendo o novo século se abrir com perplexidades e com novas ofensivas militares americanas contra outros países (justificadas como "luta contra o terrorismo" e "defesa de direitos humanos"). Curioso notar que o choque dos aviões contra as Torres Gêmeas não foram os únicos responsáveis pela morte de pessoas naquela ocasião. Os jornalistas Jim Dwyer e Kevin Flynn (2005) demonstram, no livro *102 minutos*, como a certeza americana de que as Torres, então um dos maiores símbolos do "sucesso" do capitalismo mundial, não cairiam sob nenhuma hipótese interferiu na forma como as pessoas foram (ou não) retiradas dos dois prédios de dezenas de andares e centenas de escritórios e organizações. A brilhante reconstituição chega à conclusão de que, de fato, o choque dos dois aviões com as duas torres causaria centenas de mortes. No entanto, outras centenas poderiam ter sido evitadas:

> As outras, mais de 1.500 homens e mulheres, sobreviveram ao choque dos aviões, mas ficaram presas em salas que estavam até 20 andares acima do impacto. Como os passageiros do "não naufragável" Titanic, muitas das pessoas dentro do World Trade Center simplesmente não tinham meios de escapar das torres tidas como "não derrubáveis", mesmo que atingidas por aviões. (Dwyer e Flynn, 2005, p. 16)

Dentre outros fatores que contribuíram para tais mortes, os jornalistas destacam a redução da largura das escadas de escape em situações de emergência, para ampliar escritórios das Torres Gêmeas, então entre os mais caros metros quadrados dos Estados Unidos. Sem deixar de reconhecer o heroísmo e a dedicação de diversos profissionais envolvidos, relatam, ainda, o comportamento hostil entre si de bombeiros e policiais de Nova York, ambos até então com fama de irretocáveis. Parece inacreditável, mas enquanto do outro lado do mundo tinha-se plena consciência do que estava acontecendo naquele momento (um ataque — condenável em sua forma, registre-se! — aos americanos, visando chamar atenção do mundo para o comportamento autoritário e assassino de seus governos) vários dos próprios trabalhadores das torres gêmeas não tinham informações adequadas sobre a seriedade do fato e sobre os riscos para suas vidas. Ainda que do momento em que o primeiro avião atinge a primeira Torre até a queda da segunda tenham passado nada menos que os 102 minutos que intitulam a reconstituição de Dwyer e Flynn.

No plano das políticas internas adotadas pelos Estados Unidos, Marques chama atenção para medidas imediatas que viabilizaram, por exemplo: a caça de qualquer suspeito (tendo estrangeiros como alvo);[43] prisões e deportações em condições sub-humanas ou precárias;[44] detenção de crianças migrantes (estimadas pela Anistia Internacional entre cinco e seis mil), com presença de situações punitivas e tratamentos humilhantes; forte repressão a manifestações contra a reação militar promovida pelos EUA; tortura para obtenção de confissões, na intenção de produção de provas (Marques, 2006, p. 102-104).

É visível, portanto, que não só direitos denominados de econômicos, sociais e culturais vêm sofrendo com a agenda restritiva e reacionária imposta por parte de países centrais (fundamentalmente os Estados Unidos) para tentar impor sua lógica a outros e justificar ações econômicas e políticas de caráter nitidamente imperialista — tudo em nome de suposta defesa de direitos humanos. Trindade (2011, p. 312) acrescenta informações às aqui já citadas a partir de Marques, ampliando um panorama de aspectos em curso no século XXI que nos ajudam a demonstrar tal realidade. Registra o autor:

---

43. Marques estima, citando Paye, que 5 mil estrangeiros que chegaram aos EUA entre 1999 e 2001 tenham sido interrogados nas semanas que se seguiram ao 11 de setembro. "Afegãos, paquistaneses e originários do Oriente Médio e do Norte da África, áreas de maioria muçulmana, foram os mais atingidos. Centenas de pessoas foram presas em condições degradantes e foram mantidas sem acesso a advogados ou a outros meios de defesa, em alguns casos por meses a fio e mesmo depois de ordens judiciais de liberação" (Marques, ibid., p. 99).

44. A *American Civil Liberties Union* relata situações em que presos foram mantidos em celas ao longo de 23 horas diárias, sempre algemados (mãos e pés) em qualquer saída, com luzes ligadas 24 horas por dia e sem qualquer acesso a familiares — sequer telefonemas. Deportações eram feitas, mesmo após imigrantes estarem por anos nos EUA, para países com altas taxas de desemprego e salários baixos — sem contar a discriminação por terem se dirigido aos Estados Unidos e sido deportados (ibid., p. 101).

Além de voltar a agredir militarmente nações débeis, como desde sempre fizeram, os estados imperiais, desde o início do século XXI, "revogaram", na prática, as garantias individuais (direitos à vida, à incolumidade, ao devido processo legal, à intimidade etc.) de, pelo menos, todos quantos apresentem biótipos não-caucasianos e idiomas não-europeus. Os estados imperiais *retomaram* as práticas de eliminar sumariamente "inimigos" escolhidos, sequestrar "suspeitos" e torturá-los em campos de concentração — sejam campos juridicamente "extraterritorializados" (caso de Guantánamo); sejam cárceres mantidos em países ocupados (Iraque, Afeganistão); sejam prisões clandestinas em Estados coniventes (Paquistão, Egito, Polônia etc.); sejam, ainda, em inacessíveis navios de guerra fundeados em águas internacionais. (Grifo original)

Tais cativeiros, registra, são mantidos ainda que não haja acusação formal contra os sequestrados e torturados. Muitas das vezes tais prisões ocorrem sem reconhecimento oficial de sua captura pelos países centrais. O fato novo, para Trindade, não é a ocorrência desta prática, mas o que denomina de seu "revestimento legal" (ibid., p. 313): os EUA promulgaram em outubro de 2001 o chamado *Patriotic Act*, ampliando poderes para a CIA (*Central Intelligence Agency*) e o FBI (*Federal Bureau of Investigation*) e para serviços secretos de suas forças armadas. A citada lei autoriza — na linha já denunciada por Marques — a vigilância sobre pessoas por todos os meios de comunicação (e-mails, telefones, computadores, dentre outros), dentro e fora dos Estados Unidos; prevê buscas em residências, escritórios e outros estabelecimentos, com exame de livros, discos, documentos médicos, financeiros e/ou de outras espécies sem mandato judicial — seguidas de possíveis (talvez seja melhor afirmar prováveis) prisão e interrogatório de "suspeitos".[45]

---

45. Tal perspectiva pode contribuir na apreensão das razões pelas quais os Estados Unidos mantêm sua eterna resistência em subscrever diversos documentos internacionais aprovados pela Organização das Nações Unidas, sob o pretexto de que *cada povo deve ter direito a sua autodeterminação*. Vindo de onde vem, o argumento beira a hipocrisia — além de impedir o reconhecimento da possibilidade de um patamar comum de convivência internacional entre os diversos povos, baseado em acesso à satisfação de necessidades básicas para suas vidas. Antecipo, no entanto, algo que será aprofundado no capítulo 3, seção 3.1: trata-se de uma determinada

Marques (2006) demonstra que restrições legais e violentas, promovidas diretamente contra liberdades individuais que os liberais sempre disseram defender, ocorrem como fenômeno constante no que denomina a atual fase de acumulação capitalista. Uma das formas de demonstrá-lo é a apresentação de informações sobre como países europeus (que não sofreram em seus territórios, portanto, os ataques de 11 de setembro) adotaram medidas restritivas de liberdade.

O Reino Unido também passou a permitir, em seu sistema legal, detenção ilimitada, sem acusação formal, a estrangeiros sobre os quais pesassem "convicção razoável" de riscos à segurança nacional (com "sobras" desta política para o Brasil — vide o assassinato, injustificável sob quaisquer alegações, do brasileiro Jean Charles em estação de metrô de Londres, em 22/7/2005)[46] e dificultou a requisição de asilo político, dentre outras medidas. A Itália reprimiu manifestantes contra o G-8, prendendo 93 deles, sob acusação de pertencimento a organização criminosa. A França reprimiu manifestações juvenis protagonizadas por filhos de imigrantes africanos, expulsando os que considerou culpados pelos "distúrbios". A Espanha iludiu grupo de 73 subsaarianos que visavam asilo na Europa e foram "devolvidos" à África, muitos deles lançados a situações limite de riscos à vida.[47]

Marques (ibid., p. 189-201) chama, ainda, atenção para o processo de "mundialização do exército industrial de reserva", advindo da deslocalização das atividades econômicas gerada pela mobilidade do capital. Cita como alguns de seus efeitos: aumento da "concorrência" entre trabalhadores, com formas de trabalho informal e mesmo domiciliar voltando a crescer, com ampliação da exploração de mulheres e crianças; maior intensidade e dramaticidade dos conflitos gerados pelas migrações em massa de países periféricos para centrais, com

---

concepção de direitos humanos, com aspectos centrais distintos, inclusive, das bandeiras que motivaram as revoluções burguesas.

46. O fato foi transformado em filme nacional que retrata o assassinato e parte da vida do brasileiro, eletricista nascido em Minas Gerais e vivido nas telas pelo ator Selton Mello (*Jean Charles*, lançado em 2009, sob direção de Henrique Goldman).

47. Cf. Marques, 2006, p. 105-113.

diminuição dos salários médios pagos e ampliação dos ganhos do capital. O autor também cita projeções do Banco Mundial de que o crescimento de 50% do número de trabalhadores originados de países periféricos permitirá ganhos em torno de 300 bilhões de dólares acima dos que haveria, até 2025, sem os novos imigrantes (2006, p. 195).

Evidencia-se, nas palavras do autor, "a contradição contemporânea entre capitalismo e liberdade, mesmo em seus significados mínimos de caráter 'liberal'". A realidade concreta sequer permite, portanto, sustentar, ao menos em perspectiva universal, o discurso liberal que buscou caracterizar os direitos civis e políticos como os fundamentais do ponto de vista do debate dos direitos humanos. Direitos como o de não ser torturado, o de ir e vir ou o direito à vida são desrespeitados, respectivamente, por processos como as constantes invasões de outros países promovidas especialmente pelos Estados Unidos, pela reação dos países centrais à migração, pela morte — proposital, uma vez que há tecnologia para evitá-las — de civis em recentes situações "de guerra".[48]

Indo além dos Estados Unidos e da Europa, é possível constatar a ampliação do que vem sendo chamado Estado prisional nos mais diversos países. A "questão social" é cada vez mais tratada como caso de polícia — com amplo apoio popular, importante registrar. Dados nacionais divulgados pelo historiador e deputado estadual fluminense Marcelo Freixo demonstram que a população carcerária no Brasil cresceu, na primeira década deste século, cerca de 10% ao ano — o que já leva o Brasil, segundo pesquisadores do sistema prisional, a ter a quarta maior população carcerária do mundo, atrás apenas dos EUA, da China e da Rússia. A população, por sua vez, cresce a índices médios de 1,4%.[49] Freixo costuma afirmar que, neste ritmo, em poucas décadas

---

48. Difícil, na atualidade e com a diferença de condições científicas e tecnológicas existentes entre os países comumente invadidos e as grandes nações que os usurpam, caracterizar tais processos como "guerra", o que pressuporia algum nível mais igualitário de embate bélico ou militar. O que tem ocorrido nos recentes processos caracterizados como tal têm sido a dizimação de povos e a inequívoca tomada à força de territórios alheios por aparatos militares absolutamente desproporcionais, particularmente no que se refere aos EUA.

49. Disponível em: <http://www.marcelofreixo.com.br/site/noticias_do.php?codigo=184>. Acesso em: 30 jan. 2012.

a maioria dos brasileiros estará vivendo privada de liberdade. Ainda no Brasil chama atenção a grande visibilidade que vem sendo alcançada por manifestações de intolerância e violência física (muitas vezes seguidas de assassinato) de "diferentes": mulheres, homossexuais, população que vive nas ruas, população que utiliza drogas não legalizadas.

É possível constatar, sem grande esforço, efeitos culturais e políticos deste processo. Há nacionalismos conservadores sendo fortalecidos em diversos países, com manifestações cada vez mais brutais e intolerantes, chegando ao assassinato de migrantes, culpabilizando-os por crises de desemprego e outros fenômenos gerados pelas medidas tomadas pelo capital em escala internacional. Um exemplo visível são as seguidas manifestações de torcedores de futebol na Europa contra a presença de afrodescendentes e negros em equipes adversárias ou, até mesmo, naquelas pelas quais torcem. O constrangimento internacional é tamanho que levou a corporação internacional que comanda os eventos mundiais do esporte (a FIFA) a lançar uma campanha mundial contra o racismo no futebol.

No que se refere ao Brasil haveria uma enorme lista possível de outros temas em debate e que estabelecem relação direta com a defesa de direitos humanos. Exemplos recentes (ou atuais) são, dentre vários outros, os debates sobre: aborto; democratização dos meios de comunicação; recuperação das informações acerca das torturas, assassinatos e violências cometidas durante o período da ditadura militar no país; ações que visam criminalizar movimentos sociais em função de suas mobilizações; despejos e medidas similares cometidas contra populações por todo o país em função da defesa de um suposto direito à propriedade e da organização da Copa do Mundo e das Olimpíadas, pelo Brasil, nos anos de 2014 e 2016, respectivamente; tratamento dispensado a migrantes; desaparecimentos forçados — pensemos na execução de Amarildo, morador da Rocinha, em procedimento que a própria imprensa nacional associou ao ocorrido com milhares de brasileiros anualmente.

Mas não são só direitos civis e políticos os que vêm sendo atacados no início do novo século. Embora em processo iniciado na segunda metade do século XX, direitos sociais e trabalhistas vêm sendo suprimidos por diferentes países, com o argumento central de que paralisariam o crescimento econômico. Registre-se que a hegemonia política do discurso neoliberal tem feito com que distintos governos se elejam com discursos contrários aos resultados gerados pelo capitalismo e, após sua posse, implementem exatamente as medidas previstas por Hayek, Friedman e pelo Consenso de Washington. Anderson nos ilustra este processo:

> Política e ideologicamente, todavia, o neoliberalismo alcançou êxito num grau com o qual seus fundadores provavelmente jamais sonharam, disseminando a simples ideia de que não há alternativas para os seus princípios, que todos, seja confessando ou negando, têm de adaptar-se a suas normas. [...] Este fenômeno chama-se hegemonia, ainda que, naturalmente, milhões de pessoas não acreditem em suas receitas e resistam a seus regimes. (Anderson, 1995, p. 23)

As manifestações da "questão social", embora universais, persistem sendo tratadas no âmbito dos Estados nacionais a partir de processos que evidenciam ampla predominância de receitas neoliberais.

Poder-se-ia perguntar: por que cabem registros de violação de direitos denominados "civis" e "políticos", ainda mais se tais registros são efetuados, aparentemente, no mesmo nível dos demais direitos que, em geral, são os tidos como fundamentais pela esquerda anticapitalista e pela tradição marxista em diversos locais do mundo? Novamente é Trindade quem nos responde:

> [...] uma plataforma marxista para este século também não pode desconsiderar a emergência de uma nova crise em outra dimensão dos direitos humanos: a crise das *garantias da pessoa*. [...] A defesa das garantias individuais — a defesa do seu respeito e da sua *universalização* — deve também, obrigatoriamente, integrar a plataforma política marxista. (2011, p. 312 e 314, grifos originais)

Para quem imagina que haveria confronto com a crítica marxiana apresentada aos direitos humanos em perspectiva liberal, o autor apresenta três novos registros fundamentais. O primeiro aponta qual era a crítica feita pelo autor alemão:

> Marx não sustentou uma postura meramente abstrato-estática (metafísica) "contra" os direitos humanos desfraldados pela burguesia. Era bem mais do que isso: desvelou seu caráter de classe, sua redução ao homem burguês, sua adequação à conservação dos interesses dessa [então] nova classe dominante — portanto, sua insuficiência e sua impropriedade para abrir a passagem à emancipação humana integral e universal (o comunismo). (Trindade, 2011, p. 297)

O segundo registro, que nos faz remeter à leitura dialética da história, demonstra que no século XXI — fruto das muitas lutas sociais travadas entre as classes e, inclusive, por segmentos heterogêneos destas mesmas classes, uma vez alijados em intensidades maiores do acesso a suas necessidades — o que se denomina direitos humanos não é mais o que era no século XVIII:

> Malgrado desuniformes de país para país, a existência desses direitos, particularmente dos direitos econômico-sociais, indica o patamar a que chegou a correlação de forças na luta de classes em um país e em uma época. Indica que a burguesia, nessa dada época e país, não dispõe mais de força suficiente para explorar *de qualquer modo* os trabalhadores, extrair deles *todo* o sangue. Indica também que, além dos trabalhadores, outros protagonistas sociais passaram a não tolerar mais a discriminação e a opressão seculares das quais vinham sendo vítimas. O resultado a que chegamos, após um longo trajeto histórico, foi o de que os direitos humanos, tais como as lutas dos explorados e oprimidos os forçaram a se configurar, não são mais apenas aqueles dos tempos de Marx e Engels. (Ibid., p. 299, grifos originais)

Destaque-se, aliás, que o próprio Marx contribui para uma análise em patamares bastante similares da feita por Trindade:

> Assim como não se julga um indivíduo pela ideia que ele faz de si próprio, não se poderá julgar uma tal época de transformação pela mesma

consciência de si; é preciso, pelo contrário, explicar esta consciência pelas contradições da vida material, pelo conflito que existe entre as forças produtivas sociais e as relações de produção. (Marx, 1983, p. 25)

A terceira, e não menos importante, citação de Trindade demonstra como é frágil a tentativa de desqualificar o marxismo em função da realidade de violação de direitos dos seres sociais existentes mesmo em experiências socialistas.[50] Vejamos:

> Se, no passado, regimes que se autoproclamavam marxistas cometeram violações similares [às promovidas pelos países capitalistas centrais], que não se atribua isso à conta do pensamento de Marx ou de Engels. Seria tão impróprio quanto atribuir a Cristo a responsabilidade pela Inquisição medieval, ou atribuir a Einstein a responsabilidade pelas detonações atômicas sobre Hiroshima e Nagazaki. (Trindade, 2011, p. 314)

Netto (1995, p. 36) acrescenta que houve determinações da realidade para o processo que culminou na queda do chamado socialismo real:

> A crise que derrubou o socialismo real também possui determinações concretas, sendo antes a "crise de uma forma determinada de transição

---

50. Deve-se registrar, aqui, o acerto na declaração da atual presidente da república do Brasil, Dilma Rousseff, sobre o tema, no mês de fevereiro de 2012, por ocasião de sua ida a Cuba. Pressionada pela grande imprensa nacional a apresentar críticas a relatos de violações de direitos naquele país, a presidente respondeu afirmando que os direitos humanos não deveriam ser utilizados como mera disputa ideológica, como se um país os respeitasse em sua íntegra (a depender de sua proximidade ou não com perspectivas capitalistas de organização da sociedade) e outros o fizessem por serem contra tais premissas. Afirmou que Guantánamo é um exemplo próximo e sempre presente. E que todos os países, inclusive o Brasil, teriam telhado de vidro para acusar outros de violações de direitos humanos. Importante registrar que temos análises bastante críticas ao rumo com que os governos petistas (seja nas esferas federal, estaduais ou municipais) vêm adotando para a economia, a cultura, a política e o acesso a direitos da população no país. Ainda assim, a afirmação da presidente, neste particular, deve ser reconhecida como correta. Inclusive, e fundamentalmente, porque permite reconhecer que o campo dos direitos não é estático — o que nos faz retomar a citação a Marx: a cada necessidade satisfeita o homem, ser social e teleológico, cria novas necessidades para sua vida.

socialista e não do projeto revolucionário de uma sociedade embasada na ausência de mercado (e tudo que disso decorre)".

Nos limites deste texto, os dados apontados neste capítulo apontam que o debate em torno dos direitos humanos pode ter inúmeras e distintas apreensões. Enfrentar o tema em pleno século XXI nos leva à necessidade de delinear a que conteúdos, períodos e fatos históricos nos referimos. Marques assume uma interessante postura em relação a este aspecto:

> Aqui, assume-se que o sentido que se considera útil para efeitos teóricos e políticos alcança o conjunto normativo erigido a partir do segundo pós-guerra. Eventuais extensões de significado aos "direitos" típicos das chamadas "revoluções burguesas" provocam mais confusão que esclarecimento ao subestimarem uma ruptura fundante neste terreno, exatamente a que se deu em meados do século passado. (Marques, 2011, p. 198-199)

Em nossa leitura, um debate sobre os direitos humanos feito em perspectiva de totalidade precisa retomar conteúdos anteriores e posteriores às revoluções realizadas pela burguesia no século XVIII. Na contemporaneidade, desconsiderar — como afirma Marques — as rupturas havidas com a perspectiva liberal de direitos humanos ao longo do século XX significa reduzir nossa capacidade de enfrentar adequadamente o tema e as lutas pela previsão, reconhecimento e efetivação de direitos. Tais delimitações — conceituais, filosóficas, históricas — são importantes, inclusive, no sentido de identificar quais são as concepções predominantes em disputa na sociedade acerca dos direitos humanos (ou dos direitos dos seres sociais), tarefa a que passamos a nos dedicar.

Capítulo 2

Distintas concepções sobre direito (e sobre direitos humanos)

As palavras e a linguagem são, também, manifestações advindas da organização da vida social. Não por menos em gramática há um ramo de estudos denominado derivação — que costuma apreciar de que raízes etimológicas surgiram cada palavra. Contudo, ao longo de sua apropriação pela linguagem, seja a formal ou a coloquial, muitas vezes as palavras costumam adquirir sentidos distintos dos de sua origem. Ocorre, ainda, com muita frequência, que à mesma palavra sejam dados conteúdos distintos, baseados em perspectivas, interesses, concepções, visões de mundo por vezes antagônicas e em disputa.

Hobsbawm, ao analisar as seis décadas entre a Revolução Francesa (1789) e a Primavera dos Povos (1848) nos chama atenção para palavras que surgiram ou tiveram seu significado alterado naquela conjuntura — e que, portanto, têm ligação com processos sociais então em curso:

> Consideremos algumas palavras que foram inventadas, ou ganharam seus significados modernos, substancialmente no período de 60 anos de que trata este livro. Palavras como "indústria", "industrial", "fábrica", "classe média", "classe trabalhadora", "capitalismo" e "socialismo".

Ou ainda "aristocracia" e "ferrovia", "liberal" e "conservador" como termos políticos, "nacionalidade", "cientista" e "engenheiro", "proletariado" e "crise" (econômica). "Utilitário" e "estatística", "sociologia" e vários outros nomes das ciências modernas, "jornalismo" e "ideologia", todas elas cunhagens ou adaptações deste período. Como também "greve" e "pauperismo". (Hobsbawm, 2010, p. 19)

Leandro Konder (2009b, p. 163-167), por sua vez, dedicou a Ferreira Gullar um belo e sucinto artigo, denominado *As palavras e a luta de classes*. Nele, apresenta algumas de suas constatações ao perceber como utilizamos, na contemporaneidade, palavras que tinham outros sentidos em sua origem. Tais alterações têm, sempre, seu pano de fundo político destacado pelo autor. Vejamos algumas delas que, de alguma forma, se relacionam com temas afeitos aos direitos humanos:

> Surpreendo-me, por exemplo, com a informação de que a palavra *polícia*, até o século 17, designava em geral o conjunto da organização política e administrativa da sociedade. Foi somente a partir do século 18 que o termo polícia perdeu essa abrangência; e isso se deu, precisamente, quando se difundiu a palavra *civilização*, empregada pelo francês Mirabeau. Não posso deixar de alegrar-me com a verificação de que, ao menos nesse plano terminológico, a expansão da civilização se fez através da retração da polícia. (Konder, 2009b, p. 165, grifos originais)

As mobilizações sociais também foram "vítimas" deste processo:

> O povo sempre tendeu a resistir, assimilava mal as lições. Por isso, era olhado com receio e desprezo pelos de "cima". As palavras empregadas para designá-lo estão impregnadas de preconceitos. Em latim, o povo era *vulgus* (termo do qual derivam o adjetivo *vulgar* e o substantivo *vulgaridade*), era *turba* (palavra de onde saíram o verbo *perturbar* e o substantivo *turbulência*).[1]

---

1. Cf. Konder, ibid., p. 166, grifos originais.

A diferença entre pedir e reivindicar também passou por processos de reconfiguração ideológica dos termos utilizados. Vejamos:

> Quando os pobres pediam (pedir, em latir, é *rogare*), os ricos podiam tolerá-los; quando, porém, reivindicavam (reivindicar é *arrogare*), passaram a ser considerados *arrogantes*. Pior do que a arrogância de reivindicar, entretanto, era a loucura de se revoltar. Segundo o dicionário etimológico de José Pedro Machado (de 1952) a palavra *maluco* deriva dos habitantes das ilhas Molucas: por volta de 1570, os nativos se rebelaram contra os portugueses que tinham vindo explorá-los e os liquidaram sumariamente. A notícia do morticínio chegou a Portugal e os portugueses acharam que os revoltosos das Molucas só podiam ser loucos (isto é, *malucos*). Como ousavam matar os representantes de uma cultura superior, que chegavam trazendo as "benesses" do colonialismo? (Konder, 2009b, p. 166-167, grifos originais)

Fato é que ainda hoje as transformações e utilizações das palavras geram distintas repercussões e dialogam com a defesa de diferentes modelos de sociedade. Basta verificar o que tem havido de reação no campo do "humor" em relação à utilização de determinados termos e/ou frases. Defendendo uma concepção supostamente democrática de que todos podem falar o que lhes vier à cabeça, em geral humoristas primam por utilizar termos pejorativos para fazer pilhérias com segmentos sociais que, de uma forma ou outra, são discriminados socialmente. Assim, os alvos das piadas são, costumeiramente, mulheres, negros, homossexuais, pessoas com deficiência, judeus etc. Não se trata, aqui, de defender que qualquer referência cômica a estes sujeitos são, necessariamente, recheadas de preconceitos e de intenções de eternizar sua condição subalterna. Mas chama atenção o fato de que dificilmente brancos, homens, heterossexuais e afins são retratados, *por tais condições*, nestas situações. O que é preciso perceber é se há (de nossa parte, acreditamos que sim) repercussão pública e ideológica destes usos das palavras no sentido de criar um caldo cultural que vê o índio como vagabundo, o negro como escravo ou detentor de desejos sexuais especialmente potencializados, a mulher como posse para a qual se podem impor, inclusive, os desejos sexuais masculinos[2] etc. A mesma polêmica se deu, entre os mais distintos setores da sociedade, quando do lançamento do chamado "manual do politicamente correto e direitos humanos" pela Secretaria de Direitos Humanos da presidência da república brasileira. É bastante possível que pudesse haver exageros na interpretação daquele documento quanto à utilização de determinados termos. No entanto, a iniciativa foi profundamente desqualificada, com setores críticos, inclusive, deixando de perceber que também a linguagem faz parte de uma totalidade social e pode favorecer a implementação de determinadas políticas neste ou naquele rumo.[3]

Exemplifiquemos com alguns termos e sua utilização no campo da política. *Democracia*, para os gregos, dizia respeito à possibilidade de exercício da cidadania na *pólis*. No entanto, não era um conceito utilizado universalmente. Sua aplicação estava condicionada a fatores como sexo e posse de determinados bens (apenas homens e proprietários a exerciam, o que excluía, obviamente, mulheres e escravos). Na atualidade, convivem diferentes perspectivas de democracia, que sustentam projetos políticos distintos e visões divergentes de sociedade. Há, por exemplo, os que consideram que a realização de seguidos e transparentes processos eleitorais configurem, por si só, uma sociedade democrática. Em outras perspectivas, considerar-se-ão critérios fundamentais para seu reconhecimento o efetivo acesso a condições adequadas de vida.[4] Vários países que se afirmam democráticos têm em seus governos os principais responsáveis por ações que oferecem sustentação à desigualdade social, à fome, à miséria, à

---

2. Basta verificar o recente caso, posto a público, de humorista que defendia a relativização do crime de estupro quanto às mulheres. Afirmava algo semelhante a: "no caso de mulheres feias, isto não é crime, é favor; elas deviam é agradecer por sua ocorrência".

3. O governo federal, uma vez mais, recuou... Consultas atuais à página eletrônica da Secretaria Especial de Direitos Humanos (www.sedh.gov.br) não permitem encontrar o conteúdo daquela publicação.

4. Um rápido panorama do debate que envolve distintas concepções de democracia pode ser encontrado em Coutinho, 2009.

morte de milhões de pessoas em outros países do mundo, e mesmo entre suas próprias populações.

Uma ideologia que se pretenda dominante ou, ao menos, hegemônica costuma conformar determinados conteúdos para temas que se demonstram centrais em cada época histórica. Há exemplos relativamente recentes, e nacionais: *solidariedade* e *ética*. Solidariedade, na militância política das últimas décadas do século XX, dizia respeito a princípios e identidade de classe. Tratava-se de reconhecer que a espécie humana não é senão um ser social, que não pode viver isolada e que necessita perceber que sua identificação e intervenção política conjunta com outros de sua espécie na realidade social são fundamentais para transformá-la. Ao longo da implementação do projeto neoliberal no país, particularmente no período dos governos Fernando Henrique Cardoso, sua apreensão foi reconstituída. Dificilmente se fala, hoje, em solidariedade, na atualidade, sem se remeter a sentimentos de compaixão, caridade, filantropia. Uma transformação fundamental que ocorre neste processo é a retirada do conteúdo de classe que o termo adquiria nos movimentos sociais (como nas mobilizações sindicais, entre trabalhadores que enfrentavam seus patrões e empregadores, ou no Movimento Sem Terra e nas articulações defendidas entre trabalhadores do campo e da cidade para o necessário enfrentamento da conjuntura).

Ética é outro conceito que teve sua apreensão bastante restrita — e não apenas pelo senso comum —, por um recente movimento político de enormes proporções no Brasil. Referimo-nos à grande mobilização que resultou no *impeachment* do então presidente da república Fernando Collor de Mello, em 29 de setembro de 1992. Um dos paradoxos daquela vitória foi a constituição de uma redução do conceito de ética à adequada e honesta administração de recursos públicos (o que, diga-se de passagem, deve ser compromisso de qualquer pessoa envolvida com a administração pública), subtraindo de sua percepção partes fundamentais de seu conteúdo político e filosófico. Parece-nos evidente que podemos falar na existência de *éticas*, no plural. Ao longo dos séculos XIX e XX a história foi rica em contrapor a ética capitalista à ética socialista. Tratava-se de definir que conteúdos se mostravam como essenciais para cada concepção de sociedade em disputa no confronto de diferentes classes sociais. Contribuições teóricas importantes já demonstraram como uma determinada ética pode conformar conteúdos de classe e favorecer comportamentos religiosos, políticos e econômicos. Como exemplo, podemos citar *A ética protestante e o espírito do capitalismo*, de Max Weber (1987). As reflexões do texto mostram como uma determinada religião pode ter intrínseca relação com a organização social de sua época. Também é possível perceber a relação de determinadas correntes internas às religiões em sentido oposto, o da necessidade social de alteração de determinadas conjunturas históricas. Referimo-nos à Teologia da Libertação, cuja maior expressão ocorreu nas comunidades eclesiais de base da igreja católica — embora com interessantes experiências, inspiradas em suas ideias, em outras confissões religiosas. É reconhecida, na história recente da América Latina, sua contribuição para o enfrentamento de ditaduras (caso do Brasil) ou mesmo para a construção de processos revolucionários (Nicarágua e El Salvador, por exemplo).

No que se refere às mobilizações para a derrubada de Collor, o Movimento pela Ética na Política teve repercussões bastante duradouras: muitos brasileiros passaram a definir como o currículo máximo dos candidatos que apoiam em diferentes eleições uma simples trajetória de honestidade, desconsiderando a proposta política de fundo para a organização da sociedade, do legislativo e do executivo, estejam estes na esfera municipal, estadual ou nacional. É fato que não há sinais de diminuição de relações inadequadas com o dinheiro e o equipamento público (basta verificar as constantes e seguidas denúncias de utilização indevida de dinheiro público, nas três esferas de governo — Executivo, Legislativo e Judiciário), ainda que vários setores dos movimentos sociais e da sociedade civil organizada venham propondo iniciativas a respeito. Mas a redução da ética à honestidade reduz os conteúdos fundantes da primeira. Barroco (2008, p. 69-70) afirma que "[...] princípios abstratos são inerentes à moral, na medida em que fornecem orientações gerais para as normas concretas". Acerca da honestidade, a autora afirma que sua valoração positiva gera sua possível concretização em normas adotadas para situações quotidianas. Quanto aos valores e princípios morais, lembra que sua realização concreta depende de contextos, classes e estratos sociais, bem como de esfera singular presente em cada indivíduo.

Florestan Fernandes também opina sobre o tema que vimos discutindo. O autor (2005, p. 56) chama atenção para o fato de que "o debate terminológico não nos interessa por si mesmo", mas que "o uso das palavras traduz relações de dominação". Discutindo a utilização do termo *revolução* para o golpe militar ocorrido no Brasil em 1964, o autor identifica duas intenções na utilização do termo. Uma, de simular que o processo de revolução democrática então em curso não havia sido interrompido, e que os agentes da repressão estariam "servindo à nação". Outra, de intimidação: "uma revolução dita as suas leis, os seus limites e o que ela extingue ou não tolera". Na verdade, Florestan identifica que o regime militar e o golpe de Estado extraíam sua vitalidade e sua "autojustificação" de argumentos que não se relacionavam com consentimento ou com necessidades da nação como um todo. E, sim, contra ela, posto que uma parte da sociedade anulasse e submetesse outra a sua vontade pela força bruta — ainda que via mediação de algumas instituições. Como estes processos se unificam?

> Nessa [naquela] conjuntura, confundir os espíritos quanto ao significado de determinadas palavras-chave vinha a ser fundamental. É por aí que começa a inversão das relações *normais* de dominação. Fica mais difícil para o dominado entender o que está acontecendo e mais fácil defender os abusos e as violações cometidas pelos donos do poder. (Fernandes, 2005, p. 56-67, grifo original)[5]

---

5. Demonstrando como os sentidos das palavras podem envolver mobilizações sociais, o sentido conferido aos acontecimentos de 1964 persiste em disputa no Brasil. No dia 29 de março de 2012 a Cinelândia, praça no centro do Rio de Janeiro, foi palco de manifestação popular contra militares que comemoravam os 48 anos do que chamam de "revolução" de 64. Os manifestantes, munidos de fotos de pessoas desaparecidas durante a ditadura militar e simulando torturas, defendiam a ampliação das tarefas destinadas à Comissão da Verdade instituí-

Interessante notar que a mesma diversidade é encontrada, inclusive, em debates sobre o socialismo, cuja crítica contundente foi apresentada por Marx e Engels no *Manifesto do Partido Comunista*:

> O *Manifesto* combate duramente cinco variantes equivocadas de "socialismo" que ainda circulavam à época. As três primeiras foram qualificadas de "socialismo reacionário", pelo caráter regressivo que embutiam: o socialismo "feudal" [...]; o socialismo "pequeno-burguês" [...]; e o socialismo autointitulado de "verdadeiro" [...]. Em seguida o *Manifesto* também denuncia o que chama de socialismo "conservador ou burguês" [...] e, por fim, o "socialismo e o comunismo crítico-utópicos". (Trindade, 2011, p. 144)

Voltemos a Florestan Fernandes para analisar este fenômeno no *Manifesto*:

> As burguesias dos países centrais se organizam como verdadeiras bastilhas e promovem seu "pluralismo democrático" ou seu "socialismo democrático" como se fossem equivalentes políticos do socialismo revolucionário e do comunismo. Nesse nível a linguagem e a mensagem de *O Manifesto do Partido Comunista* permanecem plenamente atuais. (Fernandes, 2005, p. 61)

Konder (2008, p. 73) resgata dimensões políticas e ideológicas que se entrelaçam na relação entre a adesão teórica a uma determinada perspectiva e a prática quotidiana:

---

da pelo governo federal brasileiro para apurar torturas, assassinatos e outros processos ocorridos naquele período. Outro centro da disputa é que interpretação prevalecerá para a Lei da Anistia, de 1979. Militares defendem que ela teria perdoado quaisquer práticas cometidas ao longo da ditadura militar. Em contraposição, diversos movimentos sociais reivindicam a interpretação internacional de que crimes de tortura jamais prescrevem (obtendo, inclusive, manifestações favoráveis de instâncias da ONU e da OEA para esta interpretação). Na mesma semana a imprensa nacional registrou ações de estudantes inspirados nos "escraches" latino-americanos em países como Chile e Argentina. Trata-se de alertar a população que naturaliza a convivência com torturadores de que tais crimes não podem ser esquecidos, em prática social que foi assimilada especialmente pela juventude brasileira, que vem denunciando, em todo o país, acusados de tortura durante o regime militar no Brasil.

Num mundo tão dividido como este em que vivemos, a mera adesão aos princípios teóricos do marxismo nunca pode, evidentemente, funcionar como vacina, imunizando as pessoas contra os males decorrentes de concepções estreitas, unilaterais, preconceituosas.

Pensar o que são direitos humanos exige buscar apreender a possibilidade de existência de distintas concepções sobre o tema. Quantas — e quais — seriam também é objeto de grande debate, como veremos a seguir. Antes, contudo, cabe registrar que cada um dos componentes do termo "direitos humanos" também registra distintas concepções e dimensões. Verifiquemos, assim, parte do debate existente sobre o que vem a ser o primeiro dos componentes do termo, o direito.[6]

2.1 Concepções e dimensões do direito: um debate com o pé na história

Há distintas possibilidades e dimensões envolvidas no debate sobre o que vem a ser o direito. Ele pode ser observado a partir de sua relação com a ordem jurídica, positivada (prevista em leis), o que remete — necessariamente — a sua relação com o Estado e com o poder em vigência em cada sociedade. Em uma segunda perspectiva (ou dimensão, uma vez que elas, por vezes, são passíveis de entrelaçamentos e inter-relações) o direito é relacionado à satisfação de necessidades para a vida. Possivelmente advinda desta visão, é possível chegar a uma terceira dimensão do direito — a que anuncia a possibilidade de acesso a bens, serviços, riquezas naturais e outros elementos como disponíveis a todos e, portanto, acaba por repercutir na conformação que se dá a diversas lutas contra o *status quo* dominante

---

6. Quanto ao termo "humanos" também há distintas perspectivas utilizadas no âmbito das diferentes concepções de direitos humanos. Faremos menção a algumas delas no capítulo 3, no momento em que debatermos as características de cada concepção aqui identificada.

em cada sociedade e conjuntura. Há, ainda, distintas filiações filosóficas em torno do que se denomina direito.

2.1.1 O direito natural

É fundamental, para um debate acerca deste termo, localizar sua historicidade, como faz Trindade. Para ele, "sua história [do direito] é *dependente* da história das relações econômicas e das decorrentes relações sociais" (2011, p. 118, grifo original). O autor também destaca:

> Contemporaneamente [...] vai se impondo a concepção de que o direito, longe de ser "natural", é uma relação social e histórica, cambiante, manifestação dos interesses em conflito estabelecidos entre os homens em cada sociedade, expressão, antes de mais nada, dos interesses daqueles que detêm poder para formulá-lo e exigir o seu cumprimento. (Trindade, 2011, p. 36)

Nem sempre foi assim. Beer (2006, p. 140-144) demonstra como o direito fazia parte do pensamento social dominante na Idade Média. Resgata aspectos da constituição do chamado "direito natural", que posteriormente seriam tratados por autores como John Locke, Thomas Hobbes e Jean-Jacques Rousseau. Em linhas gerais, os homens conviveriam, em princípio, com uma "ideia comunista do direito natural" (ibid., p. 141). Tratava-se da forma de organização social onde todos dividiam os bens necessários para a vida — e não viam, até então, razão para ser diferente. Era o que autores clássicos denominavam de estado de natureza (ibid., p. 142), em que as pessoas eram livres, estabeleciam entre si absoluta igualdade, não conviviam com formas de opressão exterior, leis ou Estado. O citado Rousseau identifica em que momento tal processo pode ter começado a se alterar:

> O primeiro a quem, tendo cercado um terreno, ocorreu dizer: *Isto é meu* e encontrou gente simples o bastante para dar-lhe crédito, foi o verdadeiro fundador da sociedade civil. (Rousseau, 2010, p. 119)

Nem todos viam o estado de natureza, no entanto, como o reino da paz e da igualdade. Havia os que defendiam a necessidade de se criar proteções para a defesa de um suposto bem comum — já que o ser humano era, necessariamente, um ser com interesses privados, particulares, condenáveis, que precisavam ser contidos para não provocar uma guerra de todos contra todos, como Hobbes (2009).[7] Surge a defesa da necessidade de contratos sociais, como proposto por Rousseau (2011), de abrir mão de determinadas decisões sobre a vida e a organização da sociedade para soberanos e — decorrente desta medida —, inclusive, de prever em que situações estes poderes poderiam ser cassados e tomados de volta pelos que deles abriam mão (o direito de resistência, conforme definido por Locke — Mello, 2006, p. 87-88). Já no que se refere à Idade Média, Beer identifica que juristas romanos ("em virtude de seu caráter individualista, determinado pela estrutura econômica do império" — Beer, 2006, p. 141) não puderam suportar a tal "ideia comunista do direito natural". Com o passar do tempo e dos conflitos sociais próprios àquela época e conjuntura, os juristas romanos passaram a dividir o direito em três: o natural; o direito das pessoas; o direito civil. Apresentavam, para eles, distintas definições (ibid., p. 141-142). Para o direito natural:

> O primeiro é rudimentaríssimo. [...] Só as formas de atividade baseadas no instinto — como a união conjugal e a procriação — são ainda consideradas como parte do direito natural. Reconhecia-se, entretanto, que todos os homens nascem livres e que, logicamente, a escravidão é contrária às leis naturais.

Já o direito civil "[...] compreendia a legislação criada em cada país, seja pelos povos, seja pelos seus governos" (Beer, 2006, p. 142).

Beer, às mesmas páginas, destaca que o direito natural era, também, apropriado pela teologia cristã da Idade Média. Esta, contudo,

---

7. Extratos do pensamento de Hobbes, Locke e Rousseau se encontram na seção 2.2 deste texto, mais especificamente no item 2.2.3.2.1 (Os contratualistas e a propriedade).

buscava explicar a contraposição ao estado de natureza como fruto do "pecado original" cometido por Adão e Eva.

O autor situa opiniões divergentes, existentes à época, acerca das razões do surgimento do direito:

> Os carpocráticos[8] interpretavam esta frase [do apóstolo Paulo: "Foi pela lei que eu reconheci o pecado"] da maneira seguinte: *as leis* só surgem quando a sociedade se divide em vários grupos antagônicos. (Beer, 2006, p. 121, grifo nosso)

Posteriormente tais visões seriam questionadas por diferentes autores. Trindade relaciona alguns aspectos também problematizados por Marx:[9]

> [...] o ponto de chegada do direito natural era sempre o mesmo: a existência de certos direitos humanos naturais correspondentes a uma natureza humana invariável (fosse a natureza humana "em geral", fosse a razão humana), direitos esses cuja titularidade seria do indivíduo isoladamente considerado. (Trindade, 2011, p. 34)

E, além do ponto de chegada, aponta seus questionamentos quanto ao ponto de partida do direito natural:

> Em todos os casos, o *ponto de partida* das várias concepções do direito natural não eram as relações que os seres humanos *concretamente* estabeleciam entre si, em cada sociedade e em cada época, ao longo da

---

8. Os carpocráticos são definidos por Beer (loc. cit.) como uma seita comunista e herética que defendia ideias do gnóstico Carpocrático, em Alexandria. Dentre elas, que comunidade e igualdade são base da justiça divina; que o céu estender-se-ia igualmente sobre todas as direções e cobriria a Terra da mesma forma, com a luz banhando igualmente todos os seres e a natureza proporcionando benefícios a todos os organismos vivos.

9. Cf. Marx, 2009. Voltaremos a trechos deste livro (*Para a questão judaica*) especialmente quando apresentarmos a crítica à concepção liberal de direitos humanos, no capítulo seguinte (seção 3.2) e quando retomarmos o debate acerca da distinção proposta por Marx entre emancipação humana e emancipação política (seção 4.1).

história, relações demonstravelmente mutáveis conforme a sociedade e a época. O ponto de partida era, antes, uma *ideia* do direito, um direito ideal, não-histórico, que poderia ser intuído individualmente pelo sentimento, ou sintetizado pela vontade individual ou, finalmente, encontrado pela investigação racional de cada pessoa e que, então, ofereceria aos homens a possibilidade de convertê-lo em normas jurídicas positivas. (Trindade, 2011, p. 33, grifos originais)

Até mesmo a concepção de direito natural, portanto, associada atualmente a visões teológicas, a-históricas ou liberais de direitos, já foi utilizada de forma distinta em determinadas conjunturas — para justificar e alimentar lutas sociais por um efetivo igualitarismo social. Se o direito é histórico, portanto, há que se reconhecer que é passível que sua apropriação se dê de diferentes formas, à luz de conjunturas, hegemonias e perspectivas de organização da sociedade potencialmente distintas entre si.

2.1.2 Direito e capitalismo

Alterações macrossocietárias, como as que envolvem o modo de produção de determinada sociedade, costumam também alterar a maioria das dimensões da vida social. Foi o que ocorreu com a ascensão do capitalismo, derrotando perspectivas feudais e teológicas sobre o direito e diversas outras dimensões da vida. Para o sucesso de uma sociedade fundada sob a lógica da burguesia que crescia e se consolidava como classe dominante, era preciso criar fundamentações e previsões jurídicas que permitissem regular diversos aspectos da exploração dos que tinham apenas sua força de trabalho para venda — estavam desprovidos do acesso e posse dos meios de produção da riqueza social.

Trindade aponta características que o capitalismo trouxe ao debate sobre o direito:

A passagem ao capitalismo, com a dissolução dos estamentos, tornou necessário não só a separação entre vida civil e vida pública, como também que a relação entre os homens passasse a ser *baseada no direito*. (Trindade, 2011, p. 79, grifo original)

Este processo não se daria sem choques de distintas perspectivas:

Malgrado a burguesia tentasse continuamente, entre os séculos XIII e XVII, modificar a concepção religiosa para adaptá-la às modificações econômicas que ela, burguesia, estava promovendo na sociedade, o choque [com o modo de produção feudal-rural] terminou sendo inevitável. Com ele, impôs-se a substituição da concepção teológica de mundo por outra concepção, apropriada aos interesses da classe que ascendia: a concepção jurídica de mundo, que amadureceu no Iluminismo e tomou sua forma clássica na Revolução Francesa, de 1789. (Ibid., p. 270)

Trindade busca em Engels e Kautsky a explicação para o que consistia essa ideologia:

Tratava-se da secularização da visão teológica. O dogma e o direito divino eram substituídos pelo direito humano, e a Igreja pelo Estado. As relações econômicas e sociais, anteriormente representadas como criações do dogma e da Igreja, porque esta as sancionava, agora se representam fundadas no direito e criadas pelo Estado. (Engels e Kautsky, 2012, p. 18)

Neste quadro, o contrato, significando um acordo de vontades entre sujeitos suposta e "abstratamente iguais", fundaria o direito — e o direito privado configurar-se-ia como a matriz do chamado Direito em geral.[10]

---

10. Trindade também é um autor que grafa a palavra direito ora com o "d" que lhe inicia em minúscula, ora em maiúscula — o que retoma a necessidade de perceber que ele pode ser visto em distintas concepções e/ou dimensões. Costumeiramente, embora uma visão mais

Portanto, o direito, *como mediador das relações sociais* — antes de mais nada, das relações de produção e, *diretamente*, das relações de troca (ambas, em conjunto, determinantes ou condicionantes de todas as demais relações) — não só é *necessário* ao capitalismo, como é, historicamente, contemporâneo a esse modo de produção. (Trindade, 2011, p. 191, grifos originais, exceto o primeiro — este é nosso)

Naquela conjuntura e situação social, direito e capitalismo seriam inseparáveis, posto que "*Direito* (com este significado e função, e com essa incidência dominadora) e *capitalismo* nascem e se desenvolvem como irmãos siameses" (ibid., p. 198, grifos originais). Ademais,

a apropriação pelo capitalista da *mais-valia* [...] é a maneira *historicamente específica* pela qual, no modo de produção capitalista, opera-se a exploração (a apropriação do sobretrabalho) — e o direito, por meio de sua modalidade seminal, que é o contrato (no caso, o contrato de trabalho), é a *forma* que a reveste. (Ibid., p. 201, grifos originais)

O direito, assim, nesta perspectiva, teria surgido com a divisão da sociedade em classes, tal como o Estado e a família monogâmica. Seriam reflexos aproximados das novas relações sociais instauradas pela sociedade capitalista (ibid., p. 266).

Sobre como Marx, neste quadro, concebe o direito, Trindade afirma:

como uma relação *entre homens*, uma relação *entre sujeitos* (o comprador e o vendedor) que se conectam pelo contrato (forma jurídica primordial, genética, do direito em geral), concepção essa claramente antinormativista, pois descarta a prevalência, muito cara ao positivismo, das normas estatais sobre a relação entre os homens. (Ibid., p. 197-198, grifos originais)

---

crítica questione tal limitação, Direito, quando grafado com inicial em maiúscula, costuma ser associado à área de conhecimento que estuda diversas de suas dimensões, mas, muito especialmente, seu caráter positivado, sua relação com os poderes instituídos, que fundamenta o exercício profissional de magistrados, advogados etc.

O advento do capitalismo traria para o debate do direito (anterior a este modo de produção, remontando a Grécia e Roma antigas)[11] uma nova característica: ele passaria a compor a tríade entre direito, propriedade e classe, visando garantir, fundamentalmente, os direitos da classe dominante.

Não há, contudo, consenso de que o direito estaria intrinsecamente ligado à existência do Estado capitalista e ao novo modelo de sociedade que as revoluções burguesas passariam a defender e consolidar. Vejamos, em polêmicas e citações sobre outras dimensões do direito (e do Direito), como esta possível lógica não é unânime.

2.1.3 Direito x lei

Uma destas dimensões é o direito enquanto normas positivadas, comumente conhecido por leis. Há quem os veja como sinônimos, o que — para Mota — não é o caso de Marx. Para a autora,

> Os direitos consuetudinários dos de cima se rebelam por seu conteúdo contra a forma da lei geral. Não podem plasmar-se em leis pela simples razão de que são a negação da lei. E, ao rebelar-se com seu conteúdo contra a forma da lei, contra a *generalidade e a necessidade*, mostram-se precisamente como direitos consuetudinários, que não podem fazer-se valer por oposição à lei. (Marx,[12] apud Mota, 2011, p. 45-46, os grifos são da autora)

Lyra Filho (1982) apresenta uma dimensão bastante usual tanto no nível do senso comum quanto em análises sociais feitas por diferentes correntes de pensamento: a associação — como que inequívo-

---

11. Cf. Chaui, 2000.
12. Citação a MARX, Karl. Los debates de la VI Dieta Renana. Por um Renano. Debate sobre la ley castigando los robos de lena. In: _____. *Escritos de juventud*. Trad. Wenceslao Roces. México: FCE, 1897d. p. 254.

ca, insuperável e autoexplicativa — entre direito e lei. Ao longo de sua publicação o autor evidencia que esta é apenas mais uma das visões acerca do direito. Chama, corretamente, atenção para o fato de que "[...] não se trata dum problema de vocabulário. A diversidade das palavras atinge diretamente a noção daquilo que estivermos dispostos a aceitar como Direito" (1982, p. 8).

O autor, como Konder, se utiliza do recurso etimológico para identificar como diferentes línguas e sociedades veem a relação entre direito e lei:

> Se procurarmos a palavra que mais frequentemente é associada a Direito, veremos aparecer a lei, começando pelo inglês, em que law designa as duas coisas. Mas já deviam servir-nos de advertência, contra esta confusão, as outras línguas, em que Direito e lei são indicados por termos distintos: Jus e lex (latim), Derecho e ley (espanhol), Diritto e legge (italiano), Droit e loi (francês), Recht e Gsetz (alemão), Pravo e zakon (russo), Jog e törveny (húngaro) e assim por diante. (Ibid., p. 7)

Para Lyra Filho (ibid., p. 8-9), a lei sempre emanaria do Estado e permaneceria, em última análise, ligada aos interesses da classe dominante, já que os órgãos que regem a sociedade organizada politicamente estariam sob controle dos que comandam o processo econômico e detêm os meios de produção da riqueza. O autor apresenta, no entanto, uma importante ressalva:

> Embora as leis apresentem contradições, que não nos permitem rejeitá-las sem exame, como pura expressão dos interesses daquela classe, também não se pode afirmar, ingênua ou manhosamente, que toda legislação seja Direito autêntico, legítimo e indiscutível. Nesta última alternativa, nós nos deixaríamos embrulhar nos "pacotes" legislativos, ditados pela simples conveniência do poder em exercício. A legislação abrange, sempre, em maior ou menor grau, Direito e Antidireito: isto é, Direito propriamente dito, reto e correto, e negação do Direito, entortado pelos interesses classísticos e caprichos continuístas do poder estabelecido. (Ibid., p. 8-9)

Marx e Engels apresentam reflexões sobre a relação entre direito e Estado. Afirmam os autores:

> Como o Estado é a forma em que os indivíduos de uma classe dominante fazem valer os seus interesses comuns e se condensa toda a sociedade civil de uma época, segue-se que todas as instituições comuns (gemeinsamen) que adquirem uma forma política, são medidas pelo Estado. Daí a ilusão de que a lei assentaria na vontade e, mais ainda, na vontade dissociada de sua base real, na vontade *livre*. Do mesmo modo o direito é, por sua vez, reduzido à lei. O direito privado desenvolve-se, simultaneamente, com a propriedade privada, a partir da dissolução da comunidade natural. (Marx e Engels, 2009, p. 112, grifo original)

Mesmo entre autores marxistas não haveria consenso entre como conceber o Direito. Lyra Filho cita Gramsci, afirmando que para o líder marxista italiano

> a visão dialética precisa alargar o foco do Direito, abrangendo as pressões coletivas e até [...] as normas não-estatais de classe e grupos espoliados e oprimidos) que emergem na sociedade civil (nas instituições não ligadas ao Estado) e adotam posições vanguardeiras, como determinados sindicatos, partidos, setores de igrejas, associações profissionais e culturais e outros veículos de engajamento progressista. (Lyra Filho, 1982, p. 10-11)

Assim, buscar o que é o Direito significa perguntar o que ele vem a ser nas seguidas e constantes alterações de seu conteúdo e nas formas concretas em que se manifesta no mundo histórico e social (ibid., p. 14-15). O que não significaria, em sua apreensão, a impossibilidade de determinar qual seria sua essência, "[...] o que surge de constante, na diversidade, e que se denomina, tecnicamente, ontologia":

> Apenas fica ressalvado que uma ontologia dialética, tal como indicava o filósofo húngaro Lukács, tem base nos fenômenos e é a partir deles

que procura deduzir o "ser" de alguma coisa, buscado, assim, no interior da própria cadeia de transformações. (Lyra Filho, 1982, p. 14-15)

Destaque-se: é necessário acompanhar e apreciar as transformações constantes e dialéticas para reconhecer o caráter fundante de cada fenômeno social. Trata-se, em outras palavras, de buscar se aproximar de metanarrativas sobre a vida social sem desconsiderar seu caráter histórico e o quão determinados significados para um fenômeno em dada conjuntura podem (e serão, em uma visão dialética da história) ser alterados à luz das próprias contradições existentes na realidade concreta da vida social. O que inclui, indispensavelmente, sua organização econômica, política, cultural e das demais dimensões que lhe compõem. Recorramos a Mészáros:

> É precisamente em virtude desta inevitável reprodução no limite do contexto que as continuidades herdadas não são apenas reafirmadas, mas, ao mesmo tempo, também modificadas. Como resultado, adquirem com frequência um significado muito diferente — especialmente em relação às importantes funções ideológicas —, mesmo que na superfície pareçam idênticas às articulações anteriores do mesmo complexo. Eis por que um princípio, uma correlação ou uma influência intelectual aparentemente idênticos, agindo sob as circunstâncias contrastantes de situações históricas diferentes, podem significar coisas radicalmente diferentes em épocas diferentes. (Mészáros, 2004, p. 116-117)

O direito, portanto, seria mais que seu significado positivado — sem demérito da importância desta dimensão para a efetivação de formas de atendimento às necessidades humanas e como fomento para as mobilizações e lutas sociais:

> A positividade do Direito *não conduz fatalmente ao positivismo* e [...] o *direito justo* integra a dialética jurídica, sem voar para nuvens metafísicas, isto é, *sem desligar-se das lutas sociais*, no seu desenvolvimento histórico, entre espoliados e oprimidos, de um lado, e espoliadores e opressores, de outro. (Lyra Filho, ibid., p. 35, grifos originais)

O que equivale dizer que há uma dimensão potencialmente progressista no reconhecimento dos limites e potencialidades do direito em sua dimensão jurídica. Isto significaria reconhecer duas vertentes no Direito: uma manifesta vários conjuntos de normas, advindas de conflitos e de classes e grupos em luta; outra, relativa legitimidade dos reclames que assumem, em determinadas conjunturas, o título de direitos. Os padrões de tal legitimidade permitiriam assumir posição ante tais distinções sem permitir o predomínio, por um lado, de uma ideia vaga "[...] de Justiça que voa nas nuvens" e, por outro, de uma "Justiça Social" — também vaga — que, embora resultante do processo histórico da luta entre classes e grupos sociais não distinguiria a importância da face jurídica de tal processo (Lyra Filho, 1982, p. 65).[13]

Há um conflito dialético expresso na organização das sociedades e na sua relação com o direito:

> Afora as comunidades primitivas, [...] cada sociedade, em particular, no instante mesmo em que estabelece o seu modo de produção, inaugura, com cisão em classes, uma dialética, jurídica também, já que, por exemplo, o estabelecimento da propriedade privada dos meios de produção espolia o trabalhador, cujos direitos então contradizem o "direito" ali radicado da burguesia capitalista. A oposição começa na infraestrutura. (Ibid., p. 101-102)

O autor reconhece tal dimensão dialética como pertencente ao processo e à "[...] contradição entre a injustiça real das normas que apenas se dizem justas e a injustiça que nelas se encontra". Trata-se de

> uma luta constante entre progressistas e reacionários, entre grupos e classes espoliados e oprimidos e grupos e classes espoliadores e opressores. Esta luta faz parte do Direito, porque o Direito não é uma "coisa"

---

13. Lyra Filho destaca (ibid., p. 91) a importância de notar a distinção entre Direito e Moral, "[...] pelo que são, independentemente das normas em que se exprimem e cuja forma é bem semelhante: há códigos morais; há Direito fora das leis (por exemplo, os chamados 'Códigos de Ética' ou o Direito Internacional)".

fixa, parada, definitiva e eterna, mas um processo de libertação permanente. (Lyra Filho, 1982, p. 115)

O abandono da burguesia de seu potencial revolucionário também é considerado pelo autor no que diz respeito a seus reflexos sobre o direito. Segundo ele, "O Direito não 'é': ele 'vem a ser'. Por isso mesmo é que o revolucionário de ontem é o conservador de hoje e o reacionário de amanhã" (loc. cit.). O exemplo utilizado é exatamente o da burguesia:

> como classe ascendente, quando estava na vanguarda, enriqueceu o patrimônio jurídico da humanidade. Quando chegou ao poder deu a "coisa" por finda, isto é, quis deter o processo para gozar os benefícios e se recusou a extrair as consequências de sua revolta contra a aristocracia e o feudalismo. Ficou, portanto, uma contradição entre a libertação parcial, que favoreceu os burgueses, e o prosseguimento da libertação, que daria vez aos trabalhadores. [...] Como o povo se recusava a parar e, cada vez que era enxotado, teimava em reaparecer, a burguesia baixou o pau. A luta continuou. Àquela altura, um burguês já triunfante disse que "é fácil colocar o povo na rua; difícil é fazê-lo voltar para casa". (Ibid., p. 115-116)

Saes apresenta observações que valem para aquele período histórico (mas que, a nosso juízo, também dialoga com a relação dialética acima apontada entre o revolucionário de hoje, o conservador e o reacionário de amanhã). Constata, acerca das mobilizações dos que foram rechaçados pela burguesia:

> As classes trabalhadoras procurarão obter, através da conquista de novos direitos, aquilo que a instauração de direitos civis prometeu e não cumpriu: a realização da igualdade entre os homens. (Saes, 2000, p. 27)

Voltando a Lyra Filho, o autor é bastante contundente ao expressar sua impressão acerca do não reconhecimento de conflitos no que denomina "fenômeno jurídico":

A doutrina que "fecha" todo o fenômeno jurídico, enquanto simples norma da classe e grupos dominantes (ou mesmo de grupos dissidentes retrógrados, do tipo de Tradição, Família e Propriedade, que é mais "realista que o rei"), *subtrai toda a dialética*. (Lyra Filho, 1982, p. 119, grifo nosso)

Citando Marx e Engels, o autor afirma o que vê como "Direito":

Foi Marx igualmente quem o registrou, assinando juntamente com Engels um documento célebre, no qual se lê: "o livre desenvolvimento de cada um é condição para o livre desenvolvimento de todos".[14] Isto é que é Direito, na "essência", modelo e finalidade. Tudo o mais, ou é consequência, a determinar no itinerário evolutivo, ou é deturpação, a combater como obstáculo ao progresso jurídico da humanidade. (Ibid., p. 127)

Wolkmer é outro autor que reconhece a disputa existente entre distintas concepções de direitos, chegando a nominar uma delas:

Justifica-se, assim, *conceituar* "teoria jurídica crítica" como a formulação teórico-prática que se revela sob a forma do exercício reflexivo capaz de questionar e de romper com o que está disciplinarmente ordenado e oficialmente consagrado (no conhecimento, no discurso e no comportamento) em dada formação social e a possibilidade de conceber e operacionalizar outras formas diferenciadas, não repressivas e emancipadoras, de prática jurídica. (Wolkmer, 2009, p. 19, grifo original)

Aqui se aponta a possibilidade de uma dimensão de "devir" — aquilo que está por vir — do direito. Vejamos como alguns autores tratam este importante potencial existente no debate em curso.

2.1.4 Direito e a dimensão do devir

Já pudemos nos manifestar, ainda que rapidamente, sobre a capacidade teleológica que é uma das principais distinções do ser social

---

14. Referência ao *Manifesto do Partido Comunista* (Marx e Engels, 2008, p. 46).

em relação aos demais seres vivos. A potencialidade de projetar ações e resultados futuros, construir as condições necessárias para atingi-los, aliar-se a seus semelhantes, analisar como se comportarão os opositores, interpretar a realidade em que tais disputas se dão e darão, dentre outras ações, podem caracterizar o que aqui chamamos de dimensão do devir. Ela também está presente no que diz respeito à relação dos seres sociais com o que consideram direito. Reafirma-se, nesta dimensão, que direito não é exclusivamente aquilo que está previsto em constituições, legislações e documentos afins. Ele detém uma dimensão de legitimidade, de disputa por uma sociedade justa, que pode motivar setores subalternizados à mobilização social por seu reconhecimento e gozo efetivos. Mota identifica em Marx uma reflexão semelhante sobre o direito:

> Nos Manuscritos [econômico filosóficos] a visualização da totalidade social por Marx se completa e o debate do Direito parece desaparecer; *entretanto, o que desaparece são as referências específicas a manifestações mais óbvias sobre aquilo que se considera, em sociedades pretensamente democráticas, o direito, adotando Marx uma abordagem mais profunda acerca da dinâmica social e do cotidiano material no qual os direitos são efetivamente gestados e devem ser reivindicados por seus titulares*, através da mobilização política para a revolução da estrutura social capitalista. (Mota, 2011, p. 15, grifos originais)

Há que se precaver, no entanto, quanto à possibilidade de uma apreensão desta dimensão do devir presente no direito (como em toda a organização da vida social) em perspectivas próximas do idealismo. A própria dicotomização entre o hoje e o que está por vir pode significar uma análise parcial, com impactos para a possibilidade do que se virá a construir. A autora identifica em outra obra de Marx uma reflexão a este respeito:

> [Marx] confrontou-se com o antagonismo, segundo suas próprias palavras, "próprio do idealismo", entre ser e dever-ser. Neste trecho da Carta [ao Pai], Marx não explicita o debate entre ser e dever-ser, porém

parece possuir uma opinião específica sobre esta divisão, pois comenta que a mesma tornou-se "a matriz da subdivisão subsequente, *inadequada e falsa*". (Marx,[15] apud Mota, 2011, p. 20-21, grifo da autora)

Equivale a reconhecer que as alterações na vida social sempre se dão a partir das demandas concretas, sociais, expressas na realidade social — não em uma possível concepção idealista e idealizada do que viria a ser uma organização da vida em sociedade em níveis superiores aos que a antecedem. Marx novamente apresenta, na leitura de Mota, apontamentos que vão nesta direção:

> Somente na medida em que me manifesto, em que entro na esfera do real, entro na esfera do legislador. Minha pessoa não existe em absoluto para a lei, não é em absoluto objeto dela, fora de meus atos. Estes são os únicos por onde a lei pode me agarrar, pois são o único por onde eu exijo o direito de existir, o direito da realidade, o único, que está submetido ao direito real. (Marx,[16] apud Mota, 2011, p. 30)

Parece-nos oportuno registrar que autores que não se filiam a perspectivas marxistas e marxianas de análise da sociedade podem ver na possível dimensão de devir do direito uma ameaça. Bobbio (2004, p. 73-75) assim o faz, e reduz o direito a seu aspecto deôntico. Afirma o autor:

> A existência de um direito, seja em sentido forte ou fraco, implica sempre a existência de um sistema normativo, onde por "existência" deve entender-se tanto o mero fato exterior de um direito histórico ou vigente quanto o reconhecimento de um conjunto de normas como guia da própria ação. A figura do direito tem como correlato a figura da obrigação. Assim como não existe pai sem filho e vice-versa, também não existe direito sem obrigação e vice-versa. (Bobbio, ibid., p. 74)

---

15. Citação a MARX, Karl. Carta al padre. In: _____. *Escritos de juventud*. Trad. Wenceslao Roces. México: FCE, 1987. p. 11.

16. Citação a MARX, Karl. Observaciones sobre a la reciente instrucción prussiana acerca de la censura. In: _____. *Escritos de juventud*. Trad. Wenceslao Roces. México: FCE, 1897. p. 158.

Na comunicação denominada direitos do homem e sociedade, feita em maio de 1988,[17] o autor afirma partilhar da preocupação dos que equiparam direitos e exigências (ressalta: "na melhor das hipóteses") de direitos futuros. Para ele, isso significa "criar expectativas que podem não ser jamais satisfeitas". Afirma que o sentido corrente do termo direito é o de "[...] expectativas que podem ser satisfeitas porque são protegidas", e completa: são "[...] meras aspirações, ainda que justificadas com argumentos plausíveis, no sentido de direitos (positivos) futuros".

É evidente a desconsideração, pelo autor, da distância entre lei e direito, entre o previsto e o efetivamente existente. Poder-se-ia objetar esta constatação dizendo que pode ter sido apenas um trecho, descontextualizado da análise geral do autor. Na mesma comunicação, no entanto, Bobbio afirmará:

> Pode-se sugerir, aos que não querem renunciar ao uso da palavra "direito" mesmo no caso de exigências naturalmente motivadas de uma proteção futura, que distingam entre um direito em sentido fraco e um direito em sentido forte, sempre que não quiserem atribuir a palavra "direito" somente às exigências ou pretensões efetivamente protegidas. (Bobbio, 2004, p. 73-74)

E concluirá com o que reconhece como aparente dimensão fundante do direito: "'Direito' é uma figura deôntica e, portanto, é um termo da linguagem normativa, ou seja, de uma linguagem na qual se fala de normas e sobre normas" (ibid., p. 74).[18]

---

17. Comunicação de abertura do Congresso Internacional de Sociologia do Direito, realizado em Bolonha (cf. Bobbio, Ibid., p. 3).

18. Pouco depois (ibid., p. 75) o autor procura justificar com base na realidade social suas posições. Vejamos, em suas próprias palavras: "O jusnaturalista objetará que existem direitos naturais ou morais absolutos, direitos que — enquanto tais — são direitos também em relação a qualquer outro sistema normativo, histórico ou positivo. Mas uma afirmação desse tipo é contraditada pela variedade dos códigos naturais e morais propostos, bem como pelo próprio uso corrente da linguagem, que não permite chamar de "direitos" a maior parte das exigências ou pretensões validadas doutrinariamente, ou até mesmo apoiadas por uma forte e autorizada opinião pública, enquanto elas não forem acolhidas num ordenamento jurídico positivo. Para

Para o autor, portanto, a dimensão do devir presente no direito, ainda que possa ser reconhecida como legítima, é mais que inadequada por — segundo ele — não permitir seu gozo efetivo antes de seu reconhecimento em forma de lei. O que pode equivaler a reduzir as lutas sociais à busca de concretizar, em documentos de validade jurídica, o que se considera legítimo. A história das lutas sociais está repleta de exemplos a serem contrapostos ao do autor. Para ficar em apenas dois: o direito à greve não está, em pleno século XXI, regulamentado para o conjunto dos trabalhadores brasileiros do ponto de vista das exigências constitucionais — ainda que diversos advogados comprometidos com as lutas dos trabalhadores se utilizem de contradições jurídicas para tentar fazer expandir a interpretação e o reconhecimento (também na esfera legal) deste direito. Isto não impede que inúmeras greves sejam realizadas, com conquistas antes não previstas ou — especialmente na conjuntura mais recente — com o impedimento de retrocessos em direitos já previstos e efetivados. Afinal, como registra Saes (2000, p. 19) sobre a relação entre direitos e conjuntura, "[...] o fato de certo elenco de direitos ter se implantado não significa que ele terá um caráter irreversível, na Inglaterra de Marshall ou em qualquer outra sociedade capitalista".

O mesmo ocorre com a luta pela terra. Também aqui, no caso brasileiro, há diferentes leituras jurídicas possíveis para o que se denomina função social da terra na Constituição Federal de 1988.

---

dar alguns exemplos: antes que as mulheres obtivessem, nas várias legislações positivas, o direito de votar, será que se podia corretamente falar de um direito natural ou moral das mulheres a votar quando as razões pelas quais não se reconhecia esses direitos sejam naturais (as mulheres não são, por natureza, independentes), sejam morais (as mulheres são muito passionais para poderem expressar sua opinião sobre uma lei que deve ser motivada racionalmente)? Será que se pode dizer que existia um direito à objeção de consciência antes que esta fosse reconhecida? Nas legislações onde ela não é reconhecida, que sentido tem afirmar que existe, apesar de tudo, um direito natural ou moral à objeção de consciência? O que se pode dizer, apenas, é que há boas razões para que essa exigência seja reconhecida. Que sentido tem afirmar que existia um direito à liberdade de abortar antes que essa aspiração das mulheres fosse acolhida e reconhecida por uma legislação civil, com razões fundadas, de resto, em argumentos históricos e sociais (e, portanto, que não têm validade absoluta), tais como o crescente número de mulheres que trabalham ou o perigo de um excesso populacional que ameaça a humanidade?"

Na maioria das vezes as posições judiciais têm sido de defesa da propriedade privada contra o interesse social de grandes massas populacionais. Mas as ações, no campo e na cidade, de movimentos de trabalhadores sem terra para plantar e garantir sustento próprio e de suas famílias, ou sem teto para morar têm se mantido — e obtido importantes conquistas do ponto de vista da legitimação social de direitos que, embora não previstos constitucionalmente, passam a ser, ainda que timidamente, reconhecidos pela pressão popular e pela força das mobilizações. Um exemplo recente é o dos conflitos ocorridos no assentamento urbano chamado Pinheirinho, em São José dos Campos. Nele, milhares de pessoas ocupavam, há anos, terras de um especulador financeiro. O enfrentamento a decisão judicial que provocou a retirada, à força, da população de suas habitações teve episódios de conflitos jurídicos — foi concedida liminar que cancelava os efeitos da ordem de despejo, cassada posteriormente —, o que demonstra distintas concepções do direito positivado. Também nesta mobilização é possível perceber a potencialidade de reivindicação de direitos não necessariamente reconhecidos legalmente. A solidariedade aos moradores de Pinheirinho ampliou-se por todo o país, chegando a embaixadas brasileiras de diferentes países — como França, Argentina, Alemanha e Chile —, ainda que também reprimidas, algumas vezes, por forças policiais locais.[19] Podemos recorrer a outro exemplo, ainda mais recente, também nacional. No mês de junho de 2013 milhares de pessoas foram às ruas do Brasil protestar durante a Copa das Confederações. Entre os direitos reivindicados encontravam-se saúde, educação e transporte gratuitos e de qualidade. Não havia, até então, ao menos com presença significativa e de mobilização massiva nas ruas do país, a interpretação do transporte como um direito: em geral ele era visto como um serviço, constantemente privado. As reivindicações costumavam dizer respeito aos altos preços e à baixa qualidade com que este serviço era prestado.

---

19. A respeito, vale conferir: <http://operamundi.uol.com.br/conteudo/noticias/19667/pelo+mundo+brasileiros+protestam+contra+a+desocupacao+do+pinheirinho.shtml>. Acesso em: 6 fev. 2012.

Vale registrar: a dimensão do devir não significa uma dimensão de um "todo novo". Novas necessidades surgem a partir da satisfação de necessidades anteriores (Marx e Engels, 2009, p. 41-42). O que implica que

> A produção das ideias, das representações, da consciência está em princípio diretamente entrelaçada com a atividade material e o intercâmbio material dos homens, linguagem da vida real. [...] O mesmo se aplica à produção espiritual como ela se apresenta na linguagem da política, das leis, da moral, da religião, da metafísica etc., de um povo. (Ibid., p. 31)

Assim, as lutas pelo direito de greve e pelo direito à propriedade social da terra estão assentadas, ainda que em sua perspectiva de devir (quando ainda não são direitos plenamente reconhecidos, seja legal, seja realmente), em processos e direitos anteriores — ou em seu anúncio: direitos de exercer a participação política; direito à produção de alimentação para sua própria vida; direito à igualdade de condições de existência.

Observe-se que também entre autores que pesquisam contribuições de perspectivas crítico-dialéticas é possível encontrar a preocupação com o reconhecimento formal dos direitos em legislações. Flores (1989, p. 125) é um exemplo: "El problema básico con que nos enfrentamos aquí reside en determinar el contenido esencial de los derechos humanos como 'derechos', como realidades legales".[20] O que nos faz retomar a afirmação da inadequação de desconsiderar as contradições existentes nas diferentes dimensões da vida social — inclusive no âmbito do Direito, enquanto forma positivada e prevista em leis: ele também está permeado pelas lutas sociais entre classes distintas e entre segmentos subalternizados internos a estas mesmas classes (como mulheres, negros, homossexuais e outros, que, pertencentes às mesmas classes sociais desprovidas do acesso aos meios de produção,

---

20. O problema básico com que nos enfrentamos aqui reside em determinar o conteúdo essencial dos direitos humanos como 'direitos', como realidades legais.

têm hiperpotencializados os efeitos da negação do acesso a bens e serviços necessários para suas vidas; o que, no entanto, não nos permite deixar de reconhecer tratar-se de um fenômeno que tem um inequívoco recorte de classe, embora ocorra nos mais diferentes estratos sociais).

Marques, dialogando com a contradição dialética existente no direito positivado, afirma:

> Para estabelecer e manter a ordem, a classe dominante precisa prometer mais do que pode cumprir sem colocar em causa a sua própria existência. Este é um traço importante de sua existência. A questão é que a correspondente positivação de direitos subjetivos vai, contrariamente às intenções dos que se veem obrigados a fazê-la, criando pontos de referência, de apoio, no caminho dos segmentos socialmente subalternizados. (Marques, 2011, p. 202)

Por fim, cabe registrar que também em Marx é reconhecida, por alguns autores, uma dimensão de devir no campo do debate sobre o Direito, ainda que apresente sua contundente — e correta — crítica ao caráter de classe que adquire na sociedade capitalista. Wolkmer, por exemplo, afirma que o autor alemão não chegou a desenvolver e sistematizar uma "teoria geral do Direito". Ainda assim, é possível, segundo ele, encontrar em algumas de suas obras (cita, particularmente, *A questão judaica*, *A ideologia alemã* e *Crítica ao Programa de Gotha*) elementos que subsidiem a apreensão que Marx fazia sobre "[...] direitos do homem, direitos como superestrutura ideológica e o *ideal* do que seja justiça na sociedade" (grifo nosso). E destaca o que pode ser interpretado como uma dimensão futura do debate sobre o Direito em Marx:

> Certamente que, na obra A Questão Judaica, para além de uma crítica aos direitos humanos de natureza formal e liberal-individualista, cumpre destacar o significado de suas assertivas [de Karl Marx], não só no sentido de demarcar as representações jurídicas como instâncias negativas de alienação, mas, sobretudo, como possibilidade prática de

um Direito social que contribua para superar as limitações da emancipação política no sentido de alcançar a emancipação humana efetiva. (Wolkmer, 2004, p. 15)

2.1.5 Limites e dimensões do direito na sociedade capitalista

A necessidade de pautar a leitura nas efetivas dimensões da sociedade real, efetivamente existente, faz com que alguns autores comentem possibilidades e limites para o(s) direito(s) no âmbito da sociedade capitalista. Uma afirmação que pode parecer óbvia para os que têm uma concepção dialética da sociedade e de sua evolução a partir dos conflitos e lutas sociais entre classes e segmentos de classe é aquela — já feita no presente texto — de que os direitos surgem das lutas.

Saes destaca:

> É possível que a instauração de um elenco importante de direitos sociais seja não a consequência natural da implantação de um regime democrático e, sim, um ingrediente da estratégia compensatória de um regime ditatorial em busca de legitimidade e de uma base social de apoio. Foi o que ocorreu no Brasil pós-trinta: a efetiva passagem a uma política estatal de proteção social foi obra da ditadura varguista, nos seus dois subperíodos (1931-1934 e 1937-1945). (Saes, 2000, p. 19)

É necessário, portanto, reconhecer que há ocasiões em que acesso a políticas sociais que visam atender a necessidades sociais básicas para a vida nem sempre se dá como decorrência direta de lutas *naquele momento existentes e/ou visíveis*, em processos massivos de manifestações de rua, ou mesmo de grande apoio popular por outras vias — parlamentos, *internet*, dentre outros diversos. O que não elimina, contudo, a possibilidade de que a disputa entre interesses distintos, ainda que conjunturalmente não evidenciada, seja pano de fundo para tais medidas. Aliás, é possível, inclusive, que tais respostas a carecimentos sociais se contraponham ao caráter do direito como processo social, universal, interdependente de acesso a outros bens e serviços tão necessários para a sobrevivência. Basta visitar o polêmico debate em torno do que se configuram, na atualidade, as políticas sociais denominadas compensatórias e focalizadas.[21] Contudo, ainda que reconhecendo tais possibilidades, o mesmo Saes acentua qual é o fator determinante da conquista de direitos na sociedade capitalista:

> seriam as lutas populares, desde que potenciadas pelas dissensões internas das classes dominantes nos planos nacional e internacional, o fator determinante no processo global de criação de direitos na sociedade capitalista. (Saes, 2000, p. 19)

Mascaro acrescenta um certamente polêmico elemento a este debate. Para o autor, dialeticamente, conquistas sociais alcançadas *juridicamente* no capitalismo *tenderiam* a ser conservadoras (grifos nossos). O autor explica sua visão:

> Adaptam-se [tais conquistas] ao modo de produção e nele se inserem numa lógica de distensão e aumento apenas quantitativo de ganhos. Movimentos de luta contra o capital, de minorias, sindicatos, trabalhadores e mesmo partidos políticos, quando alcançam seus resultados ou se encontram no poder estatal, tendem a um conservadorismo que reforça os vínculos da reprodução do capital. (Mascaro, 2011, p. 12)

As dimensões apontadas por Mascaro demonstram o quanto é necessário pensar o campo dos direitos em perspectiva de efetiva emancipação humana — o que implica a derrota de modelos societá-

---

21. Um interessante panorama deste debate no Brasil, particularmente no que se refere a políticas de assistência social, se encontra na publicação do Conselho Federal de Serviço Social que reproduz as mesas redondas e plenárias simultâneas de seminário nacional realizado em 2009 na Universidade do Estado do Rio de Janeiro sob o título "O trabalho do assistente social no SUAS". O evento contou com a presença de cerca de 2.300 participantes e foi organizado por aquele Conselho Federal, em aliança com o Regional do Rio de Janeiro (cf. CFESS, 2011). O conteúdo também está disponível em: <http://www.cfess.org.br/arquivos/SEMINARIO_SS_no_SUAS(2009).PDF>.

rios baseados na diferenciação entre os seres sociais,[22] não na possibilidade de sua complementaridade (Marx, 2009). Lutas e conquistas sociais transformadas em direitos, mesmo que no âmbito positivado e jurídico, podem se conformar em importantes subsídios para lutas contra a ordem do capital. O exemplo citado da definição, na Constituição Federal brasileira, de uma função social da terra tem sido instrumento fundamental para a crítica ao latifúndio e à acumulação capitalista no campo — e, mais recentemente, nos espaços denominados urbanos.[23] Outro exemplo brasileiro é o Sistema Único de Saúde, política universal — que contraria a lógica conservadora, não por acaso sofrendo inúmeros ataques de seguidos governos de distintas perspectivas pelo país. Um exemplo atual são as constantes ações de descaracterização da universalidade da política de saúde por parte de diversos governos — como a implementação das organizações sociais de direito privado para gerir políticas sociais, especialmente a saúde. Contudo, não superar a ordem societária em que tais direitos são conquistados permite que eles próprios sejam assimilados pelo capital em busca de legitimação para suas próprias ações.[24]

Outra demonstração desta possibilidade parece ser a própria evolução, em perspectiva crítica, dos debates sobre o Direito e os

---

22. Marx e Engels (2009, p. 109) anteveem que em uma sociedade em que as forças produtivas totais estiverem apropriadas pelos indivíduos associados, cessando a propriedade privada, o isolamento dos próprios indivíduos será um processo absolutamente acidental.

23. O fato de este processo ser mais recente registra um dado real da evolução da sociedade na contemporaneidade. Anna Tibaijuka, diretora executiva Programa das Nações Unidas para Assentamentos Humanos (UN-Habitat) afirmou, em abril de 2007, que pela primeira vez a maioria da população mundial passou a viver em espaços urbanos. A previsão daquele organismo da ONU é que em 2030 dois terços da população habitem espaços urbanos. Disponível em: <http://www.unmultimedia.org/radio/portuguese/detail/155399.html>. Acesso em: 1º fev. 2012. Analistas indicam que esta alteração na proporção entre população urbana e rural é fruto, especialmente, da migração do campo para a cidade ainda vivenciada em países de imensas populações, como a China. Há, ainda, autores que apreciam o impacto da "desruralização" do mundo ao que denominam crise terminal do capitalismo (a exemplo de Wallerstein, 2007).

24. Processo que também já evidenciamos do ponto de vista da apropriação (necessariamente acompanhada de sua ressignificação) que defensores do atual modelo de sociedade fazem, via linguagem, de termos utilizados pelas lutas sociais, como solidariedade, ética, reforma, liberdade e outros.

direitos. Voltemos a Trindade. O autor registra que ao longo da Revolução Industrial — e, particularmente, quando ela já "disseminava suas misérias sociais" (período, portanto, em que já evidenciava que os avanços até então obtidos visavam, substantivamente, dar maior potencialidade à acumulação de capital pela burguesia — e não reduzir jornadas de trabalho, "humanizar" a relação de produção evitando tarefas pesadas, degradantes, insalubres e que causassem riscos à vida) — teóricos e partidos que já representavam o proletariado moviam-se "dentro do campo do direito" (Trindade, 2011, p. 272). Agiam, contudo, no sentido de alargá-los e fazê-los dialogar com seus interesses de classe. O autor volta a citar Engels e Kautsky para demonstrar onde se localizavam os primórdios das lutas por direitos por eles denominados de econômicos e sociais (Trindade os qualifica como "os seus [dos proletários] direitos humanos"):

> De um lado, a reivindicação de igualdade foi ampliada, buscando completar a igualdade jurídica com a igualdade social; de outro lado, concluiu-se das palavras de Adam Smith — o trabalho é a fonte de toda a riqueza, mas o produto do trabalho dos trabalhadores deve ser dividido com os proprietários de terra e os capitalistas — que tal divisão não era justa e devia ser abolida ou modificada em favor dos trabalhadores. (Engels e Kautsky, 2012, p. 19-20).

Tonet, citando Lukács, acentua tal reflexão, apontando que o direito é sempre de classe:

> Por isso, Lukács (1981: 208)[25] pode concluir que: "O direito, surgido porque existe a sociedade de classes é, por sua essência, necessariamente um direito de classe: um sistema para ordenar a sociedade segundo os interesses e o poder da classe dominante". [...] A desigualdade social é, portanto, o solo matrizador do direito. Vale dizer, o direito regula a atividade social no interior de uma sociabilidade fundada na desigual-

---

25. Referência a LUKÁCS, Gyorgy. *Ontologia del'essere sociale*. Roma: Rinuiti, 1976-1981.

dade social sem, em nenhum momento, atingir a raiz desta desigualdade. (Tonet, 2002, p. 5)

No epílogo deste livro — posto que este não seja o centro de nossas pesquisas e considerando tratar-se de um debate extremamente polêmico mesmo no âmbito de autores que reivindicam inspiração marxista — retornaremos a esta temática, citando como diferentes autores veem o papel do direito em uma ordem social que tenha superado a sociabilidade capitalista e buscando apresentar impressões iniciais — que, talvez, possam conformar um importante aspecto de futuros estudos acadêmicos. Para os objetivos aqui propostos, é hora de apreciarmos como estes elementos — a existência de distintas concepções e dimensões em um mesmo fenômeno — repercutem no debate sobre os chamados direitos humanos.

2.2 Distintas concepções e dimensões dos direitos humanos

Já se encontra evidente: falar sobre direitos humanos exige reconhecer a existência de distintas concepções (e diferentes ângulos) de que partem sua análise.

Neste item trataremos, fundamentalmente, o que justifica a possibilidade de existência de diferentes concepções de direitos humanos em disputa. Contudo, também será objeto de reflexão o registro de que o debate tem dimensões que se efetivam a partir da formação sócio-histórica de cada sociedade e, mesmo, da realidade social concretamente vivida por segmentos de classe que, em determinadas realidades, têm níveis de exploração e de violação de seus direitos e necessidades ainda superiores que os encontrados entre seus pares. Por fim, concluímos com apontamentos no sentido de que não se trata de um mero debate acadêmico, apresentando alguns exemplos de como a indissociabilidade entre teoria e prática comparece neste debate, particularmente no que diz respeito às lutas desenvolvidas pelo reconhecimento e efetivação de direitos por alguns sujeitos sociais.

2.2.1 História, lutas de classes e seus impactos sobre os direitos humanos

A utilização do termo direitos humanos tem se dado por defensores de diferentes posições políticas e ideológicas; por movimentos sociais que atuam em perspectivas muito distintas; por governantes que buscaram implementar políticas que visavam questionar desigualdades, em contraposição a outros cujas contribuições para a história da humanidade nada têm a ver com a perspectiva de uma sociedade igualitária. Sobre os últimos, Trindade dirá que

> Talvez não tenha havido opressor nos últimos duzentos anos, ao menos no Ocidente, que não tivesse, em algum momento, lançado mão da *linguagem* dos direitos humanos. (2002, p. 15, grifo original)

Mas não é pelo fato de que conservadores e reacionários também digam defendê-los que os direitos humanos devam ser abandonados pelos segmentos subalternizados em cada sociedade. Dornelles reflete a respeito:

> Quando o ex-presidente americano (1980-1988) Ronald Reagan se declarava um defensor dos direitos humanos, está bem clara para todos nós a substancial diferença de conteúdo político e ideológico de sua concepção em relação à defendida pelos familiares de desaparecidos nas ditaduras da Argentina, Brasil, Uruguai, Chile, El Salvador, Guatemala etc. (2007, p. 10)

Uma das preocupações postas no debate atual sobre direitos humanos é exatamente a de precisar a possibilidade de uma concepção que se pretenda universal para o tema. O processo de internacionalização do debate em torno dos direitos humanos tem sido utilizado em diferentes experiências históricas para justificar processos de aculturação e de dominação de diferentes povos e culturas. Vale recorrer a Wallerstein:

> Os conceitos de democracia e de direitos humanos, de superioridade da civilização ocidental [...] e de inescapabilidade da submissão ao "mercado" [...] não são nada evidentes. Trata-se de ideias complexas que precisam ser analisadas com atenção e despidas de seus parâmetros nocivos e não essenciais para que sejam avaliadas com sobriedade e postas a serviço de todos e não de poucos. (Wallerstein, 2007, p. 28)

O autor contrapõe o conceito de universalismo europeu ("conjunto de doutrinas e pontos de vista éticos que derivam do contexto europeu e ambicionam serem valores universais globais"[26]) ao de universalismo universal,

> [...] que recusa a caracterizações essencialistas da realidade social, historiza tanto o universal quanto o particular, reunifica os lados ditos científico e humanístico em uma epistemologia e permite-nos ver com olhos extremamente clínicos e bastante céticos todas as justificativas de "intervenção" dos poderosos contra os fracos. (Ibid., p. 118)

Wallerstein classifica a luta entre tais conceitos como "[...] a luta ideológica central do mundo contemporâneo", de cujo resultado dependerá "como será estruturado o sistema-mundo futuro, no qual entraremos nos próximos vinte e cinco a cinquenta anos" (ibid., p. 27).

Uma visão bastante corrente entre autores e defensores de direitos humanos afirma que a Conferência Mundial de Viena, realizada

---

26. Cf. Wallerstein, ibid., p. 60.

em 1993, ao prever em sua Declaração e Programa de Ação que todos os direitos humanos são universais, indivisíveis, interdependentes e inter-relacionados, conformando a concepção autodenominada contemporânea de direitos humanos, teria superado os debates sobre a existência de várias concepções para o tema. Pode-se reconhecer validade política para tal argumento. Especialmente se recuperarmos os processos que levaram às decisões de Viena (e aos pactos internacionais aprovados em Nova York, em 1966, que já apontavam as ideias de 1993): foram momentos de intensa disputa e confronto entre distintas posições. Afinal, o mundo vivia a Guerra Fria[27] e as perspectivas teóricas e políticas predominantes eram exatamente as duas que configuravam os blocos de países que se reivindicavam capitalistas ou socialistas — embora já tenha ficado evidente que havia distensões internas em cada bloco: o que é denominado socialismo real, por exemplo, geralmente se refere a uma determinada forma de transição socialista.[28]

Huntington, intelectual respeitado pela classe dominante americana,[29] ao defender perspectivas pelas quais acredita que o paradigma de compreensão do mundo a partir das oito civilizações que descreve,[30] registra, como um dos acontecimentos que justificaria tal leitura,

> a confrontação, na Conferência de Direitos Humanos em Viena, entre o Ocidente, liderado pelo secretário de Estado Warren Christopher, denunciando o "relativismo cultural", e uma coligação de Estados islâ-

---

27. Guerra Fria é o período definido por Hobsbawm (1995, p. 223-252) como o padrão que caracterizou uma situação internacional peculiar, durante 45 anos após o lançamento, pelos Estados Unidos, das bombas atômicas sobre Hiroshima e Nagazaki até o fim da União Soviética. Segundo o autor, "gerações inteiras se criaram à sombra de batalhas nucleares globais que, acreditava-se firmemente, podiam estourar a qualquer momento, e devastar a humanidade" (ibid., p. 224). Autores como Hobbes ("a guerra não é apenas a batalha ou o ato de lutar, mas o período de tempo em que existe a vontade de guerrear" — 2009, p. 95) e Sun Tzu, no conhecido *A arte da guerra* (cf. capítulo III, *Da arte de vencer sem desembainhar a espada* — Sun Tzu, 2000, p. 32-41), chamam atenção para processos que fundamentam a denominação Guerra Fria.

28. Conforme já alertado anteriormente, em citação a Netto.

29. Cf. a página eletrônica <http://socialistworker.co.uk>. Acesso em: 7 set. 2011.

30. Estas e outras ideias de Huntington estão tratadas no item 3.1.

micos e confucianos rejeitando o "universalismo ocidental". (Huntington, 1997, p. 40-41)

Em sua avaliação,[31] Huntington discorre sobre as dificuldades do Ocidente, especialmente dos Estados Unidos, em fazer valer seus valores para outros países. Expressa uma concepção de direitos humanos reacionária, que acaba por defender a aculturação de determinados países — pertencentes ao que denomina "subcivilizações" — por concepções ocidentais sobre democracia e direitos humanos. Relata reações diversas (comerciais, de autodeterminação de seus destinos e de luta por soberania) dos demais países contra tal perspectiva imposta pela "civilização ocidental". Como já citado, não vê qualquer constrangimento em defender o tipo de alianças políticas estabelecidas pelos EUA com tiranos e ditaduras, em nome do anticomunismo, qualificando-as — no máximo — como embaraçosas.

Embora as resoluções de Viena tenham se constituído, portanto, como referência internacional para os debates sobre direitos humanos a partir de então, não é possível deixar de registrar que a vida real e quotidiana continua muito distinta do que se encontra positivado nas cartas internacionais. Nela, concepções distintas de direitos continuam disputando socialmente sua validade, seu reconhecimento e sua legitimação. Não parece haver qualquer unanimidade a este respeito. Há quem divirja sobre a quantidade de concepções de direitos humanos existentes; quem as localize em blocos fundamentados em princípios filosóficos e políticos; quem sequer reconheça a importância deste debate, reduzindo-o à necessidade de que os direitos sejam efetivados — e deixando de perceber que à medida que concepções distintas se enfrentam socialmente a tarefa de efetivá-los pode se ver mais dificultada, ao menos em perspectiva de direitos universalmente garantidos.

São polêmicas reconhecidas não apenas por autores de perspectivas marxistas. Boaventura de Sousa Santos, por exemplo, as aponta ao discutir a possibilidade de os direitos humanos atuarem como

---

31. Cf. o trecho intitulado "Direitos humanos e democracia" (ibid., p. 240-247).

"guião emancipatório" (2003, p. 6). Sua contribuição permite perceber distinções geográficas no que se refere aos direitos humanos, ao identificar seus "quatro regimes internacionais de aplicação [...]: o europeu, o interamericano, o africano e o asiático",[32] mas não deixa de expressar que no que se refere às concepções ocidentais de direitos humanos eventualmente existentes vê em uma delas a que mais se aproxima das possibilidades de escolha da que represente "o círculo mais amplo de reciprocidade" dentro de cada cultura, aquela cuja versão vá "mais longe no reconhecimento do outro" (Santos, 2003, p. 13):

> Das duas versões de direitos humanos existentes na nossa cultura — a liberal e a marxista — a marxista deve ser adotada, pois amplia para os domínios econômico e social a igualdade que a versão liberal apenas considera legítima no domínio político. (Ibid., p.14)

Registre-se que o autor se refere a *concepções ocidentais* de direitos humanos (e cita exatamente as duas que se confrontaram ao longo de todo o século XX, não só no campo dos direitos humanos), o que já implica o reconhecimento de possíveis visões alternativas, ainda que não localizadas no Ocidente.[33]

Bobbio é outro autor que identifica distintas possibilidades para fundamentar diferentes concepções de direitos humanos. Em uma correta apreensão, inclusive, acentua que muitas de suas ideias têm repercussão em concepções distintas e, por vezes, adversárias:

> São várias as perspectivas que se podem assumir para tratar do tema dos direitos do homem [...]: filosófica, histórica, ética, jurídica, política. Cada uma dessas perspectivas liga-se a todas as outras, mas pode também ser assumida separadamente. (Bobbio, 2004, p. 47)

---

32. Trata-se dos sistemas regionais de promoção e proteção de direitos humanos, em contínuo processo de criação e consolidação após a Segunda Guerra Mundial.

33. Boaventura de Sousa Santos não localiza com precisão, no texto citado, o que entende por Ocidente. Embora a visão habitual sobre esta classificação geográfica oponha Ocidente a Oriente, na seção 3.1 veremos que há autores — como o já citado Huntington — que defendem outra distribuição geográfica e cultural para explicar o mundo na contemporaneidade.

Dornelles, por sua vez, resgata que distintas concepções sobre o tema estão profundamente relacionadas às lutas de classe e ao momento histórico de cada sociedade:

> [...] os direitos humanos podem ser entendidos de diferentes maneiras: provenientes da vontade divina; direitos que já nascem com os indivíduos; direitos emanados do poder do Estado; direitos que são produto da luta de classes. [...] Cada uma dessas concepções[34] representa diferentes momentos da história do pensamento e das sociedades humanas, construindo um conjunto de argumentos de caráter filosófico que passa a justificar a escolha de um elenco de direitos, em detrimento de outros, como os "verdadeiros" e absolutos direitos humanos. (2007, p. 12)

Em uma leitura rápida poder-se-ia inferir que Dornelles considere ser lógico que a defesa de uma determinada concepção de direitos humanos implique, necessariamente, na primazia de alguns direitos sobre outros. Ao longo da mesma publicação, no entanto, o autor defende que a prática política de diversas entidades de defesa dos direitos humanos (em quadros, em geral, de transição democrática) teria contribuído para uma apreensão mais ampla dos direitos humanos. Eles não estariam mais dicotomizados entre individuais e os de caráter social — posto que a luta quotidiana tivesse levado à percepção de que são direitos integrados. No trecho em questão, as reflexões do autor evidenciam como é possível que dentro de cada concepção sobre direitos humanos também haja disputas políticas em torno de sua fundamentação, importância e contribuição para os objetivos estratégicos que cada visão se propõe a utilizar em sua disputa dos rumos de organização societária. Nas palavras do próprio Dornelles (ibid., p. 48-49),

> Supera-se na prática sociopolítica desses grupos a falsa dicotomia proveniente das ortodoxias liberal e marxista. Cada uma dessas concepções exclui da sua órbita de valorização positiva, e de preocupação, uma

---

34. Registre-se: o autor denomina as quatro maneiras que lista para o entendimento sobre direitos humanos de *concepções* — o que é distinto de defender a existência das duas concepções listadas anteriormente por Bobbio.

série de direitos conquistados. Ou seja, a concepção liberal ortodoxa baseia-se apenas nos direitos civis e políticos (direitos individuais) e a concepção marxista ortodoxa entende serem direitos fundamentais apenas aqueles que se vinculam à ordem econômica, social e cultural, e que, portanto, exigem a presença do Estado como agente promotor e regulamentador desses direitos.

Para o autor, o conceito de direitos humanos varia de acordo "com a concepção político-ideológica que se tenha" (Dornelles, 2007, p. 15). Assim, a inexistência de uniformidade conceitual seria evidente, "[...] embora algumas pessoas teimem em apresentar uma única e definitiva maneira de definir os direitos humanos" (loc. cit.).

Flores recorre a Lukács para também afirmar a inexistência de homogeneidade em torno de uma categoria denominada "direitos humanos":

> Los derechos humanos no constituyen una categoría homogênea, por más que su implantación y puesta en práctica no pueda ser entendida sino en función de la idea lukacsiana de *homogeneización*, es decir, la tendencia de la investigación y de la praxis a partir del hombre, para retornar de nuevo a él después del paso por un constante flujo de interacciones y mediaciones.[35] (Flores, 1989, p. 115, grifo original)

Para Flores, fundamentar filosoficamente os direitos humanos nunca pode ser tarefa unilateral. Segundo o autor espanhol, não se pode confundir elementos que conformam a natureza multilateral e plural dos direitos humanos — se pensados universalmente — com tal fundamentação filosófica. Afirma:

> Fundamentar no es decir lo que *es* una cosa, sino *descubrir* su estructura categorial para dar cuenta de su grado de flexibilidad, rigidez o

---

35. Os direitos humanos não constituem uma categoria homogênea, por mais que sua implantação e colocação em prática não possa ser entendida senão em função da ideia lukacsiana de *homogeneização*, ou seja, a tendência da investigação e da práxis a partir do homem, para retornar a ela após a passagem por um constante fluxo de interações e mediações.

apertura a los diferentes contenidos del mundo, *constatar* las contradicciones que se hallan en su base e *integrar* los momentos parciales en un proceso dialéctico que conecte, sin confundirlos, los diferentes aspectos y características que lo configuran.[36] (Ibid., p. 118, grifos originais)

A possibilidade de buscar uma fundamentação para os direitos humanos no mundo contemporâneo envolveria perspectivas racionais, teleológicas, valorativas e materiais (referência a necessidades) em tarefa considerada pelo autor como "flexível, dinâmica, integradora e, sobretudo, crítica" (loc. cit.).

Destaque-se: a leitura atenta da obra de Flores não permite qualquer ilusão de que haja, pelo autor, uma defesa eclética de uma conformação filosófica única para os direitos humanos. Para ele (ainda que não se autodenomine marxista), o tema — como todos os demais da vida social — deve ser tratado em perspectiva histórica e dialética. O que implica conservação e superação, como já nos apontava Marx. É Gorender, ao comentar a crítica marxiana à concepção de direitos humanos existente na Revolução Francesa, quem nos auxilia:

> Marx empenhou-se particularmente na denúncia de que liberdade e igualdade, bandeiras das revoluções burguesas, em vez de direitos humanos universais, só podiam designar, *numa sociedade em que impera a exploração assalariada*, privilégios da classe dominante detentora da propriedade privada concentrada no capital. (Gorender, 2004, p. 17, grifos nossos)

Por sua vez, Lyra Filho (1982, p. 76) registra tratar-se de um *método* utilizado por Marx:

---

36. Fundamentar não é dizer o que *é* algo, mas sim *descobrir* sua estrutura categorial para dar conta de seu grau de flexibilidade, rigidez ou abertura aos diferentes conteúdos do mundo, *constatar* as contradições que se encontram em sua base e *integrar* os momentos parciais em um processo dialético que conecte, sem confundi-los, os diferentes aspectos e características que o configuram.

Ademais, o avanço, a superação do ponto de vista dialético, não envolve o aniquilamento, mas a ultrapassagem que conserva os aspectos positivos e as conquistas de etapas anteriores. Sob tal ângulo, é muito instrutivo notar a aplicação prática deste princípio, demonstrando a sua eficácia, tal como faz Marx, n'*O capital*, quando vai buscar a nova e mais completa focalização da mais-valia num roteiro que incorpora e transcende as teorias anteriores, de mercantilistas, fisiocratas, intuições de Adam Smith, colocações de Ricardo e assim por diante.

Há, contudo, autores que defenderão perspectivas ecléticas para a tarefa de buscar o que fundamentaria os direitos humanos. Pagliuca (2010, p. 18) defende a existência de três distintas posições teóricas que seriam "aptas a descrever a existência e imperiosidade dos direitos humanos". Elas estariam articuladas em três grandes teorias: a jusnaturalista, a positivista e a moralista. A teoria jusnaturalista seria a que observa os direitos humanos como inerentes ao ser humano, tendo nascido com a própria humanidade. Eles teriam origem natural — para alguns, mesmo divina — e transcenderiam ao conteúdo normatizado em leis e similares. A teoria positivista seria a que reconhece como direitos humanos apenas os que "a lei cria", o que implicaria vontade política do legislador. Escorar-se-ia, portanto, apenas na legislação efetivamente existente. Os direitos não seriam próprios de todo ser humano, posto que "concedidos e garantidos pelo Estado de forma institucionalizada". A teoria moralista seria a que afirma que a base dos direitos humanos estaria "na consciência do povo". O autor cita que tal perspectiva é duvidosa: "[...] não raro, o povo pode ser manipulado e sofre profunda influência política e pessoal". Na teoria moralista, a resposta legal a situações concretas visaria ser "a mais justa possível e possuir o maior consenso dos cidadãos". Parece facilmente apreensível que estamos diante de distintas perspectivas para a análise dos direitos humanos, que poderiam conformar diferentes concepções. Ainda assim, o autor encerra sua exposição sobre as três teorias afirmando: "Destarte, o mais perfeito é a *mescla* das teorias, pois assim [estariam] presentes tanto a gênese humana, como a previsão legal e a consciência social" (Pagliuca, 2010, p. 18-19, grifo nosso).[37]

Autores de perspectiva teórica marxista também apontarão existência superior a duas concepções distintas de direitos humanos. Dornelles agrupa distintas apreensões sobre o tema em três grandes blocos de concepções filosóficas:

> Na verdade, partimos de três grandes concepções para fundamentar filosoficamente os direitos da pessoa humana: a) concepções idealistas; b) concepções positivistas; c) concepções crítico-materialistas. (Dornelles, 2007, p. 16-17)[38]

As concepções idealistas teriam por característica a fundamentação dos direitos humanos a partir de visões metafísicas e abstratas. Nelas, haveria uma visão da história ligada a estas duas visões, com valores e direitos sendo indicados por uma ordem transcendental, "supraestatal". O autor identifica a possibilidade de que tal leitura se manifeste a partir de uma suposta vontade divina (cita o feudalismo como exemplo) ou na razão natural humana ("a partir do século XVII, com a moderna Escola do Direito Natural"). Desta concepção viria a ideia de direitos inerentes à espécie humana ou surgidos pela "força da natureza humana". Nasceríamos iguais, livres, dignos, por obra divina ou por expressão de uma razão — natural. Os direitos seriam um ideal a ser buscado e alguns deles (à vida, à segurança, à liberdade) existiriam "independentemente do seu reconhecimento pelo Estado".

Em concepções positivistas, direitos seriam fundamentais e essenciais a partir de seu reconhecimento em ordem jurídicas positivas,

---

37. Importante registrar: a obra de Pagliuca faz parte da *Coleção de Direito Rideel*, elaborada, segundo a apresentação da contracapa que a apresenta "para esclarecer as dúvidas mais frequentes em sala de aula, preparar os candidatos de concursos públicos e exame da OAB e ser um instrumento de consulta rápida".

38. As características de cada um destes blocos filosóficos, que se seguem, têm a mesma referência bibliográfica.

portanto, pelo Estado. Os direitos, aqui, não seriam inerentes aos seres humanos, uma vez que dependeriam de reconhecimento do poder público. Não existiriam, portanto, como produto ideal de forças superiores ao Estado, como Deus ou a razão humana. Só haveriam quando previstos na lei: "Não é possível uma ordem ideal de direitos".

As concepções crítico-materialistas teriam sido desenvolvidas ao longo do século XIX, advindo de "uma explicação de caráter histórico-estrutural para fundamentar os direitos humanos". A partir da crítica a concepções liberais, argumentariam que os direitos, conforme enunciados nas diversas declarações e constituições aprovadas nos séculos XVIII e XIX, seriam apenas "expressão formal de um processo político-social e ideológico realizado por lutas sociais no momento da ascensão da burguesia ao poder político". A inspiração destas concepções, registra Dornelles, viria principalmente das obras filosóficas de Karl Marx.

Como afirmamos, no entanto, dentro das mesmas concepções de direitos humanos conforme defendidas por alguns autores haveria disputas, expressando diferentes leituras táticas e estratégicas das lutas desenvolvidas em torno da sociedade que se almeja construir. Tonet, a exemplo de Dornelles, também distingue três concepções sobre direitos humanos. Duas, em sua visão, estariam em disputa dentro do campo que Dornelles afirmou fazer parte das concepções histórico-materialistas. Observe-se que o autor já introduz uma nova — e polêmica — dimensão do debate sobre os direitos humanos (e sobre o direito em geral): que características eles teriam em uma sociedade pós-capitalista?

> Teríamos, então, três posições a respeito da problemática dos direitos humanos. A primeira, do marxismo tradicional, para a qual estes direitos, por serem direitos de caráter burguês, deveriam ser suprimidos por qualquer revolução socialista. A segunda, que também propugna uma sociedade socialista, mas que entende que aqueles direitos (e o conjunto dos direitos e institutos democrático-cidadãos), por terem um caráter universal, não só não devem ser suprimidos, como devem ter

sua validade implementada nesta nova sociedade. A terceira, a posição liberal-democrática, que defende o aperfeiçoamento desta ordem social, e para a qual a luta pela proteção, ampliação e melhoria dos direitos humanos estaria inserida nesta luta maior pelo aperfeiçoamento de uma sociedade cada vez mais democrática. (Tonet, 2002, p. 8)

Ou seja, as duas concepções do campo marxista estariam na esfera do que se denomina como o campo da revolução, da derrota da sociedade capitalista e sua substituição por uma sociabilidade distinta. A liberal-democrática, por sua vez, se encontraria no campo das reformas e da ilusão de que seria possível aprimorar a sociedade capitalista ampliando canais de democracia, participação e acesso a direitos. Tonet se posiciona, afirmando a importância da luta por direitos humanos, desde que articulada com lutas anticapitalistas:

> A luta pelos direitos humanos, como pelo conjunto das objetivações democrático-cidadãs, não só é válida como pode ter um papel muito importante. Mas é preciso ter claro que ela pode ter um caráter reformista ou revolucionário. Terá um caráter reformista e, portanto, contribuirá para a reprodução desta ordem social desumana se tiver como fim último o aperfeiçoamento da cidadania e da democracia. Terá um caráter revolucionário se tiver clareza quanto aos seus limites e se estiver articulada com lutas clara e radicalmente anticapitalistas. (Tonet, 2002, p. 14)

Trindade (2012)[39] é outro autor que, partindo da inspiração marxista, identifica ao menos quatro concepções históricas de direitos humanos, reconhecendo o quanto, ao longo da história, a expressão sofreu (mesmo do ponto de vista estritamente jurídico) mutações que

---

39. A referência, aqui, é feita a comunicação realizada no Seminário Estadual Serviço Social e Direitos Humanos, realizado no Rio de Janeiro em dezembro de 2010 pelo Conselho Regional de Serviço Social local. O material do evento encontra-se transcrito e em fase de revisão final para (em conjunto com novo evento sobre o tema, realizado em março de 2012) transformar-se em uma edição da revista *Em Foco*, de responsabilidade daquele conselho profissional. O lançamento está previsto para o ano de 2014.

permanecem em disputa. À primeira concepção denomina concepção liberal oligárquica. Ela teria surgido com as revoluções burguesas e sido predominante nos séculos XVII e XVIII. Embora nela se visse direitos civis e políticos como naturais, eles próprios sofriam severas limitações. Por exemplo, mulheres não podiam abrir qualquer estabelecimento comercial ou se empregar em qualquer atividade sem consentimento de seus maridos. Havia convívio, sem quaisquer dilemas, com a escravidão — segundo o autor, a mesma concepção conviveu com a escravidão até o final do século XIX, com pessoas submetidas a acorrentamento, regimes forçados de trabalho, castigos corporais; também o fez com processos de extermínio físico e cultural de povos indígenas na América e na Ásia. A pequena autonomia conquistada por segmentos populacionais era fruto de sangrentas lutas. Direitos à assistência pública só eram oferecidos a sujeitos que estivessem nas denominadas "*work houses*". Direitos políticos eram reservados para homens, com comprovação de patrimônio e renda. Os conceitos de igualdade e liberdade eram alguns de seus pilares, mas tinham interpretações específicas. Tratava-se de igualdade perante a lei e de liberdade de ir e vir (para possibilitar a expansão dos negócios do capitalismo que se consolidava) e para assinar contratos de trabalho (contando com a força dos trabalhadores para a produção de mais-valia que não seria apropriada socialmente, mas particularmente).

    Posteriormente as lutas da classe trabalhadora teriam se contraposto à concepção oligárquica liberal, em processo longo e submetido a muita repressão, tortura, mortes. Trindade aponta vários momentos históricos como parte deste processo de luta por uma nova concepção de direitos humanos. Um deles foi a realização da I Internacional dos Trabalhadores, em 1860. Outro exemplo de luta direta foram grandes greves realizadas em 1919 (no Canadá e nos Estados Unidos, inclusive). Do ponto de vista da previsão legal e positivada, relembra os processos revolucionários mexicano (com constituição aprovada em 1917 que previa primazia do público sobre o individual; função social para a propriedade privada; voto universal; direitos do trabalho;

conceito de seguridade social etc.), russo (com a previsão, por exemplo, dos sovietes como conselhos populares compostos pela população para os grandes debates que definiriam os rumos da nação; igualitarismo radical entre homens e mulheres; trabalho simultaneamente como direito e dever) e alemão (com a aprovação, em 1918, da posteriormente conhecida como Constituição de Weimar — que, embora com contradições, reconhecia aos trabalhadores muitos direitos pelos quais estes estavam lutando há, ao menos, um século).

Todo este processo teria contribuído para a formalização do que viria a ser a Declaração Universal dos Direitos Humanos, em 1948, com todos os limites e avanços que refletem a correlação de forças do imediato pós-guerra. A Declaração de 1948, portanto, seria expressão da disputa entre distintas concepções de direitos humanos. A vitória do exército vermelho contra o nazismo e a elevação da União Soviética como potência mundial naquele momento histórico não permitia desconsiderar, também no campo dos direitos humanos, direitos apontados pelo modelo de sociedade que a revolução viabilizara (especialmente sociais, econômicos, culturais). No pós-segunda guerra proliferaram movimentos trabalhistas e sindicais, partidos operários, comunistas e socialistas mundo afora. Assim, se a Declaração Universal "não é um documento sagrado diante do qual devemos nos ajoelhar" e se ela tenta "conciliar o inconciliável", ainda assim reconhece como humanos direitos dos trabalhadores. Trindade denomina tal concepção de liberal-democrata — por um lado, não punha em questão se, sob o capitalismo, era possível universalizar todos os direitos para todos os seres sociais; por outro, quebrava a historicidade dos direitos humanos (o autor lembra que a própria Inglaterra levou 400 anos para reconhecer direitos econômicos, sociais e culturais).

É importante registrar que Trindade destaca, ainda, que concepções como a defendida por Marshall sobre a evolução da existência de direitos (primeiramente os civis, depois os políticos, em seguida os sociais etc.) têm tal periodização questionada mesmo por historiadores ingleses (a Inglaterra foi o centro dos estudos de Marshall). Tal periodização e classificação foram rapidamente apropriadas pelos conservadores, no intuito de justificar *status* diferentes para direitos civis e políticos (exequibilidade imediata ou, nas palavras de Trindade [2002, p. 192] autoaplicabilidade) e sociais, culturais e econômicos (implementação progressiva dos Estados ou, para o autor [loc. cit.] caráter "programático").

As contradições entre as duas concepções anteriores e a marcha de lutas populares por diversos direitos teria gerado uma terceira concepção, mais humanista, generosa e que previa direitos universais e interdependentes. Contudo, o autor localiza que especialmente a partir de meados da década de 1970 os direitos humanos, especialmente os denominados econômicos, sociais e culturais, recomeçam a ser negados e entram em crise em todo o planeta. Cita recuos que caracteriza como fenomenais, como a ampliação do desemprego e do subemprego, a remuneração (na Alemanha) apenas da primeira hora extra diária de trabalho sob o argumento de restabelecer a produtividade automobilística, a instituição de bancos de horas na indústria brasileira para não pagar salários devidos aos trabalhadores, dentre outros exemplos. Este processo resulta em uma quarta concepção de direitos humanos, "esquizofrênica", que separa a humanidade em duas, convive com violações de direitos — contanto que tais violações se restrinjam aos setores subalternos. Como Marques, Trindade alerta para o fato de que o século XXI se abre com afrontas a direitos e garantias individuais, via discurso contra o terrorismo. A ameaça de tal concepção chega à natureza, atingindo o que caracteriza de mais indispensável direito dos seres sociais, o de sobrevivência no planeta.

Retomadas as ressalvas quanto ao momento em que produziu suas reflexões, Bobbio — em leitura distinta da de Trindade — sustenta, em 2004, sua análise quanto à existência de apenas duas concepções:

> Essa distinção de dois tipos de direitos humanos, *cuja realização total e simultânea é impossível*, é consagrada, de resto, pelo fato de que também no plano teórico se encontram frente a frente e se opõem duas concep-

ções diversas dos direitos do homem, a liberal e a socialista. (Bobbio, 2004, p. 42-43, grifo nosso)

Não nos passa despercebido o fato de que Bobbio — a exemplo, aliás, do que defendem muitas correntes do pensamento marxista acerca do período de transição socialista — afirmar a impossibilidade de realização simultânea de direitos civis, políticos, sociais, culturais, econômicos (a caracteriza como "fantasia"). Para o autor há uma espécie de lógica proporcionalmente inversa na relação entre tais direitos:

> Podemos fantasiar sobre uma sociedade ao mesmo tempo livre e justa, na qual são global e simultaneamente realizados os direitos de liberdade e os direitos sociais; as sociedades reais, que temos diante de nós, são mais livres na medida em que são menos justas e mais justas na medida em que são menos livres. (Ibid., p. 42)

Precisamos retomar, brevemente, o debate sobre o período da Guerra Fria para tentar apreender a lógica dos autores que defendem tal contraposição.

Hobsbawm (2010, p. 370) chama atenção para o que denomina o principal tema surgido da revolução dupla (vale lembrar: as revoluções de 1789, na França, e a Primavera dos Povos, em 1848, em quase toda a Europa, ambas com impactos em outros continentes). Segundo ele, travava-se, a partir daí, uma disputa pela natureza da sociedade e pela direção para a qual ela se encaminhava e deveria se encaminhar no futuro. O autor registra as duas principais opiniões: de um lado, a daqueles que aceitavam (acrescentamos, apostavam, investiam em sua construção) a maneira pela qual o mundo se conduzia; de outro, a dos que questionavam tais rumos. À época, tal luta era definida como "os que acreditavam no progresso e os outros". Até então, liberais e socialistas tinham, portanto, posições que confluíam:

> Em certo sentido, havia só uma *Weltanschauung* de grande significação, e uma série de outros pontos de vista que, quaisquer que fossem seus

méritos, eram, no fundo, basicamente críticas negativas ao "iluminismo" humanista, racionalista e triunfante do século XVIII. Seus expoentes acreditavam firmemente (e com razão) que a história humana era um avanço mais que um retrocesso ou um movimento oscilante ao redor de certo nível. Podiam observar que o conhecimento científico e o controle técnico do homem sobre a natureza aumentavam diariamente. Acreditavam que a sociedade humana e o homem individualmente podiam ser aperfeiçoados pela mesma aplicação da razão, e que estavam destinados a seu aperfeiçoamento na História. Com isto concordavam os liberais burgueses e os revolucionários socialistas proletários. (Hobsbawm, 2010, p. 370, grifo original)

Como vimos, contudo, no primeiro capítulo, a conjuntura mundial (particularmente no período posterior à segunda guerra mundial, mas também anteriormente, na ocorrência de revoluções em perspectiva socialista) iria alterar esta relação e criar dois grandes blocos antagônicos. O debate em torno dos direitos humanos não deixaria de sofrer tais impactos. Também já foram relacionados aspectos de como tal disputa se dava no âmbito da ONU e das declarações, tratados, cartas e documentos internacionais de direitos humanos, bem como nos eventos e assembleias daquela organização. Ressaltamos — nunca é demais lembrar — a fundamental contribuição das perspectivas socialistas para que se avançasse em torno da possibilidade de novas concepções de direitos humanos, que não dicotomizassem direitos entre si, nem estabelecesse entre eles hierarquias de validade supostamente universal. Dornelles, no entanto, demonstra que as reflexões sobre o que estaria por vir quando aos direitos humanos também estavam imbuídas desta lógica:

> O século XIX viu, portanto, nascer um confronto que se estende ao século XX, sobre o conteúdo dos direitos humanos. Os direitos fundamentais do ser humano seriam os direitos individuais enunciados pelas declarações burguesas do século XVIII? Ou seriam novos direitos de natureza social que garantiriam coletivamente as condições da existência humana? A dúvida e a polêmica perduram até os dias de hoje. (Dornelles, 2007, p. 28-29)

O que estamos afirmando é que a apreensão de quantas e quais são as concepções existentes sobre um determinado tema — o que, obviamente, vale também para os direitos humanos — tem profunda relação com a situação social, cultural, econômica, política de cada sociedade em cada contexto histórico. Ou seja: concepções distintas de direitos humanos não são mera atividade intelectual ou idealista. Elas dialogam com visões de sociedade, com distintas classes — ou mesmo com suas frações —, com disputas políticas que existem dentro dos próprios blocos políticos e ideológicos que se conformam ao longo da história. Equivale afirmar que se pensarmos o debate sobre os direitos no período final do feudalismo certamente haverá alguma equivalência com a aliança que burgueses e trabalhadores afirmaram para a derrota dos principais agentes daquele modo de produção (os senhores feudais, o clero etc.). Vejamos como Hobsbawm caracteriza tal processo em sua relação com o Iluminismo:

> Não é propriamente correto chamarmos o "iluminismo" de uma ideologia da classe média, embora houvesse muitos iluministas — e foram eles os politicamente decisivos — que assumiram como verdadeira a proposição de que a sociedade livre seria uma sociedade capitalista. Em teoria seu objetivo era libertar todos os seres humanos. Todas as ideologias humanistas, racionalistas e progressistas estão implícitas nele, e de fato surgiram dele. Embora na prática os líderes da emancipação exigida pelo Iluminismo fossem provavelmente membros dos escalões médios da sociedade, embora os novos homens racionais o fossem por habilidade e mérito e não por nascimento, e embora a ordem social que surgiria de suas atividades tenha sido uma ordem capitalista e "burguesa". (Hobsbawm, 2010, p. 49)

No processo da Revolução Francesa, para o autor, os revolucionários burgueses correram riscos adicionais com algumas das alianças estabelecidas:

> A própria revolução introduziu o risco adicional de uma ala à esquerda com um programa anticapitalista implícito (e alguns sustentam que era explícito) em certos aspectos da ditadura jacobina. (Ibid., p. 378)

Já na sociedade capitalista evoluída, com a burguesia negando seu caráter revolucionário e passando a se constituir como classe politicamente conservadora, a tendência é que outras conformações se apresentassem para o debate sobre os direitos humanos, processo iniciado já ao longo do século XIX:

> Os descontentamentos sociais, os movimentos revolucionários e as ideologias socialistas do período pós-napoleônico intensificaram este dilema, e a Revolução de 1830 tornou-o mais agudo. O liberalismo e a democracia pareciam mais adversários que aliados; o tríplice *slogan* da Revolução Francesa — liberdade, igualdade e fraternidade — expressava mais uma contradição que uma combinação. (Hobsbawm, 2010, p. 379, grifo original)

Daí sua apreensão em concepções antagônicas. Ocorre que se é fato que ao longo, especialmente, do século XX estas foram as duas concepções que mais evidentemente se defrontaram, há, na atualidade, alterações em curso que recolocam ou inauguram a presença de outros atores sociais no que diz respeito à explicação do funcionamento da sociedade. Valores reacionários, sequer assumidos pelos liberais, fazem parte das disputas sociais contemporâneas (pensemos na xenofobia, para ficar em um único exemplo; não por acaso, Hobsbawm destaca que uma aliança inimaginável até o início da segunda guerra mundial — entre capitalistas e socialistas — foi a que teve potencial para derrotar tais perspectivas presentes no nazismo). Não devemos desconsiderar, ainda, o surgimento de perspectivas pós-modernas para a análise da sociedade. A negativa das metanarrativas como método de explicação e apreensão da realidade social não é reivindicada nem pelos liberais nem pelos socialistas — ainda que tal discurso possa ter efeito em pretensos defensores de ambas as tradições.

Há que se registrar, ainda, que a queda de regimes identificados pelo nome de socialismo real, ao final do século XX, teve forte impacto sobre debates internos do próprio bloco socialista. Uma reconfiguração internacional do comportamento de partidos, movimentos sociais, governos identificados com a chamada esquerda — chegando mesmo a movimentos guerrilheiros conhecidos internacionalmente — ocorreu do ponto de vista de seus métodos de atuação, sua análise sobre a realidade social, seu investimento prioritário em lutas diretas ou na via institucional, suas condições efetivas de autossustentação financeira e estrutural ou sua cooptação pelo Estado e outros agentes.

Ainda no debate que se relaciona com a universalização de uma determinada concepção de direitos humanos[40] há que se registrar uma ressalva apresentada por diversos autores e que, também ela, pode contribuir para conformar possíveis concepções alternativas sobre direitos humanos. Trata-se, por exemplo, de pensar como apreensões existentes sobre o tema nos continentes europeu e americano teriam validade imediata para países africanos ou muçulmanos. Não se trata, em nossa perspectiva, de associar concepções sobre direitos humanos automaticamente a confissões religiosas alternativas (como, por exemplo, as expressas pelo Alcorão — com significativa influência sobre como se organizam as sociedades que o reverenciam). Mas de perceber que as realidades sociais existentes nestas localidades, bem como elementos próprios de suas formações sócio-históricas, podem — e o fazem, inevitavelmente — interferir na apreensão que fazem sobre direitos humanos e outros temas.[41,42]

Isto não significa, automaticamente, que cada uma das acepções acerca da sociedade — e mesmo das distinções internas de cada concepção macrossocietária — resulte em uma concepção distinta de direitos humanos. Há que se reafirmar: muitos aspectos deste debate são comuns a diversas concepções, ainda que antagônicas. O que nos

---

40. Referimo-nos, especialmente, às provocações de Wallerstein, já citadas anteriormente.

41. A página eletrônica <www.dhnet.org.br> traz distintos artigos e visões a este respeito. Disponível em: <http://www.dhnet.org.br/direitos/sip/index.html>. Acesso em: 8 fev. 2012.

42. Parece-nos óbvio que estamos nos referindo à possibilidade de uma concepção universal de direitos humanos nos moldes da sociedade atualmente existente, ainda hegemonizada mundialmente pelo capitalismo. É possível que uma sociedade anticapitalista, que obtenha e construa hegemonia distinta da que hoje predomina, tenha condições de considerar contribuições distintas de cada formação sócio-histórica para uma nova organização societária em nível mundial.

parece evidente, no entanto, é que a análise de que, ainda na conjuntura internacional atual, teríamos dois blocos antagônicos se confrontando em torno de distintas concepções de direitos humanos se equivoca ao não relacioná-las com o leque mais complexo e desafiador de visões de mundo. Há concepções de direitos humanos que continuam — como registra Tonet em citação feita há pouco — reivindicando a necessidade de ruptura com a perspectiva capitalista. Há os que têm saudade — e disputam quotidianamente suas posições, não permitem que ela seja mero sentimento subjetivo — de formas anteriores, hierarquicamente muito mais estabelecidas, de organização societária. Há aqueles, ainda, que negam a possibilidade de entendimento dos fenômenos sociais a partir das classes e seus interesses em conflito (não reconhecem sequer sua existência). Tais características conformarão o terceiro capítulo deste livro, o que faz com que sigamos adiante com outras reflexões significativas para a apreensão do debate sobre os direitos humanos.

2.2.2 Dimensões complementares para o debate sobre distintas concepções

Há, contudo, dimensões complementares quando falamos de direitos humanos. Características peculiares à formação sócio-histórica de países e regiões, heterogeneidade existente na humanidade, conflitos entre segmentos populacionais em uma sociedade mediada pela competição e pela lógica da acumulação, preconceito, discriminação e estratégias estabelecidas pelo capital para ampliar os níveis de mais-valia de que se apropria estão, todas elas, de uma forma ou de outra, relacionadas a distintas dimensões que informam os debates sobre direitos humanos. Se não chegam a se conformar enquanto concepções que busquem explicar a luta pela efetivação de direitos em perspectiva de totalidade, ainda assim é necessário reconhecer seu impacto sobre o debate quanto aos direitos dos seres sociais — e certa interface com distintas concepções.

Vejamos, assim, algumas destas dimensões.

2.2.2.1 Formação sócio-histórica e realidades sociais específicas

É legítimo, tanto quanto esperado, que sociedades que vivenciaram horrores de ditaduras — como assassinatos, torturas, deportações e outras violências políticas afins (chegando a práticas como choques elétricos, torturas em gestantes e tantas outras[43]) — priorizem, em suas lutas e nos ângulos dos quais partem para discutir direitos humanos, elementos advindos desta realidade objetiva. Dornelles registra que diferentes contextos históricos latino-americanos fizeram com que lutas em defesa de direitos vistos como fundamentais para os seres sociais tivessem se convertido em ações políticas contra o caráter autoritário do Estado, "[...] transcendendo a questão da ilegalidade das práticas governamentais e passando ao questionamento da própria legitimidade do poder":

> Assim, os direitos humanos aparecem nesse contexto político como um meio de fazer política, de intervir positivamente no jogo político, de controlar as experiências existentes de exercício de poder e de criar alternativas ao poder estabelecido, a partir de um ponto de vista popular, através de ações que traduzem o caráter essencialmente político dos direitos humanos. (Dornelles, 2007, p. 47)

O mesmo pode ser dito para segmentos internos às classes sociais que, mesmo no âmbito interno a estas classes, convivem com imposições de desigualdades naturalizadas até mesmo entre seus pares — situações como a violência contra a mulher, o racismo, a homofobia, a lesbofobia, o machismo e suas diversas repercussões ilustram tal legitimidade. Denúncias de movimentos sociais e outras organizações dão conta de situações em que há espancamento e assassinato de população que vive nas ruas (pelo simples fato de ali habitarem) ou homossexuais (por demonstração de afeto ou até mesmo por suspeita quanto a sua orientação sexual); salários inferiores para mesmo

---

43. Cf., no que se refere ao Brasil, Arquidiocese de São Paulo, 2011.

trabalho executado são pagos a mulheres e negros;[44] pessoas com deficiências encontram maior dificuldade de obter trabalho, mesmo com a existência de políticas afirmativas para estas situações, há anos, no país; homens jovens (até 25 anos) e negros reúnem muito maior probabilidade de serem vítimas de violência letal; o sistema carcerário aprisiona negros em percentual absurdamente maior que o relativo a seu percentual na população que comete "delitos". É um equívoco ver tais situações — como o fazem muitas vezes analistas que reivindicam, inclusive, a teoria crítica em suas análises da sociedade —, quaisquer delas, como direitos "pequeno-burgueses", porque privilegiariam direitos e necessidades individuais. Além da própria noção de indivíduo poder ser muito distinta, a depender da leitura macrossocietária que se faça sobre a vida social, é preciso destacar a historicidade de tais eventos e o quanto ela atinge determinados segmentos sociais.

Estas realidades não são exclusivas do Brasil, nem da contemporaneidade. Há, por exemplo, em diferentes épocas históricas, situações em que segmentos internos às classes foram hiperexplorados para garantir maior lucratividade para o capital ou, ainda, para que trabalhadores não reconhecessem membros de sua própria classe como aliados para a luta mais geral em torno do modelo de organização societária. Marx, em *O capital*, ao discutir as lutas por limitações legais às jornadas de trabalho na Inglaterra entre 1833 e 1864, relata o quanto crianças, adolescentes e mulheres eram hiperexplorados, desrespeitando "todas as fronteiras estabelecidas pela moral e pela natureza, pela idade ou pelo sexo, pelo dia e pela noite" (2008a, p. 320). "Eram as orgias do capital", decreta o autor (loc. cit.). Em "branquearias" — para cujo trabalho eram contratadas especialmente moças — o calor, o

---

44. Segundo a Pesquisa Nacional por Amostra de Domicílios (PNAD) 2009, o rendimento médio percebido do trabalho por mulheres era de R$ 786,00, 67,1% do dos homens (R$ 1.171,00). A combinação de fatores como gênero e raça potencializa tais violações. Assim, mulheres negras tendem a receber salários inferiores menos que mulheres brancas que, por sua vez, recebem menos que homens; entre estes, negros são inferiorizados em relação aos brancos, em uma hierarquia de superexploração de mais-valia que não se explica apenas pelo fato de pertencerem à mesma classe social.

ambiente de trabalho, as jornadas sem limitação e outros fatores eram vistos por médicos como razões para doenças como tísica, bronquite, disfunções uterinas, histerias, reumatismo (Marx, 2008a, p. 340-341).

Dois registros são, ainda, aqui necessários. O primeiro: mesmo que diferenciações entre segmentos de classe, formações sociais e históricas e outros não nasçam, necessariamente, no capitalismo e nem sejam exclusivas a sociedades que o reivindicam e implementam, a sociabilidade individualista e a concepção que fundamenta este modo de produção exacerbam várias delas. Ao capitalismo interessa quem pode produzir (muitos) para a riqueza de outros (pouquíssimos). A relação com a produtividade e com a possibilidade de ter disponíveis pessoas para o trabalho potencialmente mais gerador de mais-valia interfere no tratamento dispensado a mulheres, crianças, surdos e, por incrível que possa parecer, mesmo homossexuais,[45] em vários momentos históricos. No capitalismo, no entanto, há uma tendência à naturalização destas diferenças, uma vez que os objetivos sociais hegemônicos encontram-se geralmente ligados a resultados econômicos possíveis — apropriados por poucos.

O segundo registro é, de certa forma, decorrente do anterior: se a superação de tais desigualdades específicas exige patamares superiores de relações sociais, baseados em valores culturais e humanitários negados pela sociedade capitalista, como vimos, muitas vezes elas foram desconsideradas ou secundarizadas por experiências que se reivindicaram socialistas. É recorrente em movimentos sociais e militantes da esquerda revolucionária a concepção de que tais direitos, embora venha crescendo a consciência em torno de seu reconhecimento e promoção, estariam em uma escala de prioridade inferior à consolidação das necessárias mudanças estruturais, de ordens econômicas,

---

45. O debate histórico sobre a homossexualidade não se dá descolado de razões econômicas ao longo dos tempos. Uma maior ou menor necessidade de "exército industrial de reserva" já esteve associada a políticas de maior ou menor tolerância a relações afetivas e sexuais não heterossexuais, que não teriam, por sua natureza, relação com a procriação e, portanto, não contribuiriam para o aumento ou a redução de taxas de natalidade. Portanto, teriam relação com a futura mão de obra disponível em cada país (cf. Spencer, 1996).

políticas e culturais. Quase que se solicita aos que vivem, quotidianamente, tais repercussões, que — mesmo na sociedade que se pretende igualitária e que ainda está por ser construída pelas lutas sociais — tenham paciência ou abram mão de tais questionamentos em nome de uma causa supostamente maior e mais universal. Sequer desafia-se a imaginar as razões pelas quais se estabelecessem tais contradições entre valores que devem caminhar juntos, lado a lado, disputados e implementados simultaneamente, como partes essenciais do mesmo processo de transformação social que possibilitará a construção de um mundo justo e da efetiva emancipação humana prevista por Marx (2009). Registre-se, contudo, que, em caráter progressista, esta realidade vem sendo aos poucos alterada em vários partidos operários e populares, bem como em movimentos sociais de temática mais ampla, como a luta pela terra. Há iniciativas como a abertura de espaços para reflexões que articulem as dimensões de classe social a heterogeneidades eventualmente existentes e que impactem a possibilidade de efetivo acesso a direitos por parte de alguns destes segmentos.

2.2.2.2 Direitos humanos, propriedade privada e o direito à segurança

Outra interessante polêmica existente entre os que apreciam e debatem o tema dos direitos humanos é a relação que pode ser estabelecida em relação a um suposto *direito à propriedade privada*. Tendo em vista sua fundamental importância para o debate sobre os direitos humanos em perspectiva crítica, esta dimensão merece um tratamento algo mais extenso, o que faremos ao longo das próximas páginas.

É possível afirmar, sem quaisquer receios, que direitos à liberdade, à igualdade, de ir e vir, a não ser torturado, a ter sua privacidade respeitada, a defesa em relação a acusações que eventualmente lhe sejam feitas, à comunicação, à livre expressão afetivo-sexual são tão importantes e fundamentais quanto direitos à saúde, à educação, à mobilização política, à seguridade social, ao trabalho protegido, à não discriminação por diferenças e heterogeneidades que caracterizam a humanidade. Como pudemos ver em seções anteriores, mesmo direitos como liberdade, igualdade e fraternidade, insígnias da Revolução Francesa, adquirem, ao longo da história e da conjuntura, significados específicos e particulares e que, salvo raras exceções, se confrontam com as perspectivas que lhes dão as classes dominantes. Cada época configurou conteúdos para tais direitos, a partir dos conflitos entre os interesses em disputa. É um equívoco recolocá-los em choque, como se fossem contraditórios e excludentes entre si. De sua amplitude e plena realização depende a possibilidade da efetiva emancipação humana comentada há pouco.

Mesmo outros direitos previstos como centrais pela concepção liberal reúnem amplas condições de ser vistos sob outra ótica. Um exemplo é o chamado direito à segurança. A concepção liberal o reivindica fundamentalmente como forma de manutenção e proteção de suas posses e riquezas. Nos termos de Marx,

> A segurança é o supremo conceito social da sociedade civil, o conceito da *polícia*, porque a sociedade toda apenas existe para garantir a cada um dos seus membros a conservação da sua pessoa, dos seus direitos e da sua propriedade. (Marx, 2009, p. 30, grifo original)

Para garanti-lo há inúmeras legislações penais que, via de regra, preveem penas de privação de liberdade àqueles que eventualmente o ameacem. Como consequência, a população carcerária vem crescendo a números assustadores em países nos quais a desigualdade social se acentua ou se mantém, inclusive nos chamados países desenvolvidos. Em todos eles as prisões vêm servindo, inequivocamente, para a defesa da propriedade privada, bem como para criminalizar pobres, determinados perfis étnicos ou comportamentais e movimentos sociais. Diferentes militantes têm apontado um crescente círculo vicioso em que, em vez de combater criminalidade e buscar reintegrar as pessoas privadas de liberdade ao efetivo convívio social, as prisões têm sido algumas das principais responsáveis pelo crescimento do crime organizado. Além disso, vêm se tornando focos privilegiados de torturas, tratamentos cruéis e desumanos, proliferação de condições sanitárias geradoras de adoecimento e morte, dentre outros fenômenos, chegando a relatos de decapitação de pessoas.[46]

Ainda que reconheçamos e registremos nossas críticas contundentes a este processo, é possível perceber em parte de nossas lutas certa absorção da perspectiva de que privar um sujeito social de liberdade contribua efetivamente para sua ressocialização. Interessante polêmica vem sendo estabelecida no campo democrático-popular sobre estas visões. Os que a ela são críticos afirmam tratar-se do crescimento e da consolidação de uma "esquerda punitiva". O termo é usado por Maria Lúcia Karam (2009), cunhado para denominar a esquerda que a autora identifica como "legitimadora do sistema penal". Em linhas gerais, trata-se de questionamento apontado pela chamada criminologia crítica — de inspiração marxista — que defende a necessidade de construção de uma sociedade sem prisões, apresentando aos que se utilizam do argumento da privação de liberdade para efeitos de acesso a direitos o alerta de que tal concepção contrapõe-se a um modelo de sociedade efetivamente justo, além de derrubar diferenças entre esquerda e direita no campo do debate sobre o sistema penal. Segundo a autora, tal perspectiva enfraquece, ainda, a luta por efetiva igualdade, além de substituir meramente a punição de oprimidos pela punição de opressores.

Do ponto de vista dos resultados imediatos e da denúncia pública de situações específicas de opressão, tais medidas — ainda que reafirmando tal lógica punitiva apontada por Karam — têm, inequi-

---

46. O Brasil foi recentemente denunciado à Organização dos Estados Americanos por movimentos sociais do Estado do Espírito Santo em função de denúncias de tortura e até mesmo decapitação de presos. As fotos que compõem o material apresentado à Corte Interamericana de Direitos Humanos são estarrecedoras (a quem tiver coragem, algumas delas são facilmente localizadas em diversas páginas eletrônicas). A denúncia foi apresentada em março de 2010. Em abril do mesmo ano aquela organização determinou ao governo brasileiro uma série de medidas cautelares para garantir a vida, a integridade e a saúde de pessoas privadas de liberdade especialmente no Departamento de Polícia Judiciária de Vila Velha (ES). A carceragem foi desativada pelo governo local em setembro do mesmo ano. As providências foram tema de relato em mesa realizada no mesmo seminário citado à nota de rodapé na página 136 (cf. Toledo, 2014).

vocamente, apresentado resultados. Por exemplo, a aprovação da Lei Maria da Penha gerou um importante avanço na luta contra a violência sofrida pelas mulheres; fez com que se ampliasse o debate em torno do quão é inadmissível a violência de gênero nas relações sociais, inclusive as intrafamiliares. Venturi e Recamán (2005, p. 61) nos mostram como esta é uma demanda legítima, ao analisarem resultado de pesquisa realizada pelo Núcleo de Opinião Pública da Fundação Perseu Abramo:

> O índice de uma mulher espancada a cada 15 segundos no Brasil ainda oculta parte da real extensão do problema. O mesmo pode-se dizer sobre as demais expressões da violência contra a mulher que foram investigadas, as quais apontaram índices igualmente obscenos: a cada 15 segundos uma brasileira é impedida de sair de casa, também a cada 15 segundos outra é forçada a ter relações sexuais contra sua vontade, a cada 9 segundos outra é ofendida em sua conduta sexual ou por seu desempenho no trabalho doméstico ou remunerado.

Outro exemplo da esfera da vida quotidiana é a previsão de privação de liberdade para homens que se separam de suas esposas e não assumem as responsabilidades previstas pela criação de filhos eventualmente gerados. Responsáveis por delegacias de mulheres no Brasil têm divulgado dados que demonstram que a cada dez homens que devem pensão alimentícia a seus filhos três chegam à privação de liberdade antes de assumirem tal despesa — quando o fazem. Embora legislações como a Lei Maria da Penha não tenham como única perspectiva a privação de liberdade, em sociedades em que se acentuam o caráter prisional das penas e a criminalização de diversas demandas da vida social, suas medidas preventivas acabam secundarizadas em nome da privação de liberdade.

Em contraponto a esta perspectiva, os que a denominam de "esquerda punitiva" argumentam — dentre outros aspectos — que os resultados finais do processo de aprisionamento são sempre prejudiciais a um modelo de sociedade justo. Embora não possamos desconsiderar os dados concretos apresentados pela realidade, parece-nos necessário (em perspectiva indicada por Jean Paul Sartre)[47] apontar a possibilidade — e a necessidade — de uma sociedade sem prisões.[48] Ela certamente terá que ser decorrência de uma sociabilidade pautada em novos valores éticos e políticos — o que nos remete de volta ao debate em torno do eventual direito à propriedade privada.

Uma sociedade sem propriedade privada dos meios de produção tende a reduzir desigualdades sociais — o que, certamente, gera impactos sobre fenômenos como violência e criminalidade. Embora não os elimine necessariamente, pode potencialmente reduzi-los a níveis residuais, que viabilizem cuidados de outra ordem que não a da privação de liberdade — tratamentos voltados para a saúde mental, por exemplo. Ou seja, não se trata de uma sociedade sem punições — em certa medida educativas, como na educação de crianças e adolescentes ou no estabelecimento de limites éticos para a atuação profissional de determinadas profissões —, mas, sim, de não definir punição exclusivamente como privação de liberdade.

Outro aspecto que podemos ressaltar e se relaciona com interpretações distintas sobre o direito à segurança é o crescimento inconteste da violência urbana — que acompanha a evolução da concentração de renda e riqueza nas mãos de poucos em detrimento de muitos. As maiores vítimas de uma sociedade que potencializa o crime são, como sempre, os integrantes de classes (e segmentos de classe) subalternizadas. Basta pensarmos em exemplos como os da violência policial e/ou o das milícias — fenômenos crescentes em todo o Brasil. É legítimo e necessário, portanto, construir uma apreensão alternativa para o direito à segurança — o que já vem sendo feito, de distintas formas, por diferentes experiências de mobilização popular. E é oportuno registrar que, historicamente, as punições para

---

47. Sartre afirmou, certa vez, que uma ideia, antes de ser concretizada, tem o que denominou uma estranha semelhança com a utopia (Santos, 2003, p. 14).

48. Oscar Wilde faz ótima reflexão sobre perspectivas punitivas para a organização da vida: "Uma sociedade se embrutece infinitamente mais pelo emprego frequente de punição do que pela ocorrência do crime. Segue daí que, quanto mais punição se aplica, mais crime se gera" (Wilde, 2003, p. 39-40).

eventuais "crimes" sempre foram distintas a depender de a quem se destinasse. Mészáros cita os padrões desiguais que Locke pretendia aplicar a pobres e a outros segmentos por eventuais infrações, em perspectiva cuja preocupação central seria "a racionalização da desigualdade dominante" (Mészáros, 2008, p. 159):

> O verdadeiro significado dos "direitos do homem" inerente a essa atitude torna-se transparente quando lembramos do padrão desigual que Locke quer aplicar, de um lado, aos pobres rigidamente controlados (aqueles que requerem passes especiais até para o "privilégio" de mendigar, com consequências terríveis para aqueles que infringem as regras: "Todo aquele que forjar um passe perderá as orelhas pela falsificação, da primeira vez que for considerado culpado de tal ato") e, de outro lado, àqueles que são responsáveis pelos pobres ("se qualquer pessoa morrer por necessidade de socorro, em qualquer paróquia em que a pessoa deveria ser socorrida, seja a referida paróquia multada de acordo com as circunstâncias do fato e a atrocidade do crime")[49] — sem mencionar a hierarquia social superior que toma a si o direito de sancionar estas medidas "esclarecidas". (Mészáros, ibid., p. 158-159)

Contudo, o mesmo não é possível afirmar em relação à propriedade privada dos meios de produção — em resumo, recursos naturais, maquinarias, indústrias de transformação da natureza. Tais propriedades têm que ser socializadas, cumprir a função social reivindicada pelo Movimento Sem Terra, por exemplo, no que se refere ao direito à terra (perspectiva, inclusive, reconhecida do ponto de vista legal, na Constituição Federal de 1988, no Brasil — fruto de enormes e seguidas lutas que marcam a historiografia nacional).

Não se podem deixar dúvidas sobre esta questão, sob pena de utilização indébita de um determinado discurso para as disputas em torno dos direitos humanos. Assim, a referência em relação à propriedade privada não é aqui feita em relação a pequenas posses de que

---

49. As citações são feitas a LOCKE, J. *Project for the reform of the poor law in England*, 1695.

dependemos para o desenvolvimento de nossas vidas (habitação, vestuário, alimentação, cultura, lazer etc.), mas àquela que organiza socialmente a produção econômica de dada sociedade. É oportuno, aqui, dialogar com Marx e Engels:

> Vocês se horrorizam com o fato de que queremos abolir a propriedade privada. No entanto, a propriedade privada foi abolida para nove décimos dos integrantes de sua sociedade; ela existe para vocês exatamente por que para nove décimos ela não existe. Vocês nos acusam de querer suprimir a propriedade cuja premissa é privar de propriedade a imensa maioria da sociedade. (2008, p. 35-36)

Hobsbawm demonstra como tais restrições se efetivavam na prática:

> [...] qualquer pessoa que possuísse uma propriedade era um "cavalheiro" e membro da classe dominante, e, vice-versa, o *status* de nobre ou de gentil-homem (que dava privilégios políticos e sociais e era ainda de fato a única via para os mais altos postos do Estado) era inconcebível sem uma propriedade. (Hobsbawm, 2010, p. 40-41, grifo original)

Portanto, eis um "direito" que — caso seja visto como tal — deve ser suprimido, porque se contrapõe à perspectiva de igualdade que pode viabilizar uma sociedade justa. Ainda que possamos reconhecer que ele foi resultado de disputas sociais em que os liberais saíram vitoriosos, sua efetivação nos moldes previstos privou do acesso ao mesmo direito a imensa maioria dos seres humanos do planeta, gerando como consequências empobrecimento, fome, miséria, mortes. Ética e ideologicamente, portanto, não se pode reconhecer a propriedade privada em tais moldes como direito. Como vimos, e ainda voltaremos a tratar no presente texto, para Marx e Engels (2009) a mediação fundamental na relação entre os seres sociais e a natureza é o trabalho. O direito — como a cultura, a arte e outras dimensões da vida — é dimensão dali originada. Trata-se, portanto, de mediação de segunda ordem, própria de uma determinada sociabilidade. No capitalismo, a tentativa de reconhecimento da propriedade privada (especialmente a dos meios de produção de riquezas) como direito não pretende apresentá-la como *um* dos direitos existentes, mas como *o* direito fundamental.

Há, contudo, quem não reconheça, no que se refere aos debates sobre direitos humanos, legitimidade para que se encontre, nos textos que os positivam, o reconhecimento da propriedade privada dos meios de produção como direito. Marques, ao discutir diferentes "senões" apresentados por determinados segmentos ao debate sobre direitos humanos faz a seguinte afirmação:

> No campo de oposição à ordem estabelecida — no qual se aponta a propriedade privada dos meios de produção como um elemento em frontal contradição com os interesses das maiorias — algumas vezes aparece a "reserva" segundo a qual os "direitos humanos" protegeriam "a propriedade". Na realidade, não existe um "direito humano à propriedade dos meios de produção", mas apenas uma interdição da privação arbitrária e discriminatória da propriedade. (Marques, 2011, p. 198)

O ilustrativo registro de Marques evidencia que se trata, uma vez mais, de uma determinada apropriação acerca de direitos previstos ao longo da história. Ainda assim, não podemos deixar de reconhecer que perspectivas liberais e reacionárias de direitos humanos interpretam tais textos à luz de seus interesses para a organização da sociedade. Propõem-se — e, na atual sociabilidade, obtêm êxito — a defender a propriedade privada como *direito*, inequívoco, inquestionável e fundamental. Propositalmente, não evidenciam a que propriedade fazem referência — sequer nos documentos legais de âmbito nacional, como as constituições federais de cada país. Favorecem, desta forma, uma apreensão de que a propriedade privada dos meios de produção estariam legitimadas no curso do debate sobre os direitos humanos e questionam qualquer tentativa de objeção à concentração de tais meios nas mãos de poucos. Provocam confusão ao afirmar, propositalmente, que os defensores do fim da propriedade privada capitalista, dos meios de produção de riquezas, defendem o fim de qualquer propriedade, mesmo aquela essencial para a vida.

Acerca da propriedade é oportuno registrar que ela não é unanimidade sequer entre autores das mesmas perspectivas que a defendem como um direito fundamental, como veremos na seção a seguir.

2.2.2.2.1 Os contratualistas e a propriedade

Vejamos parte do que escreveram sobre a propriedade autores contratualistas, com ampla contribuição teórica para o modelo liberal de organização social.

O primeiro deles é Thomas Hobbes (1588-1679). Sua obra tem como uma das características centrais a defesa de que o ser humano precisa se organizar a partir de algum modelo que evite o risco à vida. Ribeiro (2006, p. 51-77) demonstra como o medo é uma constante em seu pensamento. Para Hobbes, a vida no Estado de Natureza, em que cada um agiria por si, sem qualquer receio de represensões a seus comportamentos pessoais, geraria riscos constantes e praticamente inevitáveis. É preciso, portanto, estabelecer uma passagem ao Estado Civil, através de um contrato que determina ao Estado papéis que contenham o risco de guerra generalizada e riscos à vida (vista como direito natural, portanto disponível para todos), à segurança, ao conforto. Os seres humanos, portanto, se juntariam pela necessidade de combater o medo e a insegurança.

Ribeiro (ibid., p. 72) associa ao conforto o debate da propriedade, lembrando que a sociedade burguesa, que já luta por se afirmar nos tempos em que Hobbes vive, "[...] estabelece a autonomia do proprietário para fazer com seus bens o que bem entenda". Destaca, ainda, que a propriedade na Idade Média tem características específicas, sendo um direito limitado por costumes e obrigações próprias da época. Assim, um senhor de terras não poderia impedir que seus trabalhadores colhessem frutos e outros produtos na medida do necessário para sua sobrevivência. Um servo não podia deixar a gleba à qual estivesse ligado, mas também o senhor não poderia substituí-lo por outro, repassando ao novo servo o uso da terra.

Hobbes (2009, p. 177) liga o debate da propriedade ao Estado e às leis:

> A distribuição dos materiais [...] é o que constitui o *meu*, o *teu* e o *dele*, que se resumem na palavra propriedade. [...] A introdução da propriedade é um efeito do Estado. [...] Sobre isso estavam informados os antigos, que chamavam *nomos* (quer dizer, distribuição) àquilo que denominamos lei, e definiam a justiça como a distribuição a cada um do que é seu. (Grifos originais)

Para Hobbes cabe ao soberano a tarefa de atribuir as porções de propriedade a que cada um terá direito. Este soberano, independente da forma que tenha, o faz em nome do bem comum:

> O poder que um súdito tem sobre suas terras consiste no direito de excluir todos os outros súditos do uso dessas terras, mas não de excluir o soberano, quer este seja uma assembleia, quer um monarca. Como o soberano, ou seja, o Estado (cuja pessoa ele representa), não faz outra coisa a não ser ordenar a paz e a segurança de todos, mediante a distribuição das terras, essa divisão deve ser entendida como feita para esse fim. (Hobbes, ibid., p. 177-178)

Hobbes prevê, ainda, que o Estado pode reservar-se parcelas de terra, em nome de ter o suficiente para "[...] sustentar todas as despesas necessárias à paz e à defesa comuns" (loc. cit.). Ao soberano cabe, ainda, definir em que situações se estabelecem negociações com público externo e interno (ibid., p. 179), determinando

> de que maneira devem ser feitos os contratos entre os súditos, seja qual for o tipo (de compra, venda, troca, empréstimo, arrendamento), e mediante que palavras e sinais esses contratos devem ser considerados válidos.

Assim, propriedade, para Hobbes, não é um direito natural. Ela é criada pelo Estado e o soberano pode suspendê-la — posto que tais poderes lhes fossem conferidos pelos seres humanos em nome da defesa da vida e das situações previstas no pacto que conforma o Estado Civil.

Um segundo autor contratualista a discutir a propriedade é John Locke (1632-1704). Uma de suas contribuições mais conhecidas é, nas palavras de Mello (2006, p. 83), a "[...] crítica à doutrina das ideias inatas, formulada por Platão e retomada por Descartes". Para Locke o conhecimento humano vem da experiência. Esta teoria ficou conhecida como *tabula rasa*:

> Suponhamos, pois, que a mente é, como dissemos, um papel branco, desprovida de todos os caracteres, sem quaisquer ideias; como ela será suprida? [...] De onde apreende todos os materiais da razão e do conhecimento? A isso respondo, numa palavra, da experiência.[50]

Acerca da propriedade Locke terá distintas concepções em comparação a Hobbes. Para Locke, a propriedade já existe no Estado de Natureza, sendo anterior à sociedade e ao contrato. Constitui, portanto, "[...] um direito natural do indivíduo que não pode ser violado pelo Estado" (Mello, 2006, p. 85). À mesma página, o autor explicita como Locke descreve o processo pelo qual o ser humano toma para si a propriedade privada da terra:

> Como a terra fora dada por Deus em comum a todos os homens, ao incorporar seu trabalho à matéria bruta que se encontrava em estado natural o homem tornava-a sua propriedade privada, estabelecendo sobre ela um direito próprio do qual estariam excluídos todos os outros homens. O trabalho era, pois, na concepção de Locke, o fundamento originário da propriedade.

---

50. A citação, feita por Mello, é retirada da obra de Locke *Ensaio sobre o entendimento humano*, Livro II, cap. I, sec. 2. Em seu artigo, Mello não faz referência à edição utilizada.

Em textos selecionados por Mello, de autoria do próprio Locke,[51] podemos verificar que este autor acrescenta novos aspectos ao debate sobre propriedade. Vejamos alguns deles. Locke inclui a própria pessoa como propriedade:

> [...] cada homem tem uma "propriedade" em sua própria "pessoa"; a esta ninguém tem qualquer direito senão ele mesmo. Podemos dizer que o "trabalho" de seu corpo e a "obra" das suas mãos são propriamente seus. Seja o que for que ele retire do estado que a natureza lhe forneceu e no qual o deixou, fica-lhe misturado ao próprio trabalho, juntando-se-lhe algo que lhe pertence e, por isso mesmo, tornando-o propriedade dele. (Locke, apud Mello, 2006, p. 94)

Reconhece que excedentes devem ser destinados a terceiros:

> Desde que esse "trabalho" é propriedade indiscutível do trabalhador, nenhum outro homem pode ter direito ao que foi por ele incorporado, pelo menos quando houver bastante e igualmente, de boa qualidade em comum para terceiros. [...] Tanto quanto qualquer um pode usar com qualquer vantagem para a vida antes que se estrague, em tanto pode fixar uma propriedade pelo próprio trabalho; *o excedente ultrapassa a parte que lhe cabe e pertence a terceiros.* (Locke, apud Mello, ibid., p. 94, grifo nosso)

Contudo, Locke responsabiliza os próprios seres humanos, via um consenso valorativo estabelecido por estes, pela possibilidade de desigualdade no acúmulo de terras e propriedades:

> Mas como o ouro e a prata são de pouca utilidade para a vida humana em comparação com o alimento, com o vestuário e transporte, tendo valor somente pelo consenso dos homens, enquanto o trabalho dá em grande parte a medida, é evidente que os homens concordaram com a posse desigual e desproporcionada da terra, tendo descoberto, median-

---

51. Citação a LOCKE, John. *Two treatsises of civil government*. Trad. Cid Knipell Moreira. London: Erevyman's Library, 1966. p. 117-241.

te consentimento tácito e voluntário, a maneira de um homem possuir licitamente mais terra do que aquela cujo produto pode utilizar, recebendo em troca, pelo excesso, ouro e prata que podem guardar sem causar dano a terceiros. (Locke, apud Mello, 2006, p. 95)

Com o dinheiro, portanto, teria surgido "[...] uma nova forma de aquisição da propriedade, que, além do trabalho, poderia ser adquirida pela compra" (Mello, 2006, p. 85).

Parte das concepções lockeanas pode ser encontrada, obviamente atualizada, em debates contemporâneos dos direitos humanos e mesmo em concepções negadas pelos pensadores liberais da nossa época. Um exemplo é a defesa da função social da terra e da imposição do limite à propriedade privada, de forma a não gerar prejuízo ou eliminar o mesmo *direito* a outrem.

O último autor contratualista que citaremos é Jean-Jacques Rousseau (1712-1778). Boa parte de suas ideias também são defendidas até os dias atuais por diferentes correntes teóricas. Para o autor, o sujeito é soberano, no âmbito da comunidade. Há que se pensar limitações para o poder e participação popular via diferentes mecanismos — dentre eles encontram-se experiências de democracia direta, como o voto plebiscitário sobre determinados temas de interesse de toda a sociedade. Outros princípios defendidos pelo autor são a busca da vontade geral entre todos os seres humanos e a igualdade definida pela lei.

Como vimos anteriormente, o autor afirma que a sociedade civil foi fundada por seres humanos no momento em que alguém decidiu dizer que determinado pedaço de terra era seu. Rousseau não se escusa de criticar duramente tal medida:

Quantos crimes, guerras, assassínios, misérias e horrores não teria poupado ao gênero humano aquele que, arrancando os postes ou preenchendo o fosso, tivesse gritado aos seus semelhantes: "Evitai dar ouvidos a esse impostor; estareis perdidos se esquecerdes que os frutos são de todos e a terra, de ninguém!". (Rousseau, 2010, p. 119)

Mas reconhece que a ideia de propriedade era anterior:

> [...] tal ideia de propriedade, dependendo de muitas ideias anteriores que só podem ter nascido sucessivamente, não se formou de repente no espírito humano. Foi preciso fazer muitos progressos, adquirir muita indústria e luzes, transmiti-las e ampliá-las de época em época, para chegar a este último termo do estado de natureza. (Rousseau, 2010)

Ao longo do *Discurso sobre a origem e os fundamentos da desigualdade entre os homens* (Rousseau, ibid.), o autor discorre sobre como a espécie humana foi estabelecendo a vida em sociedade, buscando superar desafios para sua própria sobrevivência e dificuldades naturais, como escassez de alimentos, frio, desastres naturais e outros fenômenos. Demonstra que ela aprendeu a utilizar elementos da natureza como armas de caça e, eventualmente, de enfrentamento de outros seres de sua própria espécie para preservar seus interesses. O autor tece um contundente elogio ao estado de natureza, em citação a Locke:

> Ora, nada é tão meigo quanto ele [o ser humano] no seu estado primitivo, quando, colocado pela natureza à igual distância da estupidez dos brutos e das verdades funestas do homem civil e, compelido da mesma forma pelo instinto e pela razão a defender-se do mal que o ameaça, é impedido pela piedade natural de fazer mal a alguém, sem a isso ser levado por alguma coisa, mesmo depois de atingido por algum mal. Pois, segundo o axioma do sábio Locke, *não pode haver afronta onde não há propriedade*. (Ibid., p. 206, grifo original)

Percebe na evolução da sociedade civil traços que levam a comportamentos geradores da desigualdade:

> Desde que se apercebeu de que seria útil a um só indivíduo contar com provisões para dois, desapareceu a igualdade, a propriedade se introduziu, o trabalho se tornou necessário [...] e [...] viu-se logo a escravidão e a miséria germinarem e crescerem com as colheitas. (Ibid., p. 207)

Rousseau diferencia o direito à propriedade das "leis naturais":

> Quando os antigos, diz Grócio, deram a Ceres o epíteto de legisladora e a uma festa famosa em sua honra o nome de Tesmofórias, deram a entender com aquilo que a partilha das terras produziu um novo tipo de direito. Ou seja, o direito de propriedade, diferente do que resulta da lei natural. (Rousseau, 2010, p. 127)

O autor expressa, nos trechos citados, uma visão negativa de efeitos da propriedade sobre a sociabilidade humana. De certa forma ela contribuiu para a perda da "liberdade natural" dos seres humanos e foi geradora de desavenças e consequências nefastas para os mesmos. A partir destas constatações Rousseau defenderá a necessidade de um contrato social,

> através do qual os homens, depois de terem perdido sua liberdade natural, ganhem, em troca, a liberdade civil. [...] No processo de legitimação do pacto social, o fundamental é *a condição de igualdade das partes contratantes*. (Nascimento, 2006, p. 195-196, grifo nosso)[52]

Neste novo quadro proposto, que resgata a dimensão do "dever-ser de toda ação política" (Nascimento, 2006, p. 195), Rousseau acredita que as cláusulas do contrato reduzir-se-ão a uma só:

> a alienação total de cada associado, com todos os seus direitos, a toda a comunidade. Porque, primeiramente, se cada um se doa por inteiro, a condição é igual para todos, e, sendo a condição igual para todos, ninguém tem interesse em torná-la onerosa aos outros. (Rousseau, 2011, p. 66)

Mészáros (2008, p. 160) afirma que Rousseau é "o mais radical dos predecessores de Marx". Ainda assim, localiza também em suas contribuições a defesa da propriedade como *direito*:

---

52. A suposta igualdade entre as partes, no contrato, desconsiderando igualdades reais de condições de disputá-lo e conformá-lo é, como vimos, uma das defesas feitas pelo pensamento liberal.

É certo que o direito de propriedade é o mais sagrado de todos os direitos de cidadania, e até mais importante, em alguns aspectos, que a própria liberdade; [...] a propriedade é a verdadeira base da sociedade civil, é a garantia real dos empreendimentos dos cidadãos: pois, se a propriedade não fosse adequada às ações pessoais, seria muito fácil burlar os deveres e rir das leis.[53]

Percebe-se, portanto, que em uma mesma perspectiva teórica é possível conviver com diferentes concepções também sobre propriedade e os processos que a levaram a ser reivindicada, em determinadas situações históricas, como direito. Hobsbawm, sobre autores vistos nesta seção, situa que isto não impede que certas correntes liberais fizessem suas opções entre os diferentes contratualistas:

> O filosoficamente débil John Locke, mais que o soberbo Thomas Hobbes, continuou sendo o pensador favorito do liberalismo vulgar, pois, ao menos, ele colocava a propriedade privada além do alcance da interferência e do ataque, como o mais fundamental dos "direitos naturais". (Hobsbawm, 2010, p. 373-374)

Vejamos, brevemente, outras concepções que debaterão o tema sob outros prismas.

2.2.2.2.2 Marx e Engels: é necessário abolir a propriedade

As diferenças encontradas entre autores de outras filiações teóricas não nos impede de perceber que são Marx e Engels quem efetivam a crítica de fundo à sociedade organizada sob a lógica da propriedade privada dos meios de produção. Aqui não se trata mais de diferentes percepções sobre como deva ser caracterizada a propriedade como *direito*, mas, sim, de negá-la enquanto tal. A defesa dos autores está relacionada com a forma como veem a relação entre

---

53. J. J. Rousseau, *A discourse on political economy* (1758), apud Mészáros, 2008, p. 160.

a propriedade privada e a organização da sociedade capitalista, centro de sua crítica. Identificam, no entanto, que a supressão de quaisquer relações de propriedade não é o marco distintivo da organização societária que propõem:

> As relações de propriedade sempre passaram por mudanças e transformações históricas. A Revolução Francesa, por exemplo, suprimiu a propriedade feudal em prol da propriedade burguesa. O que caracteriza o comunismo não é a supressão da propriedade em si, mas a supressão da propriedade burguesa. (Marx e Engels, 2008, p. 32)

E evidenciam como veem a propriedade privada na sociedade capitalista e qual é a tarefa dos comunistas diante deste quadro:

> Porém, a propriedade burguesa moderna constitui a última e mais completa expressão do modo de produção e apropriação baseado em antagonismos de classes, na exploração de uma classe por outra. Nesse sentido, os comunistas podem resumir suas teorias em uma única expressão: supressão da propriedade privada. (Loc. cit.)

Mézsáros assim comenta a defesa de Marx e Engels, acrescentando reflexões sobre a utilização dos direitos humanos pela burguesia para o combate ao feudalismo:

> Não podemos tratar detalhadamente dos motivos pelos quais a oposição burguesa à ideologia feudal teve de defender os direitos do "homem", insistindo na alienabilidade da terra e, com ela, na igualdade do direito de posse e aquisição. [...] Essa insistência sobre os 'direitos do homem' não é mais do que um postulado legalista-formal e, em última instância, vazio. É precisamente essa última característica que coincide com a censura sarcástica de Marx, pois a aplicação da pretendida igualdade de direitos à posse culminou em uma contradição radical, posto que implicou necessariamente a *exclusão* de todos os outros da posse efetiva, restrita a um só indivíduo. (Mészáros, 2008, p. 159, grifo original)

Tal propriedade é, portanto, elemento constitutivo da diferença entre as classes sociais:

> Os proprietários de simples força de trabalho, os proprietários de capital e os proprietários de terras, cujas respectivas fontes de receita são o salário, o lucro e a renda do solo, ou seja, os operários assalariados, os capitalistas e os latifundiários, formam as três grandes classes da sociedade moderna, baseada no regime capitalista de produção. (Marx, In: Ianni, 1982, p. 99)

O *direito* à posse privada gera impactos para o debate sobre direitos humanos, alterando-lhe sua essência, novamente na opinião de Mészáros:

> As teorias burguesas que defendem de maneira abstrata os "direitos do homem" são intrinsecamente suspeitas, porque também defendem os direitos da alienabilidade universal e posse exclusiva e, dessa maneira, contradizem necessariamente e invalidam de modo efetivo os mesmos "direitos do homem" que pretendem estabelecer. De acordo com Marx, a solução para essa contradição só pode ser examinada no terreno da prática social, no qual ela se origina. E ele identifica a solução enquanto extinção necessária do direito à posse exclusiva: o direito que serve como suporte legal supremo a toda a rede de relações de exploração que transformam os "direitos do homem" em uma chacota obscena da sua própria retórica. (Loc. cit.)

Posteriormente Marx demonstrará como estas classes, na sociedade capitalista, conformam-se em duas classes fundamentais: a burguesia, que detém a propriedade dos meios de produção e se apropria, privadamente, da riqueza socialmente produzida; e o proletariado, que é proprietário apenas de sua força de trabalho. Rosdolsky (2001, p. 44) registra que os proprietários de terras não são desnecessários para a existência do modo de produção capitalista. Mas credita a David Ricardo, especialmente, a percepção de que há uma divisão dual entre capitalista e trabalhador assalariado, por sua relação direta com o processo de produção e geração da mais-valia.

No que se refere aos direitos humanos, Marx volta ao tema em obra que é vista como uma de suas principais críticas à forma como eles são concebidos pela Revolução Francesa. Vejamos:

> Mas o direito humano à liberdade não se baseia na vinculação do homem com o homem, mas, antes, no isolamento do homem relativamente ao homem. É o *direito* desse isolamento, o direito do indivíduo *limitado*, limitado a si. A aplicação prática do direito humano à liberdade é o direito humano à *propriedade privada*. (Marx, 2009, p. 30, grifos originais)

Não se trata, portanto, de uma crítica genérica aos direitos humanos, mas de apreciar a funcionalidade do discurso liberal sobre a temática, que tenta justificar, ideologicamente, a sociedade capitalista que a Revolução Francesa, dentre outros processos de menor impacto, buscou consolidar.

Já nos parece possível afirmar, assim, que um diferencial fundamental entre distintas concepções de direitos humanos em disputa é o reconhecimento ou não de um direito à propriedade privada — e não de qualquer propriedade, mas daquela que gera riquezas. Especialmente vista na lógica da sociedade capitalista, e observados os resultados concretos gerados pela sociabilidade que ela instala (bem como seus desdobramentos políticos, econômicos, culturais, ideológicos), é preciso apontar que mesmo concepções não essencialmente marxistas de direitos humanos, caso defendam sua universalidade e a perspectiva de sua implementação a partir do acúmulo internacional posterior às duas grandes guerras mundiais, se confrontam com a lógica e a sociabilidade do mundo do capital. É oportuno reconhecer que Tocqueville — também um autor não identificado com as perspectivas marxianas e marxistas — anteviu este processo:

> [...] dentro em pouco, a luta política irá estabelecer-se entre homens de posses e homens desprovidos de posses; o grande campo de batalha

será a propriedade. (Tocqueville, em *Souvenirs*, In: *Ouevres completes*. Paris: Gallimard, t. 12, p. 37, apud Comparato, 2008, p. 65)

2.2.2.3 Direitos humanos e distintas leituras de suas potencialidades

Como vimos, há possibilidade de diferentes leituras sobre as potencialidades e limites dos direitos humanos. O tema tem recebido maior atenção de diversos autores, pesquisadores, profissões e militantes, nas mais distintas apreensões possíveis. Nesta seção adicionaremos alguns apontamentos de autores que não se referem, diretamente, às dimensões tratadas nos dois itens anteriores (retomando: formação sócio-histórica, realidades específicas, direitos à segurança e à propriedade). Ainda que algumas destas dimensões já tenham sido tratadas no debate sobre as concepções acerca do que seja o direito, vale registrar a existência destes debates também no que se refere aos direitos humanos.

Há autores que destacam, no debate sobre direitos humanos, sua forma jurídica. Trindade (2011), ao analisar a contribuição de Marx e Engels para o debate, faz uma rápida passagem pela maioria dos principais textos dos autores. No que se refere ao *Manifesto do Partido Comunista*, destaca:

> Resta algo para o direito e para os direitos humanos, no *Manifesto do Partido Comunista*? Resta pouco. Seria mesmo surpreendente que um panfleto empenhado em concitar à revolução social *se preocupasse com as formas jurídicas*. (Trindade, 2011, p. 153, grifos nossos)

No questionamento do autor há, aparentemente, uma vinculação do debate sobre direitos humanos quase que exclusivamente com sua forma jurídica. Trata-se de observação algo surpreendente, posto que em suas duas obras mais densas e conhecidas sobre direitos humanos[54]

---

54. Cf. Trindade, 2002; 2011.

o autor destaca diversas dimensões para a apreensão deste tema, especialmente o que denomina ser sua história social. Há, portanto, que se reconhecer, inevitavelmente, a existência de uma dimensão jurídica nos direitos humanos, mas que não é a única. Marques contribui para pensarmos que lugar tem esta dimensão:

> Os direitos humanos não podem ser reduzidos ao seu "momento jurídico", como tendem a fazer alguns profissionais do campo do Direito. [...] Do mesmo modo, os direitos humanos não podem ser tratados seriamente de forma apartada de seu inelimável "momento jurídico", como parecem tender a fazer alguns dos interlocutores do campo das Ciências Sociais de forma geral. Pelo menos uma parte decisiva do significado de "direitos humanos" diz respeito a um conjunto normativo — padrões de "dever ser" — de elevado grau de positivação (ou seja, traduzido em normas postas, estabelecidas). Tratá-los, como muitas vezes acontece, como um tema meramente especulativo — como, aliás, jamais é feito em relação às normas que tratam das finanças, do mercado, assalariamento — é já começar por tentar derrotá-los. (Marques, 2011, p. 196)

Como outros fenômenos sociais, o direito (e com ele, os direitos humanos) — ambos vistos em suas diversas dimensões — estão sujeitos às alterações próprias da materialidade da vida real, das disputas entre classes e da evolução dialética da história delas advindas. A afirmação vale, também, para o que os autores denominam "momento jurídico". Aliás, a potencialidade desta dimensão tem sido — ainda e infelizmente — muito pouco utilizada não apenas pelos que se denominam militantes em defesa de direitos humanos, mas mesmo na esfera da atuação profissional de inúmeros trabalhadores sociais brasileiros. Reforça-se uma tendência, equivocada, de lamentar que determinadas situações não teriam como sofrer qualquer alteração a não ser com a derrota global do modo de produção capitalista. Na contramão desta perspectiva, há valorosas iniciativas de utilizar as contradições existentes na própria dimensão jurídica dos direitos humanos em prol da denúncia de injustiças geradas pelo capitalismo

— muitas delas, inclusive, no campo do trabalho, central para a disputa por um novo modelo de sociedade, justo e libertário. São exemplos de iniciativas afins as denúncias internacionais quanto ao trabalho escravo e infantil, quanto ao tráfico de pessoas para atuarem em outros países em situação de escravidão ou semiescravidão, quanto à situação atual do sistema carcerário (e penal) brasileiro, quanto aos conflitos de terra e assassinatos de trabalhadores no campo, dentre outras violações de direitos humanos. Os constrangimentos aprovados internacionalmente, a visibilidade alcançada a partir de tais ações, bem como eventuais (ainda que tímidas, insuficientes e limitadas) reparações aos sujeitos sociais que tiveram seus direitos violados não nos deixa dúvidas de tais potencialidades. Elas contribuem para a luta anticapitalista, inclusive à medida que abre diálogo com setores sociais que não conseguem estabelecer conexões entre a esfera da organização macrossocietária da vida social com os diversos temas tratados pelos militantes de direitos humanos. O que, obviamente, não elimina a necessidade de apontar a urgência da derrota do modelo de organização social vigente, se quisermos garantir um mundo justo e digno para todos os seres sociais. Trata-se, nas palavras de Marques, de reconhecer que é possível realizar lutas por direitos humanos em perspectiva efetivamente emancipatória:

> Os direitos humanos — sucedâneos que são das promessas emancipatórias da modernidade — não podem avançar consistentemente sem o recuo desta ordem [capitalista] com a qual estabelece contradições insanáveis e não se realizarão plenamente sem a sua suplantação. Parece então importante frisar um aspecto que diz respeito às relações entre a luta pela transformação do mundo e as lutas pelos direitos humanos. Aquilo que alternativamente poderíamos chamar do lugar que ocupam num projeto emancipatório, ou seja, de transformação profunda da ordem vigente. (Marques, 2011, p. 205)

Certo é que este processo é, foi e será repleto de contradições próprias das diversas conjunturas e situações objetivas da vida social. Deve-se registrar, inclusive, que esta não é uma percepção exclusiva dos autores de estrita filiação marxista. Vejamos como Bobbio, por exemplo, se refere ao direito ao trabalho:

> O direito ao trabalho nasceu com a Revolução Industrial e é estreitamente ligado à sua consecução. Quanto a este direito, não basta fundamentá-lo ou proclamá-lo. Nem tampouco basta protegê-lo. O problema de sua realização não é nem filosófico nem moral. Mas tampouco é um problema jurídico. É um problema cuja solução depende de um certo desenvolvimento da sociedade e, como tal, desafia até mesmo a Constituição mais evoluída e põe em crise até mesmo o mais perfeito mecanismo de garantia jurídica. (Bobbio, 2004, p. 43-44)

Bobbio não chega a registrar que o acesso universal e justo ao que seria um direito ao trabalho depende da luta de classes.[55] Faz a afirmação acima para ilustrar como, em sua opinião, os dois tipos ou concepções de direitos humanos que observa em disputa (liberal e socialista — 2004, p. 43) tenderiam a, em determinadas conjunturas, violar direitos humanos:

> Mesmo o mais liberal dos Estados se encontra na necessidade de suspender alguns direitos de liberdade em tempos de guerra; do mesmo modo, o mais socialista dos Estados não terá condições de garantir o direito a uma retribuição justa em épocas de carestia. (Ibid., p. 43)

Se há ausência do reconhecimento das classes sociais como elementos centrais para a análise da vida social, também há na afirmação do autor uma aparente eterna contradição entre condições objetivas de implementação de direitos, o que implicaria em sua violação por distintas sociedades, de distintas perspectivas. Não se imagina, portanto, a possibilidade de uma sociedade em que os direitos pudessem ser plenamente satisfeitos, restringindo a apreciação a experiências do tempo histórico do autor. Ainda assim,

---

55. *Classes* é uma categoria de que Bobbio pouco se utiliza ao longo da obra aqui utilizada. Faz, inclusive, diversas concessões a concepções pós-modernas de leitura da sociedade, como veremos adiante, em parte do capítulo 3.

Bobbio registra que direitos não se efetivam no campo da mera proclamação, da filosofia, da moral ou das leis. Reconhece, ainda que por vias distintas, o caráter das lutas sociais existentes no debate sobre os direitos humanos.

Marx, ao discutir o valor da força de trabalho, acresce outros elementos à conhecida definição de que ele se dê a partir das necessidades de reprodução dos trabalhadores que, livremente,[56] vendem sua força de trabalho ao capitalista. Segundo ele,

> As próprias necessidades naturais de alimentação, roupa, aquecimento, habitação etc., variam de acordo com as condições climáticas e de outra natureza de cada país. Demais, a extensão das chamadas necessidades imprescindíveis e o modo de satisfazê-las *são produtos históricos* e dependem, por isso, de diversos fatores, em grande parte do grau de civilização de um país e, particularmente, das condições em que se formou a classe dos trabalhadores livres, com seus hábitos e exigências peculiares. Um elemento *histórico e moral* entra na determinação do valor da força do trabalho, o que a distingue das outras mercadorias. Mas, para um país determinado, num período determinado, é dada a quantidade média dos meios de subsistência necessários. (Marx, 2008a, p. 201, grifos nossos)

Rosdolsky assim interpreta este trecho de *O capital*:

> O montante dessas necessidades, acrescentamos, também depende de expectativas mais recentes, expectativas que a classe trabalhadora consegue tornar reais em sua luta sindical e política contra a classe

---

56. "A força de trabalho só pode aparecer como mercadoria no mercado enquanto for e por ser oferecida ou vendida como mercadoria pelo seu próprio possuidor, pela pessoa da qual ela é a força de trabalho. A fim de que seu possuidor a venda como mercadoria, é mister que ele possa dispor dela, que seja proprietário livre de sua capacidade de trabalho, de sua pessoa. Ele e o possuidor do dinheiro encontram-se no mercado e entram em relação um com outro como possuidores de mercadoria, dotados de igual condição, diferenciando-se apenas por um ser o vendedor e outro o comprador, sendo ambos, juridicamente, pessoas iguais" (Marx, 2008a, livro I, capítulo IV, p. 198).

capitalista, caso os êxitos obtidos por aquela não sejam apenas transitórios. Marx destaca expressamente o "elemento histórico e moral" que intervém na determinação do valor da força de trabalho. (Rosdolsky, 2001, p. 238)

Trata-se, assim, de outra dimensão dos direitos que — embora acentuada por autores de filiação marxista — também é reconhecida por Bobbio — ainda que não sem algumas possíveis contradições. Dialogando sobre as críticas aos limites da Declaração Universal de Direitos Humanos, o autor registra que ela não pode ser vista como a-histórica ou independente das transformações sociais mais gerais:

> Com relação ao conteúdo, ou seja, à quantidade e à qualidade dos direitos elencados, a Declaração não pode apresentar nenhuma pretensão de ser definitiva. Também os direitos do homem são direitos históricos, que emergem gradualmente das lutas que o homem trava por sua própria emancipação e das transformações das condições de vida que essas lutas produzem. (Bobbio, 2004, p. 31)

Reconhece que os direitos do ser social vão além daqueles previstos em sua dimensão positivada — neste aspecto há uma possível contradição com citações já feitas ao mesmo autor, quando acentuava a necessidade de reconhecimento jurídico para a efetividade dos direitos:[57]

> Os Direitos elencados na Declaração não são os únicos e possíveis direitos do homem: são os direitos do homem histórico, tal como este se configurava na mente dos redatores da Declaração após a tragédia da Segunda Guerra Mundial, numa época que tivera início com a

---

57. É importante registrar, no entanto, que o próprio autor ressalta, na obra aqui referida (*A era dos direitos*) que o livro é uma compilação de manifestações, palestras, comunicações apresentadas pelo autor ao longo de vários anos. Ou seja, é bastante possível que alterações ou precisões em perspectivas defendidas pelo autor digam respeito a sua sensibilidade para com a análise de momentos conjunturais distintos — afinal, o próprio Bobbio ressalta que os direitos humanos dialogam, necessariamente, com a história e as lutas sociais.

Revolução Francesa e desembocara na Revolução Soviética. (Bobbio, 2004, p. 33)

Deixa, no entanto, de ir além em suas constatações acerca dos direitos humanos como resultado das lutas sociais ao analisar uma de suas dimensões do devir. Vejamos:

> Olhando para o futuro, já podemos entrever a *extensão da esfera do direito* à vida das gerações futuras, cuja sobrevivência é ameaçada pelo crescimento desmesurado das armas cada vez mais destrutivas, assim como *a novos sujeitos, como os animais,* que a moralidade comum sempre considerou apenas como objetos, ou, no máximo, como sujeitos passivos, sem direitos. (Ibid., p. 59, grifos nossos)

Nosso grifo à citação de Bobbio pretende destacar o possível reconhecimento de animais irracionais como *sujeitos* de direitos. Não há, exceto na ficção,[58] registro de lutas sociais destes animais em busca de seus *direitos*. Trata-se, portanto, de uma possível referência do autor à ideia marshalliana de onda sucessiva de direitos.

Mészáros é outro autor que aponta potencialidades no debate quanto aos direitos humanos, desde que visto em perspectiva de totalidade e relacionado com a estrutura social efetivamente existente. Para o autor, as complexas interações dialéticas em torno da ideia de direitos humanos se tornam compreensíveis e verdadeiramente significativas na análise do metabolismo social, do papel da superestrutura legal e política e outras dimensões da realidade. Contudo,

> Quaisquer que sejam as determinações materiais de uma sociedade de classe, suas contradições são toleráveis apenas até o ponto onde começam a ameaçar o próprio metabolismo social fundamental. Quando isso

---

58. É possível citar tanto o cinema ("A fuga das galinhas", lançado em 2000, dirigido por Peter Lord e Nick Park) quanto a literatura (*A revolução dos bichos*, de George Orwell, 2003). São ótimas metáforas de como os homens, seres sociais, se organizam, mas, nunca, de como os demais seres vivos o fazem na vida real.

acontece, a autolegitimação dessa sociedade é minada radicalmente e seu caráter de classe é rapidamente mascarado, através de seu fracasso em se manter como sistema correspondente às necessidades dos direitos humanos elementares. (Mészáros, 2008, p. 165)

Para o autor, paradoxalmente, o apelo anterior e bem-sucedido, ideologicamente, aos direitos humanos se voltaria rapidamente contra a própria sociedade que lhes nega,

uma vez que, à época de uma crise devastadora do próprio metabolismo social, não é mais capaz de se proclamar como representante da realização mais adequada às aspirações humanas. (Loc. cit.)

É certo que há, na atualidade, o crescimento de contribuições e análises, tanto acadêmicas quanto de movimentos sociais ambientalistas, que argumentam a existência de *direitos* dos animais irracionais — ou, mesmo, embora não citados por Bobbio, *direitos* da natureza. Embora o próximo capítulo, no momento em que tratar a concepção aqui denominada dialética de direitos humanos, vá voltar aos aspectos centrais que configuram nossos questionamentos a tal interpretação, vale adiantá-los em linhas gerais.

Já dissemos, à luz das contribuições de Marx e de Lukács, que a espécie humana se diferencia dos demais seres vivos por determinadas características. Dentre elas encontram-se, fundamentalmente, sua capacidade teleológica e sua relação com o trabalho, em sua dimensão de transformação da natureza. É assim que o ser humano — ser social, portanto, já que tais dimensões não se realizam com cada um tentando se reduzir a uma mônada, como afirma Marx (2009) — reconhece necessidades básicas para sua vida e, na relação com a natureza e com outros seres sociais, faz surgir, inclusive, novas necessidades que as condições sociais, a conjuntura, a organização macrossocietária e as lutas dos subalternizados, dentre outros possíveis fatores, transformarão em direitos (não só em sua dimensão positivada, mas também, possivelmente, nela).

Se esta perspectiva está correta (e acreditamos que esteja) é necessário questionar a hipótese de existência de direitos que não sejam humanos. Como dissemos, *direitos* dos animais irracionais e/ou da natureza vêm se constituindo em parte das preocupações de diferentes sujeitos. Trata-se de evolução em sentido progressista, posto que demonstre preocupações também éticas dos seres sociais com outros seres vivos. Caso tais direitos venham a ser um dia reconhecidos não deixarão, no entanto, de existir para atender a interesses, condições de vida e subsistência ou, ainda, concepções político-ideológicas ou ético-valorativas do ser humano. É para a garantia da vida humana que se submete a natureza em seus mais diversos aspectos. Em outras palavras: ao reconhecer possíveis *direitos* a animais irracionais e à natureza é preciso registrar que se trata de uma nova dimensão *da vida humana*, que registra (não apenas por razões de ordem moral, mas de sobrevivência no planeta Terra) que o modelo de consumo e de extração das riquezas naturais pode provocar o fim, em médio prazo, de sua própria existência. Trata-se, portanto, de *direitos* que realizariam, sempre, uma mediação que parte do ser social (o indivíduo social, o ser humano) e se dá com outros seres vivos (animais e natureza). A sobrevivência das espécies não humanas obedece a outras lógicas que aquelas que regem nossas vidas — inclusive (embora não apenas) a própria intervenção humana na busca da satisfação de suas necessidades.[59] Ainda que cheguemos, em um determinado estágio de hegemonia de valores éticos em torno da vida dos animais e da natureza, a reconhecer, legal e legitimamente, formas de sua preservação, tais construções serão essencialmente humanas.[60] Não serão,

---

59. Não estamos nos referindo apenas às necessidades fisiológicas dos seres humanos. Um dos ramos dos debates existentes em torno de possíveis direitos dos animais, por exemplo, defende ser cruel o tratamento dado a espécies como cavalos, bois, galos, cachorros em rodeios ou brigas entre animais, que teriam por objetivo hipotética distração e pretenso entretenimento humanos.

60. Marx assim diferencia o trabalho humano de produções de outros animais: "Pressupomos o trabalho sob forma exclusivamente humana. Uma aranha executa operações semelhantes à do tecelão, e a abelha supera mais de um arquiteto ao construir sua colmeia. Mas o que distingue o pior arquiteto da melhor abelha é que ele figura na mente sua construção antes de transformá-la em realidade. No fim do processo de trabalho aparece um resultado que já existia antes idealmente

portanto, *direitos* dos animais[61] e da natureza, mas o cumprimento (pelos seres sociais) de legislações, criadas por eles próprios e a partir de seus interesses, das condições efetivas para alcançá-los (recursos naturais suficientes) ou de concepções éticas — todos em constante mutação histórica. Dissociar estas dimensões pode significar negar que os direitos humanos são frutos de lutas sociais e de conflitos de interesses, que ocorrem ao longo da história da humanidade.

2.2.3 A relação entre concepções de direitos humanos e a vida objetiva

Os debates, portanto, sobre distintas concepções de direitos humanos, propriedade, liberdade, segurança, igualdade, democracia e outros inúmeros termos que compareçem na vida social contemporânea e na história da humanidade não são de pouca importância. Trata-se da polarização existente entre classes sociais em disputa na sociedade. São estratégias políticas e ideológicas de luta que conformam as condições efetivas de vida dos mais distintos sujeitos sociais, independentemente de conhecerem ou não as posições defendidas pelos diferentes autores. Elas conformam ações de partidos políticos,

---

na imaginação do trabalhador. Ele não transforma apenas o material sobre o qual opera; ele imprime ao material o projeto que tinha conscientemente em mira, o qual constitui a lei determinante do seu modo de operar e ao qual tem de subordinar sua vontade. E essa subordinação não é um ato fortuito" (Marx, 2008a, livro I, capítulo V, p. 211-212).

61. Há quem conteste tal visão. Em fevereiro de 2012 a imprensa mundial anunciou processo judicial supostamente *movido* por cinco baleias orca (Tilikum, Katina, Kasatka, Ulises e Corky), *assessoradas* por uma organização ambientalista e não governamental nos Estados Unidos. O processo é contra o Parque Seaworld e a alegação, baseada em emenda da constituição americana que proíbe a escravidão, é que esta seria a condição a que os animais estariam submetidos. A organização, contudo, se chama PETA (Pessoas pelo Tratamento Ético aos Animais), o que — por si só — anuncia que, ainda que reconhecida procedência da alegação, há que se reconhecer que a iniciativa não foi das baleias em questão. A repercussão em imprensa escrita e televisionada perguntava, citando um dos exemplos em que os animais estão a serviço dos homens: se este *direito* for reconhecido, como fazer com atividades como cães farejadores que auxiliam na busca de pessoas soterradas, drogas e outras situações? Até a finalização deste texto não havia decisão da justiça americana sobre a controversa petição.

movimentos sociais, governos, instituições públicas e privadas, corporações, grupos de comunicação. Inevitavelmente, portanto, têm impacto sobre a vida real, quotidiana, dos bilhões de habitantes do planeta.

Não há, portanto, qualquer primazia de um debate teórico sobre o campo da prática social. Aliás, não há dicotomia entre estas dimensões da vida. Ideias se materializam em práticas e são geradas a partir da realidade social objetiva. Ter capacidade teleológica não significa que a espécie humana raciocina a partir de premissas exclusivamente abstratas: os elementos e condições concretas de suas vidas interferem no que conseguem produzir, propor, construir e projetar para o futuro.

Nesta perspectiva, passamos à terceira etapa de nossos objetivos: a identificação, caracterização e uma breve análise crítica daquelas que vemos como as principais concepções de direitos humanos em disputa na sociedade contemporânea.

Capítulo 3

As principais concepções de direitos humanos em disputa na sociedade contemporânea

A esta altura do presente trabalho já se encontram configuradas várias dimensões do debate sobre direitos humanos. Ele é histórico — o que implica localizá-lo no tempo e na conjuntura para uma opção consciente de que elementos se defende serem fundamentais para sua justificação, existência e efetiva implementação. A busca por sua efetivação envolve interesses de classes sociais e segmentos a elas internos. Sendo assim, estes interesses distintos e diversos levam a que direitos humanos sejam resultado de lutas sociais e de conflitos entre distintos sujeitos sociais, perspectivas políticas e ideológicas (inclusive conservadoras ou reacionárias) e, inclusive, de ações de poderes instituídos (para garantir ou violar direitos). Direitos humanos possuem diversas dimensões, como sua positivação, a demanda por novos direitos (devir), interpretações distintas para praticamente todos os direitos, demandas advindas de particularidades sócio-históricas de países ou regiões. Todas estas dimensões reúnem potencialidades e limites, e devem ser apreciadas à luz da contraditoriedade presente na história da humanidade, que a faz avançar dialeticamente. Embora tenham uma dimensão valorativa e moral, direitos humanos não são mera declaração de vontade de se construir um mundo desta ou daquela maneira. Trata-se de realidades objetivas, de satisfação de necessidades humanas para uma vida potencialmente justa para todos. Ao longo do século XX (e em franca contraposição com os horrores do nazismo e das duas grandes guerras mundiais, dentre outras ações bélicas mundo afora) o debate ganhou corpo, se internacionalizou, trouxe ao campo dos direitos e das necessidades humanas novas demandas até então inimagináveis. Tudo indica que este é um processo irreversível: como defendeu Marx em obras já citadas, necessidades satisfeitas geram outras a serem-no da mesma forma.

Transitar por um tema de tão amplas e distintas dimensões, como já afirmamos, não pode ser uma opção ingênua. Envolve a apreensão dos interesses em disputa, como eles se baseiam em ideias sobre a organização da sociedade em determinados modos de produção e como se refletem no quotidiano da vida dos diversos sujeitos sociais. Em outras palavras, trata-se de identificar que concepções macrossocietárias — o que envolve a organização da economia, da cultura, da política, da relação com a natureza, das relações entre os seres sociais etc. — informam as visões que são defendidas acerca dos direitos por cada sujeito ou grupo social, país, estado, movimento social, dentre outros.

Daí decorre, portanto, o objetivo deste terceiro capítulo: identificar quais vemos como as principais concepções de direitos humanos em disputa no início do século XXI, na intenção de contribuir para que o debate seja feito à luz de opções efetivas, entre alternativas que se anunciam concretamente na realidade social em que vivemos. Algumas destas concepções já tiveram vários de seus elementos fundantes e consequências tratados ao longo da recuperação histórica do debate sobre os direitos humanos, no capítulo 1, o que pode implicar em espaço significativamente mais enxuto neste momento.

3.1 A concepção reacionária de direitos humanos

Como dissemos antes, uma das dimensões do debate sobre direitos humanos envolve diretamente quem tem acesso — e "direito"

— a vê-los efetivados para si. Eis, logo de início, uma característica que distancia o que aqui denominamos de concepção reacionária de direitos humanos de todas as demais que serão tratadas neste capítulo — embora haja possíveis interseções entre algumas delas. Para esta visão, direitos não devem ser universalizados. Para que a humanidade sobreviva é necessário negar acesso à distribuição de bens, serviços e riquezas a parte desta mesma humanidade. Não se trata de uma defesa meramente do campo da moral: as posições defendidas dialogam diretamente com realidades sociais, concentração de renda e riqueza (terras, meios de produção, heranças etc.), migrações, racismo e xenofobia, autodeterminação ou não dos povos, provimento ou não — pelo Estado ou por redes privadas — de recursos mínimos para a vida dos seres sociais, aprisionamento e mesmo condenação à morte dos que destoarem de suas defesas para a organização da sociedade.

Não se trata de uma concepção nova, do ponto de vista histórico. O registro das lutas sociais efetuado no primeiro capítulo demonstrou como houve — em diferentes épocas — setores e classes sociais que tomavam unicamente para si o exercício do acesso a direitos. Os demais eram servilizados, escravizados, tinham suas vidas desprezadas, degradadas e destruídas pela ação (ou inação) dos que então detinham hegemonia. Eis uma ilustrativa reflexão sobre o século XIX:

> O absoluto desprezo dos "civilizados" pelos "bárbaros" (que incluía a massa dos trabalhadores pobres do próprio país) baseava-se neste sentimento de superioridade declarada. O mundo da classe média estava livremente aberto a todos. Portanto, os que não conseguiam cruzar seus umbrais demonstravam uma falta de inteligência pessoal, de força moral ou de energia que, automaticamente, os condenava, ou na melhor das hipóteses, uma herança racial ou histórica que deveria invalidá-los eternamente, como se já tivessem feito uso, para sempre, de suas oportunidades. O período que culminou por volta de metade do século foi, portanto, uma época de insensibilidade sem igual, não só porque a pobreza que rodeava a respeitabilidade da classe média era tão chocante que o homem rico preferia não vê-la, deixando que

seus horrores provocassem impacto apenas sobre os visitantes estrangeiros (como é o caso hoje das favelas da Índia), mas também porque os pobres, como os bárbaros do exterior, eram tratados como se não fossem seres humanos. (Hobsbawm, 2010, p. 315-316)

Hobsbawm demonstra em que situação se encontravam os trabalhadores de então:

> Eles deveriam estar constantemente à beira da indigência, porque, caso contrário, não trabalhariam, sendo inacessíveis às motivações "humanas". "É no próprio interesse do trabalhador", disseram os empregadores a Villermé no final da década de 1830, "que ele deve ser sempre fustigado pela necessidade, pois assim não dará a seus filhos um mau exemplo, e sua pobreza será uma garantia de sua boa conduta".[1] Contudo, havia pobres em demasia para seu próprio bem, mas era de se esperar que os efeitos da lei de Malthus matassem de fome um número suficiente deles para que se estabelecesse um máximo viável, a menos que, naturalmente *per absurdum*, os pobres estabelecessem seus próprios limites racionais de crescimento da população, refreando uma complacência excessiva na procriação. (Ibid., p. 316-317, grifo original)

Este estado de coisas obviamente estava justificado a partir de uma determinada concepção de organização societária, com pilares que tentavam lhe dar credibilidade e legitimidade:

> Era pequeno o passo a ser dado desta atitude para o reconhecimento formal da desigualdade que, como afirmou Henri Baudrillart em sua conferência inaugural no Collège de France em 1835, era um dos três pilares básicos da sociedade humana, e outros dois eram a propriedade e a herança. A sociedade hierárquica era, assim, reconstruída sobre os princípios da igualdade formal. Mas havia perdido o que a fazia tolerável no passado, a convicção social geral de que os homens tinham deveres e direitos, de que a virtude não era simplesmente equivalente ao dinheiro, e de que as classes mais baixas, embora baixas, tinham

---

1. Citação a JACCAR, P. *Histoire social e du travail*, 1960. p. 248.

direito a suas modestas vidas na condição social a que Deus os havia chamado. (Hobsbawm, 2010, p. 317)

Nada muito diferente de determinadas concepções de direitos que continuam em disputa no século XXI. Nelas, diferentes sujeitos e grupos sociais se sentem à vontade para questionar a concessão dos mesmos direitos a outras pessoas e grupos, sempre em nome de *seu* próprio *direito*. A crítica marxiana (Marx, 2009, p. 30) à concepção liberal de direitos humanos cai aqui como uma luva, ao afirmar que o direito humano à liberdade se baseia não em vinculação entre os homens, mas em seu isolamento — o indivíduo limitado a si mesmo, o que nega sua característica de ser social.

Dornelles contribui para esta análise. Registre-se que o autor está analisando, neste trecho, a sociedade do final do século XX. Contudo, tal crítica aplica-se perfeitamente bem a outras etapas históricas, demonstrando que a concepção reacionária de direitos humanos tem lastro suficiente para vir à tona de tempos em tempos:

> Cria-se, portanto, uma falsa imagem (alimentada pela imprensa) entre dois mundos: por um lado, a ordem, a moralidade, os bons costumes, a honestidade, a vida regrada e religiosa, o bem, e por outro lado, o caos, a degeneração moral, a promiscuidade, a desonestidade, a maldade, a violência, a marginália e a bandidagem "que infesta e suja as ruas de nossas cidades". (Dornelles, 2007, p. 57)

Analisando o período do feudalismo na Europa, o autor registra que foi então que, a partir de ideias de filósofos como Tomás de Aquino, se constituiu o jusnaturalismo cristão. Leis humanas, poderes políticos e outras dimensões da vida estavam, todas, submetidas ao direito divino — o soberano expressaria a vontade de Deus na Terra. Disso resultava uma confusão entre interesses particulares do soberano, do clero e da aristocracia feudal e da sociedade como um todo. Resultado?

> Tratava-se, portanto, de sociedades nas quais *inexistia a noção da igualdade formal entre os indivíduos. Cada grupo social tinha direitos diferentes.*

Os senhores feudais, membros da nobreza e do clero tinham privilégios. Em diferentes partes da Europa chegaram a ter o direito a dormir a primeira noite com a noiva dos seus camponeses. E isso era considerado normal em um sistema baseado em relações de dependência e subserviência. (Dornelles, 2007, p. 15, grifo nosso)

Discutindo o papel da ideologia e determinadas políticas sociais adotadas já em séculos mais recentes, Mészáros questiona a presença, em Keynes, de valores similares:

> Pode-se perceber que, para Keynes, o conceito de "humanidade" — que se considera prestes a solucionar o problema econômico — é limitado aos "países progressistas" e às "vanguardas do progresso" (seus codinomes para designar os países imperialistas dominantes). Isto, mais uma vez, sublinha a total irrealidade de seu diagnóstico "científico". (2004, p. 62)

Mas que tipo de lógica justificaria tais posicionamentos e comportamentos sociais? Como entender que lide-se com tranquilidade com defesas que trazem incômodos mesmo àqueles que não são marxistas e não necessariamente defendem o fim da sociedade capitalista, mas que ainda acham que todas as pessoas devem ter direitos mínimos para suas vidas — ainda que alguns limitem tal defesa a previsões meramente formais? Obviamente nos limites deste texto tal pesquisa não terá profundidade histórica significativa, nem um amplíssimo leque de autores para oferecer possíveis respostas para este quadro. Assim, feita esta introdução, a opção será analisar mais detidamente a obra de um autor que contribua para a apreensão desta lógica. Vamos conhecer, nas próximas páginas, algumas das ideias defendidas por Samuel Huntington[2] para a organização da sociedade mundial.

A obra de referência será *O choque de civilizações e a recomposição da ordem mundial*, publicada em 1997. Cabe ressaltar que, para o pró-

---

2. Vale reler nota anterior que demonstra o respeito das classes dominantes às contribuições de Huntington.

DIREITOS HUMANOS E CONCEPÇÕES CONTEMPORÂNEAS

prio autor, não se trata de uma obra despretensiosa. No prefácio que abre seu livro (1997, p. 11-13), Huntington situa o leitor de que a intenção de redigi-lo surgiu a partir das repercussões de um artigo de sua autoria (de nome semelhante: "O choque de civilizações?") publicado no verão de 1993 pela revista *Foreign Affairs*. Segundo ele,

> As pessoas ficaram impressionadas, intrigadas, indignadas, amedrontadas ou perplexas por meu argumento de que a dimensão central e mais perigosa da política mundial que estava emergindo seria o conflito entre grupos de civilizações diferentes. À parte qualquer outro efeito, o artigo abalou os nervos de pessoas de todas as civilizações. (Ibid., p. 11)

Foi a partir de tal reação que o autor resolveu escrever as 455 páginas do livro em questão. Seu objetivo:

> Este livro não é, nem pretende ser, uma obra de ciência social. Ao contrário, ele visa ser uma interpretação da evolução da política mundial depois da Guerra Fria. Ele almeja apresentar uma moldura, *um paradigma*, para o exame da política mundial que tenha significado para os estudiosos e seja de utilidade para os formuladores de políticas. O teste de seu significado e de sua utilidade não está em se ele explica tudo que está acontecendo na política mundial. Evidentemente ele não faz isso. O teste está em se ele fornece uma lente significativa e útil através da qual se possa *examinar os acontecimentos internacionais melhor do que através de qualquer outra lente paradigmática*. (Ibid., p. 12, grifos nossos)

Para apreender a lógica de Huntington e ser fiel a sua obra precisamos começar registrando o que, em sua visão, caracteriza uma civilização e quantas e quais são as civilizações no mundo contemporâneo. Iniciemos este percurso com uma longa, mas informativa citação:

> Os seres humanos em praticamente todas as sociedades compartilham certos valores básicos, tais como o assassinato ser uma perversidade, e

certas instituições básicas, tais como alguma forma de família. A maioria das pessoas na maioria das sociedades tem um "sentido moral" parecido, uma "tênue" moralidade mínima de conceitos básicos do que é certo e errado. Se é isso que se quer dizer com civilização universal, é ao mesmo tempo profundo e profundamente importante, mas também não é novo nem relevante. Se as pessoas partilharam de uns poucos valores e instituições fundamentais através da História, isso pode explicar algumas constantes do comportamento humano, porém não pode iluminar ou explicar a História, que consiste de mudanças do comportamento humano. Além disso, se existe uma civilização universal comum a toda a humanidade, então que termo vamos usar para identificar os principais agrupamentos culturais de seres humanos que ficam aquém da raça humana toda? A humanidade está dividida em subgrupos — tribos, nações e entidades culturais mais amplas normalmente chamadas de civilizações. Se o termo "civilização" for elevado e restringido àquilo que for comum à Humanidade como um todo, ou ter-se-á que inventar um novo termo para fazer referência aos maiores agrupamentos culturais de pessoas aquém da humanidade como um todo ou ter-se-á que pressupor que esses agrupamentos grandes, mas que não compreendem toda a humanidade, se evaporarão. (Ibid., p. 66)

Defendendo, portanto, a ideia de civilizações para explicar os grandes agrupamentos da humanidade inferiores a sua totalidade, Huntington (ibid., p. 44-50) apresenta cinco características para identificar natureza, identidade e dinâmica das civilizações. Segue um resumo de como o autor as define.

A primeira característica seria o padrão pelo qual tais sociedades diferem de suas anteriores, primitivas (o que envolve aspectos como urbanização e alfabetização). Huntington registra que a ideia de civilização teria sido desenvolvida por pensadores franceses no século XVIII, em contraposição ao conceito de "barbarismo". É polêmica, registra o autor, a defesa de que haveria um único padrão civilizacional — anuncia que o objeto de sua obra é analisar as civilizações, no plural, o que implica a possibilidade de reconhecer que cada uma delas se civiliza a sua maneira.

Um segundo aspecto seria o reconhecimento de que uma civilização seria uma entidade cultural. Huntington registra haver uma leitura diferente entre autores alemães do século XIX, para os quais civilização envolveria mecânica, tecnologia e fatores materiais, enquanto cultura o faria com valores, ideais e qualidades intelectuais, artísticas e morais de cada sociedade. Citando autores de diferentes perspectivas teóricas (Braudel, Durkheim, Mauss, Melko, Wallerstein, Dawson),[3] o autor afirma, contudo, que esta posição permaneceu restrita à Alemanha. Civilização e cultura, assim, referir-se-iam, ambas, ao estilo de vida geral de cada povo. Registra que desde a Grécia antiga este debate já existia, com os gregos defendendo características comuns como raça, sangue, língua e comportamentos como sacrifícios e templos aos deuses. Por fim, Huntington defende que um importante componente civilizacional é a religião — e registra que algumas delas, como o cristianismo e o islamismo (tidas como as grandes religiões missionárias) teriam se estendido para sociedades com variedade de raças. Assim,

> As distinções cruciais entre os grupos humanos se referem a seus valores, crenças, instituições e estruturas sociais, não a seu tamanho físico, formato da cabeça e cor da pele. (Huntington, 1997, p. 47)

A terceira característica de uma civilização seria sua abrangência: "Uma civilização é uma entidade cultural mais ampla" (loc. cit.). Seria composta de Estados, que teriam (entre si) uma relação intercivilizacional obviamente maior que com os de outras civilizações. Entre os elementos definidores de tal abrangência estariam língua, história, religião, costumes, instituições e autoidentificação subjetiva das pessoas. Civilizações seriam entidades com um sentido e, embora com fronteiras definidoras raramente nítidas, seriam reais —

---

3. São as seguintes as obras citadas destes autores por Samuel Huntington: Braudel, *On history* (p. 177, 202); Durkheim e Mauss, *Notion of civilization* (p. 811); Melko, *Nature of civilizations* (p. 8); Wallerstein, *Geopolitics and geoculture* (p. 215); Dawson, *Dynamics of world history* (p. 51, 402).

embora sem início ou fim preciso, o que implicaria que diferentes povos pudessem (e o fizessem, efetivamente) redefinir suas identidades e alterar a composição das civilizações.

Sua quarta linha definidora seria a durabilidade: embora mortais, as civilizações durariam muito tempo:

> Os impérios ascendem e caem, os governos vêm e vão, as civilizações perduram e "sobrevivem às convulsões políticas, sociais, econômicas, até mesmo ideológicas".[4] [...] Praticamente todas as principais civilizações do mundo no século XX ou já existem há um milênio ou, como ocorre na América Latina, são o fruto imediato de uma outra civilização de longa duração.[5] (Huntington, 1997, p. 48-49)

As civilizações também evoluiriam, com as distintas teorias que analisam tal processo reconhecendo a passagem por tempos de dificuldades ou conflitos, para um Estado universal e, deste ponto, para decadência e desintegração (ibid., p. 49).

A quinta e última característica das civilizações seria serem entidades culturais, não políticas. Deste fato decorreria não terem tarefas como manutenção de ordem pública, estabelecimento de justiça, arrecadação de impostos, negociação de tratados e outras que caberiam aos governos de cada Estado. As civilizações teriam Estados-núcleo — exceto em casos em que o próprio Estado seria caracterizado como uma civilização (são citados autores que defendem tal característica para China e Japão). Não haveria acordo preciso sobre quantas civilizações comporiam o mundo contemporâneo (variando de sete a vinte e três). Uma "concordância razoável", no entanto, definiria a existência de doze civilizações principais, sete das quais não existiriam

---

4. Novas citações a Braudel, *History of civilizations* (p. 35), e *On history* (p. 209-210).

5. Veremos, a seguir, como Huntington define a civilização latino-americana. Registre-se, contudo, desde já, que à medida que a considera vinda de outras civilizações de longa duração, ainda que reconheça a existência de povos como incas, maias e indígenas anteriormente à invasão das Américas por colonizadores europeus, possivelmente não os qualifica no mesmo nível dos povos que configurariam a chamada civilização ocidental.

mais (mesopotâmica, egípcia, cretense, clássica, bizantina, mesoamericana e andina) e cinco ainda persistiriam (chinesa, japonesa, indiana, islâmica e ocidental).[6]

Huntington (1997, p. 50-54) passa, então, a definir quais seriam as civilizações que, em sua opinião, existiriam e quais suas principais características. Vale o registro, a título de ilustração e para contribuir com nossas análises posteriores:

1) *Sínica*. Estudos reconheceriam a existência de uma única (desde cerca de 1500 a.C. ou talvez de mil anos antes) ou de duas civilizações chinesas, tendo uma sucedido à outra nos primeiros séculos da era cristã. Huntington a teria "rotulado", no artigo que deu origem a seu livro, de confuciana. O autor considera o mais correto, no entanto, o termo "sínica", utilizado por estudiosos para descrever a cultura chinesa e comunidades do Sudeste asiático e outros lugares fora daquele país, além de culturas relacionadas, como Vietnã e Coreia.

2) *Japonesa*. Estudos combinariam as culturas japonesa e chinesa sob o título "extremo-oriental". Em sua maioria não o fariam, reconhecendo o Japão como civilização distinta, fruto da civilização chinesa desde o período entre 100 e 400 d.C.

3) *Hindu*. Universalmente estariam reconhecidas uma ou mais civilizações sucessivas no *subcontinente* (o grifo é nosso) desde pelo menos 1500 a.C. Seriam chamadas de indiana, índica ou hindu, sendo o último termo preferido para se referir à mais recente. O hinduísmo teria sido fundamental para aquela cultura desde o segundo milênio antes da era cristã e se caracterizaria como "o núcleo da civilização indiana".[7] Continuaria com o mesmo papel através dos tempos modernos, ainda que considerando a presença, na Índia, de uma substanciosa comunidade muçulmana e de várias e reduzidas minorias culturais. Os termos "sínica" e "hindu"

---

6. Cf. Huntington (1997, p. 50).
7. Citação a Braudel, *On history* (p. 226).

são defendidos por Huntington como desejáveis, visando separar o nome da civilização do seu Estado-núcleo — uma vez que as culturas de tais civilizações se estenderiam para além daqueles Estados.

4) *Islâmica*. Também seria consensual a existência de uma civilização islâmica distinta, que teria se originado na Península Arábica em VII d.C. e se espalhado rapidamente pelo norte da África e da Península Ibérica, pela Ásia Central, pelo "subcontinente" e pelo Sudeste Asiático. Em consequência, existiriam, dentro do Islã, culturas distintas como a árabe, a turca, a persa e a malaia.

5) *Ortodoxa*. Haveria estudiosos que fariam distinção de uma civilização ortodoxa, centrada na Rússia e separada da cristandade ocidental. Seria resultado de sua ascendência bizantina, da religião distinta, de 200 anos de leis tártaras, do despotismo burocrático e de uma limitada exposição ao Renascimento, ao Iluminismo e a "outras experiências fundamentais do Ocidente".

6) *Ocidental*. Geralmente dada como tendo surgido por volta de 700 ou 800 d.C., seria vista por estudiosos como tendo três componentes principais: Europa, América do Norte e América Latina.

7) *Latino-americana*. Para o autor, a América Latina teria evoluído por caminhos distintos dos da Europa e da América do Norte. Produto da civilização europeia, também incorporaria, em graus variados, elementos de civilizações indígenas americanas não encontradas naqueles dois continentes. Outra distinção seria "uma cultura corporativista, autoritária", existente em muito menor grau na Europa e inexistente "em absoluto na América do Norte". Estas duas regiões teriam sentido, ambas, os efeitos da Reforma e combinado culturas católica e protestante. A América Latina, ainda que com mudanças recentes, sempre teria sido católica. Incorporaria culturas indígenas inexistentes na Europa e efetivamente

eliminadas na América do Norte — com variadas importâncias em países como no México e outros da América Central, Peru e Bolívia (de um lado), Argentina e Chile (de outro). A evolução política e o desenvolvimento econômico latino-americanos se diferenciariam dos padrões prevalecentes no Atlântico Norte. Mesmo a identidade subjetiva dos latino-americanos seria dividida, com alguns dizendo serem ocidentais, outros afirmando terem sua própria cultura. A América Latina poderia ser considerada uma *subcivilização* (grifo nosso) dentro da civilização ocidental ou uma civilização separada, intimamente afiliada ao Ocidente e dividida quanto a se seu lugar é ou não no Ocidente. Esta última seria a designação mais apropriada e útil para uma análise que se concentre nas implicações políticas internacionais das civilizações, inclusive as relações entre a América Latina, de um lado, e a América do Norte e a Europa, do outro. Portanto, o ocidente incluiria apenas Europa e América do Norte, além de países de colonização europeia como Austrália e Nova Zelândia. Mas a relação entre os dois principais componentes ocidentais teria se modificado ao longo do tempo. Os norte-americanos, por muito tempo, teriam definido sua sociedade, em oposição à Europa, como "a terra da liberdade, da igualdade, da oportunidade e do futuro". Aquela significaria opressão, conflitos de classe, hierarquia e atraso, quase se configurando uma civilização distinta na América do Norte. Tal identidade teria se estabelecido depois que os Estados Unidos saíram para o cenário mundial. Enquanto no século XIX a América do Norte se autodefiniria como distinta e oposta à Europa, o século XX veria tal definição alterar-se para parte e, na verdade, líder do ocidente, que incluiria a Europa. Do termo "ocidente" teria derivado o conceito de "ocidentalização" e promovido uma fusão de ocidentalização e modernização.

8) *Africana.* Huntington faz uma distinção, afirmando que *possivelmente* (grifo nosso) a civilização africana seja reconhecível

como tal, os principais estudiosos de civilizações, exceto o citado Braudel, não reconheceriam uma civilização africana distinta, por razões geográficas e políticas: o norte da África e sua costa leste pertenceriam à civilização islâmica; a Etiópia, com instituições distintas, igreja monofisista e língua escrita, teria constituído uma civilização própria; em outras regiões, imperialismo e colonizadores europeus teriam levado elementos da civilização ocidental. Além disso, na África do Sul colonizadores holandeses, franceses e, depois, ingleses teriam criado uma cultura europeia multifragmentada e o imperialismo europeu teria levado o cristianismo para a maior parte do continente. Embora, África afora, identidades tribais sejam profundas e intensas, os africanos também viriam desenvolvendo crescentemente uma noção de identidade africana, com a possibilidade de que a África subsaárica se junte numa civilização distinta, tendo a África do Sul como seu Estado-núcleo.[8]

Quais os impactos destas caracterizações em termos de organização política mundial e de direitos humanos? Vejamos possíveis exemplos, a partir das reflexões do próprio autor.

Huntington defende que embora haja distintas civilizações, uma única teria como característica reunir instituições, práticas e crenças que poderiam ser identificadas como "o cerne da civilização ocidental". São elas: o legado clássico; o catolicismo e o protestantismo; idiomas europeus; a separação entre autoridade espiritual e temporal; o império da lei; o pluralismo social; a existência de corpos represen-

---

8. Huntington prevê, ainda, a possibilidade de mais duas civilizações: a budista e a judaica. O budismo não teria dado origem a uma civilização por conta de sua intensa subdivisão, o que o teria levado a assumir características muito distintas em países como China, Tailândia e Mongólia, dentre vários outros (Huntington, 1997, p. 54). Já o judaísmo, embora os judeus tivessem atributos civilizacionais como "religião, idioma, costumes, literatura, instituições e um lar territorial e político", não manteriam identificação subjetiva com os que vivem em outras culturas, assumindo, por várias vezes, identificações próprias das civilizações que os teriam acolhido (ibid., p. 54-55).

tativos; o individualismo (1997, p. 82-86).[9] Tais características seriam, enquanto unidade, específicas do Ocidente, legitimando-o para determinadas ações em relação às demais civilizações:

> Individualmente, quase nenhum desses fatores foi exclusivo do Ocidente. Entretanto, a combinação deles, sim, e foi isso que atribuiu ao Ocidente sua *condição singular*. Essas concepções, práticas e instituições simplesmente foram mais predominantes no Ocidente do que em outras civilizações. Elas formam pelo menos parte do núcleo ininterrupto essencial da civilização ocidental. Elas são o que é ocidental porém não moderno no Ocidente. Elas são, também, em grande medida, os fatores que *habilitaram o Ocidente a assumir a liderança no processo de modernizar a si próprio e ao mundo*. (Ibid., p. 86, grifos nossos)

Aqui já é possível perceber um componente central para o debate sobre direitos humanos e o direito à autodeterminação dos povos. A pretensa combinação dos fatores que legitimam uma civilização de modo ímpar no Ocidente a habilitaria para arrogar-se o direito de "modernizar o mundo". O próprio Huntington percebe elementos que se conflitam com esta perspectiva ao citar como os demais países e "civilizações" veem tal processo:

> O Ocidente conquistou o mundo não pela superioridade de suas ideias, valores ou religião (para a qual poucos membros das outras civilizações se converteram), mas sim por sua superioridade em aplicar a violência organizada. *Os ocidentais frequentemente se esquecem desse fato, mas os não-ocidentais nunca*. (Ibid., p. 59, grifo nosso)

Contudo, embora reconheça que "Os não-ocidentais veem como ocidental o que o Ocidente vê como universal" (ibid., p. 78), Huntington continua afirmando que "o Ocidente é e continuará a ser por muitos

---

9. Registre-se que há uma inevitável análise otimista de Huntington sobre estes elementos. Além de eles não serem, necessariamente, característica de todos os países europeus e da América do Norte, há situações históricas (algumas vistas no capítulo 1) que desautorizariam, facilmente, a identificação de tais premissas com o suposto ocidente nos moldes propostos pelo autor.

anos a civilização mais poderosa" (Huntington, 1997, p. 29). Lembremos que a possibilidade de "universalização ocidental", do ponto de vista dos direitos humanos, foi denunciada por Wallerstein (ver capítulo 2).

Huntington expõe — e, necessário reconhecer, apresenta possíveis limitações — três principais argumentos em apoio à tese do surgimento de uma possível civilização universal. Um primeiro seria a suposição de que o desmoronamento do socialismo real (ou, nas palavras do autor, do "comunismo soviético")[10] teria significado o fim da história. Segundo o autor, tal colocação padeceria da "Falácia da Alternativa Única" (loc. cit.), afirmando que sua origem seria a lógica da Guerra Fria, em que só se viam como alternativas ao comunismo a democracia liberal, com o fracasso de um significando automaticamente a universalidade do outro. Como exemplos da imprecisão desta análise o autor cita ditaduras, nacionalismos, corporativismo e mesmo "comunismos de mercado" (referência à China) que estariam "caminhando muito bem" na atualidade (loc. cit.). Para Huntington, a divisão da humanidade em termos da Guerra Fria teria literalmente acabado,[11] com fenômenos como "etnias, religiões e civilizações" permanecendo e sendo, atualmente, geradores de novos conflitos (ibid., p. 79). Um segundo elemento seria a pressuposição de que fatores como comércio, turismo e comunicações em nível global estariam gerando as condições para uma cultura mundial comum. O autor diverge destas afirmações, afirmando, por exemplo, que "As provas simplesmente não confirmam a pressuposição liberal, internacionalista, de que o comércio promove a paz" (loc. cit.). Afirma haver muitos indícios em sentido contrário (loc. cit.) e que sequer a ampliação do fenômeno das migrações seria argumento para tal constatação: "Dois europeus — um alemão e um francês —, interagindo com dois

---

10. Ibid., p. 78.

11. Afirmação com a qual é perfeitamente possível concordar a partir de análises conjunturais da organização mundial no século XXI e, por exemplo, das distintas concepções de organização societária que ressurgem ou se apresentam para além das perspectivas liberais e socialistas (sem contar com suas distintas apreensões internas).

DIREITOS HUMANOS E CONCEPÇÕES CONTEMPORÂNEAS

árabes — um saudita e um egípcio —, se definirão como europeus e árabes" (Huntington, 1997, p. 80).

Contudo, está no terceiro argumento — a generalização constante e crescente de processos de modernização (envolvendo industrialização, urbanização, níveis crescentes de alfabetização, riqueza e mobilidade social, dentre outros aspectos) — o elemento que volta a tentar justificar um suposto predomínio ocidental:

> Na condição de primeira civilização a se modernizar, o Ocidente lidera a aquisição da cultura da modernidade. *À medida que outras sociedades adquirirem padrões semelhantes de educação, trabalho, riqueza e estrutura de classe* [...] *essa moderna cultura ocidental se transformará na cultura universal do mundo.* (Huntington, ibid., p. 81, grifos nossos)

Huntington afirma divergir desta perspectiva, chegando a afirmar que

> No mundo que está surgindo de conflitos étnicos e choques civilizacionais, a crença ocidental na universalidade da cultura ocidental padece de três problemas: ela é falsa, ela é imoral e ela é perigosa. Que ela é falsa constituiu a tese central deste livro. (Ibid., p. 394-395)

É possível afirmar, no entanto, que o próprio autor se contradiz. E não apenas pela lógica, já apresentada, de defesa de que o que denomina de Ocidente teria reunido as melhores tradições da evolução histórica da humanidade e, portanto, estaria habilitado a modernizar o mundo, como visto há pouco. Vejamos como o autor apresenta três questões que considera fundamental para a agenda internacional.

> As questões cada vez mais importantes na agenda internacional *são aquelas que dividem o Ocidente e essas outras sociedades*. Três dessas questões envolvem os esforços do Ocidente: (1) para manter sua superioridade militar através de política de não proliferação e contraproliferação com relação a armas nucleares, biológicas e químicas e os meios de

lançá-las; (2) para promover os valores e as instituições políticas do Ocidente através de pressões sobre as outras sociedades para que *respeitem os direitos humanos tal como concebidos no Ocidente e adotem a democracia segundo as linhas ocidentais* e (3) para *proteger a integridade cultural, social e étnica das sociedades ocidentais, através da restrição do número de não-ocidentais admitidos como imigrantes ou refugiados*. Em todas essas três áreas, o Ocidente teve e é provável que continue tendo dificuldades para defender os seus interesses contra os das sociedades não ocidentais. (Huntington, 1997, p. 230-231, grifos nossos)

Trata-se de trecho revelador de concepções do autor. Inicia-se reafirmando, uma vez mais, o que considera oposição entre o suposto Ocidente e todas as demais "civilizações". Defende a necessidade de exercer pressões para que as demais sociedades assumam concepções ocidentais de democracia[12] e de direitos humanos.[13] Afirma a

---

12. O autor desconsidera suas próprias críticas a como o "Ocidente" costuma lidar com o tema da democracia. Segundo Huntington, teria havido alívio na região quando militares argelinos intervieram em 1992 e suspenderam eleições em que "a fundamentalista FIS ia indubitavelmente sair vitoriosa". Também teriam se tranquilizado quando "o fundamentalista Partido do Bem-Estar, na Turquia, e o nacionalista BJP, na Índia" viram-se alijados do poder depois de vitórias eleitorais obtidas, respectivamente, em 1995 e 1996. Cita, ainda, exemplos do Irã, da Arábia Saudita e do Egito, afirmando que processos de eleições livres nestas localidades quase certamente produziriam governos pouco simpáticos aos interesses ocidentais em relação a "seus predecessores não democráticos". E afirma: "À medida que os líderes ocidentais se dão conta de que os processos democráticos nas sociedades não ocidentais frequentemente produzem governos hostis ao Ocidente, tentam exercer influência nessas eleições, bem como perdem seu entusiasmo por promover a democracia nessas sociedades" (Huntington, 1997, p. 247)

13. No que se refere ao debate sobre os direitos humanos dificilmente se faria uma generalização entre posturas adotadas por todos os países que Huntington agrupa como pertencentes ao Ocidente. Um exemplo facilmente identificável é o comportamento que os Estados Unidos, o Canadá e os países europeus têm adotado acerca da subscrição de tratados internacionais de direitos humanos aprovados pelas assembleias das nações unidas. Os EUA mantêm, sob o frágil (e hipócrita, em se tratando de quem o utiliza) argumento da defesa do direito à autodeterminação do povo americano, a recusa à adesão a diversos Tratados e Convenções internacionais. O mesmo comportamento não se vê em distintos países do pretenso "Ocidente", ainda que seja possível encontrar registros de violação sistemática de direitos humanos em seus territórios. Ainda sobre direitos humanos cumpre registrar que ao longo da obra de Huntington o autor não chega a definir sua concepção para este tema. Aparentemente, o termo é sempre utilizado para exemplificar tratamentos dispensados a dissidentes políticos, ações de genocídio de povos e culturas e aspectos afins. Ainda sobre o tema, Huntington afirma que "as Nações Unidas não constituem uma alternativa do poder regional e o poder regional

necessidade de proteção da "integridade cultural, social e étnica das sociedades ocidentais", ameaçada por imigrantes e refugiados. Como, após estas defesas, pretender que se acredite que questiona a defesa da universalidade ocidental como caminho para a sociedade mundial é algo que permanece inexplicável.

A explosão do fenômeno das migrações também evidencia posições reacionárias do autor, que inicia tal debate aparentemente apenas constatando dados sobre tal fenômeno e possíveis impactos sobre Estados Unidos e Europa. Sobre o ritmo do crescimento da população "ocidental", afirma que

> O crescimento natural da população dos Estados Unidos é baixo e praticamente zero na Europa. Os migrantes têm altas taxas de fertilidade e por isso respondem pela maior parte do futuro crescimento populacional nas sociedades ocidentais. Em consequência, os ocidentais cada vez mais receiam "estarem atualmente sendo invadidos, não por exércitos e tanques, mas por migrantes que falam outros idiomas, adoram outros deuses, pertencem a outras culturas e, temem eles, irão tomar seus empregos, ocupar suas terras, viver à custa do sistema de previdência social e ameaçar seu estilo de vida".[14] (Huntington, 1997, p. 249)

Sem apresentar críticas, demonstra como nos Estados Unidos tal pavor já significou restrição legal e estatal a acesso a diversos direitos, inclusive os "de cidadania", comumente identificado como "liberais":

> Na Califórnia, o estado que tem a maior quantidade de imigrantes, em números absolutos e proporcionais, o governador Pete Wilson conquistou o apoio popular ao instar que se vedasse o acesso à rede de ensino público aos filhos dos imigrantes ilegais, *recusar cidadania aos filhos nascidos nos Estados Unidos* de imigrantes ilegais e terminar com os

---

se torna responsável e legítimo quando é exercido por Estados-núcleo em relação a outros membros de sua civilização", em outro evidente conflito entre perspectivas adotadas por distintos países da pretensa civilização ocidental (ibid., p. 195).

14. Citação a Weiner, *Global migration crisis* (p. 2).

pagamentos com verbas estaduais do atendimento médico de emergência a imigrantes ilegais. Em novembro de 1994, os californianos aprovaram por grande maioria a Proposição 187, pela qual *se denegavam benefícios de saúde, educação e assistência social a estrangeiros ilegais e seus filhos*. (Huntington, 1997, p. 254, grifos nossos)

Novamente sem expressar questionamentos, utiliza citação a outros autores para projetar o que será o futuro do "ocidente" em relação às migrações:

Será possível à Europa ou aos Estados Unidos sustar a corrente migratória? A França passou por uma versão importante do pessimismo demográfico, indo desde o cáustico romance de Jean Rapail na década de 70 até a análise erudita de Jean-Claude Chesnais nos anos 90, e que está resumida nos comentários feitos, em 1991, por Pierre Lellouche: "A história, a proximidade e a pobreza garantem que a França e a Europa estão destinadas a serem invadidas pelas pessoas das sociedades fracassadas do Sul. O passado da Europa foi branco e judaico-cristão. O futuro não o é".[15] (Ibid., p. 255)

Mas tão revelador quanto estarrecedor é a forma como visualiza o futuro da emigração africana em direção aos países do chamado Ocidente:

Se houver desenvolvimento econômico e for promovida a mobilidade social na África Central e Ocidental, aumentarão os incentivos e a capacidade para migrar, e a *ameaça* de "islamização" da Europa será substituída pela de "africanização". O grau em que essa *ameaça* se irá concretizar sofrerá grande influência do grau em que as populações africanas *sejam reduzidas pela Aids e outras pestes*, bem como do grau de atração que a África do Sul exerça sobre imigrantes de outras áreas da África. (Ibid., p. 256, grifos nossos)

---

15. Citações a Jean Raspail, *The camp of the saints* (Nova York: Scribner, 1975) e Jean-Claude Chesnais, *Le crépuscule de l'occident*: démographie et politique (Paris: Robert Laffont, 1995); Pierre Lellouche, citado em Miller, "Strangers at the Gate" (p. 80).

Há outros elementos que potencialmente demonstram que concepção de sociedade — em decorrência, de direitos, e de direitos humanos — pode-se abstrair da obra de Huntington. Uma de suas críticas aos países "ocidentais" é o de certa involução de valores que considera caros para sua liderança em relação às demais civilizações. O autor argumenta que mais que a economia e a demografia, aspectos importantes são o declínio moral, o suicídio cultural e a desunião política do ocidente. Para exemplificá-los cita cinco exemplos: (a) o aumento de comportamentos antissociais (crimes, uso de drogas e violência); (b) a decadência da família,[16] com elevação de índices de divórcios, filhos ilegítimos, gravidezes de adolescentes e mães ou pais solteiros; (c) o declínio — ao menos nos EUA — da participação em associações voluntárias; (d) o debilitamento do que denomina "ética do trabalho" e ampliação do culto à satisfação pessoal; e (e) a redução do empenho por aprendizado e atividades intelectuais — nos EUA identificados por queda dos níveis de realização acadêmica (Huntington, 1997, p. 387).

A responsabilidade dos países ocidentais, assim, seria

> não [...] a de tentar reformular outras civilizações à imagem do Ocidente, *o que está fora do seu poderio em declínio*, mas preservar, proteger e renovar as qualidades únicas da civilização ocidental. *Como os Estados Unidos são o mais poderoso país ocidental, essa responsabilidade lhes cabe de forma absolutamente preponderante.* (Ibid., p. 396-397, grifos nossos)

Por fim, cumpre registrar a presença de uma análise belicista de Huntington em relação ao futuro da humanidade. Um trecho em particular ilustra esta perspectiva — que não pode deixar de ser levada em conta: sabe-se, internacionalmente, que uma das indústrias que têm sido potencializadas pelos Estados Unidos em todas as situações em

---

16. Huntington argumenta que os Estados-núcleos das civilizações podem desempenhar funções de ordenamento porque os Estados-membros os veem como seus parentes culturais: "Uma civilização *é uma família ampliada* e, como os membros mais velhos de uma família, os Estados-núcleos proporcionam a seus parentes *apoio e disciplina*. Na ausência desse laço de parentesco, *fica limitada a capacidade de um Estado mais poderoso de resolver conflitos e de impor a ordem na sua região*" (ibid., p. 195, grifos nossos).

que enfrenta agudas crises próprias do capitalismo é exatamente a indústria de armamentos bélicos. Buscando antever o que ocorreria no ano de 2010, caso os Estados Unidos não resolvessem utilizar a regra de abstenção em assuntos de outras civilizações, a previsão de Huntington era de uma nova guerra mundial, liderada por dois blocos civilizacionais comandados por Estados Unidos e China — em função de que "o surgimento da China como potência dominante na Ásia Oriental e no Sudeste Asiático seria contrário aos interesses norte-americanos tal como eles foram concebidos através da história" (Huntington, 1997, p. 398). Além da ocorrência de tal guerra, estavam entre suas projeções: as Coreias estariam reunificadas; Taiwan e China continental teriam chegado a uma acomodação, com Taiwan tendo maior parcela de independência, embora reconhecesse a suserania de Pequim; a China teria invadido o Vietnã, com reação dos EUA; nos EUA, populações ao sudoeste (hispânicas, basicamente) questionariam a guerra como "não sendo nossa"; mundo afora países aproveitariam o clima para ataques regionais (Índia contra Paquistão, por exemplo).

> Os Estados Unidos, a Europa, a Rússia [temeria o controle chinês sobre seu território] e a Índia ficariam assim engajados numa luta verdadeiramente global contra a China, o Japão e a maior parte do Islã. (ibid., p. 402)

Depois do delírio antecipatório, Huntington propõe que instituições internacionais pós II Guerra Mundial se reorganizem, aproximando-se do que seria o mundo atual — seu principal foco é o Conselho de Segurança da ONU, para o qual propõe reorganização de assentos permanentes, da seguinte forma:

> Num mundo multicivilizacional, o ideal seria que cada civilização principal tivesse pelo menos um assento permanente no Conselho de Segurança. Atualmente apenas três têm. Os Estados Unidos endossaram a participação japonesa e alemã, mas está claro que eles serão membros permanentes apenas se outros países também passarem a sê-lo. O Brasil

sugeriu cinco novos membros permanentes, ainda que sem poder de veto — Alemanha, Japão, Índia, Nigéria e ele próprio. Isso, porém, deixaria sem representação um bilhão de muçulmanos do mundo, salvo na medida em que a Nigéria pudesse assumir essa responsabilidade. Do ponto de vista civilizacional, é claro que o Japão e a Índia deveriam ser membros permanentes, e a África, a América Latina e o mundo islâmico deveriam ter assentos permanentes, que poderiam ser ocupados numa base rotativa pelos principais Estados dessas civilizações, com as seleções feitas pela Organização da Conferência Islâmica, pela Organização da Unidade Africana e pela Organização dos Estados Americanos (com os Estados Unidos se abstendo). Seria também apropriado que se consolidassem os lugares da Grã-Bretanha e da França num único assento da União Europeia, cujo ocupante rotativo seria selecionado pela União. Dessa maneira, sete civilizações teriam cada uma um assento permanente e o Ocidente teria dois, numa distribuição de forma amplamente representativa da distribuição das pessoas, da riqueza e do poder no mundo. (Ibid., p. 404-405)

Mas o que poderia significar uma postura aparentemente negociada e de retorno na aposta em mecanismos internacionais que evitassem conflitos é desmentido por outras citações e defesas do mesmo autor. Para Huntington, continua sendo lógico o predomínio de países sobre outros:

Um mundo no qual os Estados-núcleos desempenham um papel de liderança ou predominante é um mundo de esferas de influência. Mas é também um mundo no qual o exercício da influência pelo Estado-núcleo é temperado e moderado pela cultura em comum que ele compartilha com Estados-membros de sua civilização. Os aspectos culturais em comum legitimam a liderança e o *papel de impor a ordem que o Estado-núcleo desempenha, tanto em relação aos Estados-membros como às potências e instituições externas.* (Huntington, 1997, p. 195, grifos nossos)

No que se referem a políticas de médio prazo, as relações entre Islã e "Ocidente" também são analisadas pelo autor, que não vê, para elas, significativas perspectivas de alteração:

As causas dos renovados conflitos entre o Islã e o Ocidente residem assim nas questões fundamentais de poder e cultura. *Kto? Kovo?* Quem vai dominar? Quem vai ser dominado? A questão fundamental da política, definida por Lênin, é a raiz do confronto entre o Islã e o Ocidente. Há, entretanto, o conflito adicional, que Lênin teria considerado sem sentido, entre duas versões diferentes do que é certo e do que é errado e, como consequência, quem está certo e quem está errado. Enquanto o Islã continuar sendo o Islã (como continuará) e o Ocidente continuar sendo o Ocidente (o que é mais duvidoso), esse conflito fundamental entre duas grandes civilizações e estilos de vida continuará a definir suas relações no futuro do mesmo modo como as definiu durante os últimos 14 séculos.[17] (Huntington, 1997, p. 264-265)

O autor registra, ainda, sua percepção acerca de comportamentos classificados como "humanos":

Odiar é humano. Para sua *autodefinição* e *motivação*, as pessoas *precisam de inimigos*: concorrentes nos negócios, rivais nas realizações, adversários

---

17. Huntington destaca que imagens existentes sobre o "Ocidente" como "arrogante, materialista, repressor, brutal e decadente" não são exclusivas de fundamentalistas islâmicos. Segundo ele, ela é dividida por sujeitos que seriam considerados possíveis aliados e "correligionários naturais". Vale o registro textual da seguinte passagem: "Poucos dos livros de autores muçulmanos publicados nos anos 1990, por exemplo, receberam os elogios dados à obra de Fátima Mernissi, *Islam and democracy*, saudado de modo geral pelos ocidentais como o depoimento corajoso de uma mulher muçulmana moderna e liberal. Entretanto a representação do Ocidente feita nesse livro dificilmente poderia ser menos elogiosa. O Ocidente é 'militarista' e 'imperialista' e 'traumatizou' outras nações através do 'terror colonial' (p. 3, 9). O individualismo, marca registrada da cultura ocidental, é 'a fonte de todos os problemas' (p. 8). O poderio ocidental é temível. O Ocidente 'é o único que decide se os satélites serão empregados para ensinar os árabes ou para fazer cair bombas sobre eles. [...] Ele esmaga nossas potencialidades e invade nossas vidas, com seu produtos importados e filmes de televisão que inundam as ondas de transmissão. [...] É um poder que nos esmaga, sitia nossos mercados e controla nossos mais simples recursos, iniciativas e potencialidades. Era assim que percebíamos nossa situação, e a Guerra do Golfo transformou nossa percepção em certeza' (p. 146-147). O Ocidente 'cria o seu poderio através de pesquisas militares' e depois vende os produtos dessa pesquisa aos países subdesenvolvidos, que são os seus 'consumidores passivos'. Para se liberar dessa subserviência, o Islã precisa desenvolver os seus próprios engenheiros e cientistas, construir suas próprias armas (nucleares ou convencionais, ela não especifica) e 'se libertar da dependência militar do Ocidente' (p. 43-44). Essas, para repetir, não são as opiniões de algum aiatolá barbudo, de turbante" (ibid., p. 268). A citação é feita a MERNISSI, Fatima. *Islam and democracy*: fear of the modern world (Reading, MA: Addison-Wesley, 1992).

na política. *Elas naturalmente desconfiam daqueles que são diferentes e que têm a capacidade de lhes causar prejuízo e as veem como ameaças.* (Huntington, 1997, p. 160, grifos nossos)

E anuncia, novamente, o que visualiza em longo prazo para as relações entre a "civilização ocidental" e a China: "a ascensão da China é a fonte em potencial de uma grande guerra intercivilizacional de Estados-núcleos" (ibid., p. 262).

Obviamente tais perspectivas para a organização da sociedade tendem a ter importantes impactos sobre as mais diversas esferas da vida social. Elas reatualizam defesas realizadas em outras conjunturas históricas, que também não hesitavam em apresentar, com todas as letras, o que imaginavam de seres tidos como "inferiores" e de seus potenciais para a vida em sociedade. É Trindade quem retoma citações anteriores à redação da Constituição Francesa de 1795, posterior à Revolução de 1789, acerca do então chamado "Terceiro Estado":

> Os infelizes destinados aos trabalhos extenuantes, produtores dos prazeres de outrem, que recebem apenas o mínimo para sustentar seus corpos sofridos e carentes de tudo, esta multidão imensa de instrumentos bípedes, sem liberdade, sem moralidade, sem faculdades intelectuais, dotados apenas de mãos que ganham pouco e de uma mente onerada por mil preocupações que só servem para os fazer [sic] sofrer [...], é a estes que chamais de homens? São considerados civilizados (*policés*), mas já viu um só capaz de entrar na sociedade? (*Abade de Sieyès*, Emmanuel Joseph de Sieyès, apud Trindade, 2011, p. 52)

Registre-se: Trindade apresenta tais citações como uma crítica não à perspectiva reacionária de direitos humanos, mas a intervenções de liberais ao longo do processo de redação de documentos que demonstrariam que rumo tomariam as revoluções burguesas do século XVIII. Corretamente, não economiza na crítica:

> Esta crua ontologia da *desumanização axiológica* da maioria dos humanos tinha seu cerne cravado nesta convicção crucial: *a recusa de conceber o homem como ser genérico-universal*. Mais tarde, recolhendo esse veneno

secularmente destilado pelos liberais, o nazismo lhe daria um seguimento perfeitamente *lógico* ao desdobrá-lo em uma *antropologia do descarte*, solução "terminativa" que estendeu a desumanização às raças "inferiores", aos comunistas e outros opositores políticos, aos homossexuais, aos doentes mentais *et al*. A persistência dos preconceitos, das muitas formas de discriminação e da revigorada xenofobia são indicativos de que, longe de desconstruída, essa ontologia da desumanização segue sendo ideologicamente realimentada neste século XXI, malgrado alguma dissimulação cínica. (Trindade, 2011, p. 55, grifos originais)

Tal defesa descredenciaria a existência de uma concepção reacionária de direitos humanos? Apontaria, como defendido por diversos sujeitos que argumentam a existência de apenas duas concepções antagônicas de direitos humanos, tratar-se de distinções entre pertencentes ao mesmo bloco ideológico, como ocorre entre os socialistas?

Não é o que nos parece. Já tivemos a oportunidade de tratar em momentos anteriores a importância — ainda que contraditória e limitada —, por exemplo, da positivação de direitos para as lutas sociais. Como vimos, uma concepção reacionária de organização societária não afirma qualquer nível de igualdade (sequer jurídica e formal) entre os seres sociais. Ao contrário: defende que, inclusive na letra da lei, sejam especificadas benesses (ainda no período do feudalismo) ou restrições a direitos (como as recentemente ocorridas na Califórnia em relação a migrantes ilegais). Arroga a predominância de um país sobre outros, impondo sua forma de vida e suas concepções para temas centrais como democracia e direitos humanos. Na prática, só visualiza o futuro da humanidade (leia-se, os que pertencem a sua "civilização") com restrições a quem tem acesso a direitos — se necessário, com eliminação de outros via pestes e doenças. É possível encontrar relações entre a legalidade defendida e o que costuma ser chamado de justiça social:

> Miguel Reale, entre outros, recusaria a classificação como positivista e, no entanto, para este filósofo do Direito, é na *ordem* que se encontra a raiz de toda a elaboração jurídica: "em toda a comunidade é míster que uma ordem jurídica declare, em última instância, o que é lícito ou ilícito". E, para mais enfatizar este posicionamento, o mesmo destacado

pensador da direita repete e endossa uma frase de Hauriou, no sentido de que "a ordem social representa o *minimum* de existência e a justiça social é um luxo, até certo ponto dispensável...". (Lyra Filho, 1982, p. 34, grifos originais)

Os efeitos de uma concepção reacionária de sociedade no campo dos direitos humanos são enormes. Suas ideias são, talvez, as que encontram maior enraizamento no nível do senso comum. É só pensarmos em quantas vezes ouvimos a frase "direito humano é defesa de bandido". Daí para a legitimação de tratamentos desumanos e cruéis contra milhares de pessoas, bem como brutalidades e mesmo assassinatos — tidos como heroicos pelos que defendem tal visão[18] —, à defesa de políticas higienistas para as grandes cidades, que escondam o empobrecimento gerado pela desigualdade social e de renda, à violência contra os diferentes, é um simples passo. Resgata-se a ideia de que direitos devem existir apenas para "pessoas de bem" — e exclui-se deste conceito inúmeros contingentes de trabalhadores pobres, desempregados (que não produziriam por preguiça, não por condições concretas de vida), criminalizados e/ou privados de liberdade.

A concepção reacionária tem distinções fundamentais em relação à liberal. Nega conquistas iluministas que, como autores citados anteriormente apontaram, aproximam concepções liberais (ao menos do ponto de vista de quando a burguesia se conformava como classe revolucionária) e socialistas. O enfrentamento conjunto ao nazismo é outra demonstração possível de como tais perspectivas se chocam — levando ao que Hobsbawm (1995) denominou de inimaginável aliança entre capitalistas e socialistas, ainda que o conflito entre os representantes do capital e do trabalho tenha configurado a principal contraposição ideológica existente no século XX, especialmente após a segunda guerra mundial, como apontam os historiadores.

---

18. O Rio de Janeiro viveu, em setembro de 2009, situação bastante ilustrativa desta perspectiva. Um homem fez uma refém no bairro da Tijuca e ameaçou explodir uma granada caso não tivesse suas exigências atendidas. Foi baleado por um atirador de elite, na cabeça, vindo a óbito. Segundo a ampla cobertura de imprensa, o atirador foi aplaudido e tratado como herói pelos populares presentes. Não houve relato de tentativa de preservação de ambas as vidas.

Um aspecto adicional certamente são defesas feitas quotidianamente em torno de temas que envolvem direitos humanos. Dentre eles encontram-se alguns que costumam ter apreciações comuns de militantes de diversas concepções de direitos humanos, exceto a reacionária: podemos citar como exemplos pena de morte e prisão perpétua. Ou, inclusive, o próprio tratamento xenófobo e preconceituoso destinado a populações de outros países que buscam, em outras nações, perspectivas para suas vidas e de suas famílias — novamente com amplo apoio popular.

Ou seja, ainda que sejam possíveis e viáveis diálogos e proximidades entre distintas concepções, questões centrais relativas à organização societária ou a temas que lhes são afins (como os direitos humanos) podem conformar concepções distintas acerca dos mais diversos debates. O que não pode ser descartado é que a crise capitalista em curso motive diferentes governos e Estados a recuos muito significativos em posições anteriormente defendidas. Como apontado por Marques (2006), políticas adotadas pelos Estados Unidos e por diversos países europeus após os eventos de 11 de setembro de 2001 — inclusive alguns que não sofreram quaisquer ataques ou manifestações terroristas — recuam na oferta de direitos até então tidos supostamente como centrais para as perspectivas liberais de direitos humanos. É possível afirmar que tais países estão abandonando conquistas para as quais sua história (ainda que em perspectivas distintas das dos trabalhadores) contribuiu para consolidar — como os citados avanços do Iluminismo. Tal abandono é feito em nome de um suposto enfrentamento dos efeitos do longo ápice da atual crise internacional capitalista.

3.2 A concepção liberal de direitos humanos e algumas das principais críticas a esta perspectiva

Uma segunda concepção é a que se costuma chamar de liberal. Ela tem duas matrizes fundantes de explicação: uma, de base teológica;

outra, laica, de ordem da defesa do direito natural como algo próprio da esfera da razão. Ambas dialogam, no sentido de que, por um lado, todos seriam filhos de Deus e, portanto, teriam recebido, desde seu nascimento, uma série de direitos que, por sua vez, seriam naturais; por outro, todos seriam iguais perante a lei. Esta foi a tese apropriada pelos liberais ao longo dos últimos séculos e, ainda que dificilmente se negue o componente das lutas por direitos na atualidade, persiste presente com força significativa na sociedade em geral. Nela, é praticamente consensual entre os que visitam o debate dos direitos humanos a preponderância destinada a direitos civis e políticos, especialmente o que denominam *direito* à propriedade privada.

Como já observamos, a origem dos direitos humanos é geralmente identificada, por distintos sujeitos, com as revoluções burguesas do século XVIII. A força daqueles movimentos — especialmente da Revolução Francesa, com pretensões e impactos mundiais — fizeram com que, rapidamente, toda vez que se falasse em direitos humanos, a primeira associação fosse com as reivindicações de igualdade, liberdade e fraternidade, mas vistas exclusivamente sob a ótica liberal.

Também já foi defendido que assumir tal associação implica concordar com apenas uma das análises existentes sobre os direitos dos seres sociais. Ainda assim, é preciso reconhecer que a força da concepção liberal de direitos humanos é tamanha que sobrevive em pleno século XXI, ainda que núcleos centrais de seu pensamento sejam desrespeitados pelos próprios países que a geraram.

Em linhas gerais, as ideias que conformam a concepção liberal de direitos humanos surgiram da crítica que a burguesia, então nascente, apresentava ao modo de produção feudal de sociedade. Não se tratava de críticas morais: as formas como se organizava a vida, como transitavam mercadorias e dinheiro, como determinados sujeitos tinham acesso a privilégios não concedidos aos demais, como era limitado o ir e vir das pessoas pelos territórios então já conhecidos, como se mantinha o poder político nas mãos de algumas partes minoritárias da sociedade, dentre outros fenômenos, eram o que dava substância a tal crítica. Tratava-se, portanto, da vida concreta, real, objetiva, dos sujeitos que tentavam — à luz das posses que já acumulavam e da evolução da ciência e da tecnologia que (ainda que em níveis muito inferiores aos atuais) começava a despontar — garantir melhores meios de vida, acúmulo de bens e riquezas, acesso a serviços e a trabalhadores que pudessem contribuir, com seu trabalho, para que tais acúmulos se efetivassem. Assim, a defesa do direito de ir e vir tinha razões concretas: era preciso ter pessoas à disposição para o trabalho e fazer circular efetivamente as mercadorias e bens produzidos, garantindo sua venda e a obtenção de novos capitais. A defesa da igualdade de direitos para todos questionava a concentração de poder nas mãos dos senhores feudais e do clero, em detrimento da maioria da população. Ela precisava ser garantida *perante a lei*, de forma a possibilitar que pessoas fossem "livres" para estabelecer contratos de venda de sua mão de obra em jornadas absolutamente mal pagas e cuja duração chegava — por vezes, superava — a dezoito horas diárias. Era um processo absolutamente revolucionário que, como vimos, desde sua pretensão — anunciada nos discursos de parlamentares franceses na assembleia local — buscava criar uma nova forma de sociabilidade não exclusivamente para a França, mas para todo o mundo.

Tais ideias interessavam a outros setores, além da burguesia — como, especialmente, camponeses e trabalhadores desprovidos de acesso a quaisquer direitos que não fossem o de trabalhar para gerar riquezas que nunca lhe retornavam às mãos. Assim, estes outros setores se juntaram ao processo revolucionário e, depois dele instalado, não abandonaram as bandeiras que apresentavam ao longo das disputas com o modelo societário anterior. Ao contrário: queriam ver efetivamente existentes todos os direitos que haviam sido anunciado e disputados como direitos de todos — e não só na letra da lei, mas na vida concreta e objetiva. Foi quando a burguesia percebeu que tinha que dar um fim na — citando Leandro Konder (2009) — *arrogância* daqueles setores. Como diz Trindade (2002), a Revolução já não seria mais para todos. Os momentos em que este processo se efetivou foram citados no capítulo 1, de modo que esta breve recuperação destas informações tem caráter meramente introdutório para a sequência desta seção.

É legítimo e necessário apresentarmos críticas contundentes à burguesia, especialmente a partir do momento em que deixou de ser revolucionária e passou a se constituir como classe conservadora — de seus interesses, de seu modo de organizar a vida, das formas de extrair mais-valia do trabalho de outros, da sociabilidade burguesa como modo "adequado" de comportamento (com consequentes punições para os que ousassem infringi-la). Do ponto de vista do debate sobre direitos humanos, contudo, além da apresentação de todas estas e outras críticas é importante registrar que, no processo dialético que se instala em cada fenômeno social, ela também teve sua contribuição do ponto de vista da derrota de um modelo societário injusto e de alertar aos trabalhadores (embora a partir da recusa da efetivação do que enunciava) que seus interesses teriam que ser obra de sua própria organização.

O que houve ao longo do século XVIII foi a construção de um discurso ideológico que justificava a ascensão de uma nova classe ao poder. Para a derrota do feudalismo era necessário que os valores de igualdade, liberdade e fraternidade fossem anunciados e disputados — eles expunham contradições fenomenais existentes naquele modelo de sociedade. Não foi um recurso meramente tático da burguesia contra a ordem feudal anterior: representou a expressão ideal da nova materialidade que se anunciava para as relações sociais, que precisam superar a estratificação feudal para se conformar como burguesa e capitalista. Tratava-se, assim, de dar legitimidade social ao novo regime que surgia. Questionando valores do absolutismo feudal, e prometendo dias melhores para classes sociais que logo seriam traídas — ao longo da consolidação do processo revolucionário —, os liberais conseguiram se apresentar como os grandes defensores de valores universais que, muito antes do advento da burguesia, já eram vistos como emancipatórios e capazes de fazer avançar os padrões civilizatórios de cada sociedade.

Contudo, também esta estratégia não estava imune às contradições próprias de cada momento conjuntural. Carregava, em si própria, elementos que seriam apropriados em perspectiva de sua negação. Como afirma Marx (2008b, p. 211) trata-se dos momentos em que, inicialmente, a frase vai além do conteúdo para, posteriormente, o conteúdo superar a frase.

Assim, esta estratégia liberal não passaria despercebida pelos críticos da conjuntura que se anunciava. Do ponto de vista das lutas concretas, já foram citados processos através dos quais se calou "um movimento de matriz popular, mas socialmente heterogêneo, formado principalmente por artesãos, pequenos lojistas e profissionais de classe média" e trabalhadores assalariados — que não possuíam, ainda, organização independente (Trindade, 2002, p. 61-62) —, setores populares que se juntaram à Revolução Francesa. O que os unificava, afirma o autor, era o ódio comum à nobreza e à burguesia rica, cujos interesses começavam a evidenciar que não deixariam nada para os demais segmentos revolucionários.

Do ponto de vista do debate teórico que mobilizava a Alemanha de então, as intenções da burguesia não seriam desconsideradas. Karl Marx, em diálogo com seu (até então) interlocutor Bruno Bauer,[19] ao debater a concepção deste último sobre reivindicações dos judeus na Alemanha, apresenta suas críticas às perspectivas liberais que conformavam o programa da burguesia para aquele momento histórico. Em seu texto de oposição às ideias de Bauer, Marx criticará as concepções de homem (egoísta, burguês, que se expressa mais inteiramente na sociedade civil — "reino da vida *empírica* e *privada*" [Netto, 2009, p. 10, grifos originais]) e de cidadão (abstrato, "pessoa moral"), negando ambas em nome do ser genérico, que existe na relação social com os outros seres e, portanto, acima do individualismo reinante na sociedade burguesa. Não há, em Marx, portanto, uma negativa dos direitos humanos, mas uma crítica a *esse* homem: "Esse *homem*, o membro da sociedade civil, é agora a base, o pressuposto, do Estado *político*. É por ele reconhecido como tal nos direitos do homem" (Marx, 2009, p. 33, grifos originais). Será com a mesma percepção que o autor apresentará críticas a concepções de liberdade, de segurança, de igualdade e de direitos humanos constantes da Declaração de 1789.[20]

---

19. Cf. item 4.1, no epílogo do presente texto.

20. No trecho que se segue fizemos a opção de manter os textos originais de Marx e de autores que comentam sua crítica à concepção de direitos humanos. Ainda que sob risco de dar ao leitor a impressão de pouco diálogo com a contribuição destes autores, tal deliberação

Acerca da liberdade, já observamos como o autor a caracteriza como liberdade de compra e venda da força de trabalho, entre sujeitos jurídica e supostamente iguais, bem como com a liberdade de isolamento do ser social em relação a seus semelhantes. Marx identifica, ainda, a contradição entre o escrito e o vivenciado na sociedade burguesa do século XVIII:

> Aquela liberdade individual, assim como esta aplicação dela, formam a base da sociedade civil. Ela faz com que cada homem encontre no outro homem, não a *realização*, mas antes a *barreira* da sua liberdade. Porém, ela proclama, antes de tudo, o direito do homem. (2009, p. 30, grifos originais)

Acerca da igualdade, afirma o autor:

> A *égalité* — aqui, no seu significado não político — não é senão a igualdade da *liberté* acima descrita, a saber: que cada homem seja, de igual modo, considerado como essa mônada que repousa sobre si. A Constituição de 1795 determina o conceito dessa igualdade, conforme a sua significação, assim: Art. 3. [...] *"A igualdade consiste em que a lei — quer proteja, quer castigue — é a mesma para todos"*. (Loc. cit., grifos originais)

Já sobre o direito à segurança, diz Marx:

> A *segurança* é o supremo conceito social da sociedade civil, o conceito da *polícia*, porque a sociedade toda apenas existe para garantir a cada um dos seus membros a conservação da sua pessoa, dos seus direitos e da sua propriedade. [...] Pelo conceito da segurança, a sociedade civil não se eleva acima do seu egoísmo. A segurança é, antes, o *asseguramento* do seu egoísmo. (Loc. cit., grifos originais)

Algo chama atenção ao leitor atento à construção textual de Marx — que, lembremos, atuou profissionalmente redigindo uma

---

visa preservar cada aspecto fundamental da crítica apresentada, apontando detalhes que não devem passar despercebidos na construção textual utilizada por Marx.

enorme quantidade de artigos, por vários meses, para a *Gazeta Renana* em determinado momento de sua vida. Trata-se, portanto, de alguém com cuidado com as palavras e com aquilo que redige. Suas críticas a outros autores, em diversas publicações, não deixa dúvidas a respeito. E o que salta aos olhos em uma leitura atenta? Ao longo de sua crítica aos direitos humanos conforme concebidos nas cartas francesas, Marx se utiliza seguidamente de pronomes demonstrativos (refere-se a *esse* homem, *esses* direitos humanos, *aquela* liberdade, *essa* igualdade) e, também, possessivos (questiona *sua* liberdade, *sua* significação, *seu* egoísmo). Contrariando a visão de que seria defensor de restrições a liberdades — caracterizadas, geralmente, como civis e/ou políticas — que potencialmente se tornassem instrumentos de luta e de emancipação das classes exploradas, Marx apresenta contraposição entre o que está escrito nas previsões francesas e a realidade de então:

> Enquanto, por exemplo, a segurança é declarada como um direito do homem, a violação do segredo de correspondência é publicamente posta na ordem do dia. Enquanto a [...] *"liberdade* indefinida *da imprensa"* [...] é garantida como consequência do direito do homem, da liberdade individual, a liberdade de imprensa é completamente aniquilada, pois [...] *"a liberdade da imprensa não pode ser permitida quando ela compromete a liberdade pública"*[21] [...] i.e., portanto: o direito humano da liberdade deixa de ser um direito assim que entra em conflito com a vida *política*, enquanto, segundo a teoria, a vida política é apenas a garantia dos direitos humanos, dos direitos do homem individual; ele tem, portanto, que ser liquidado assim que contradiz a sua *finalidade*, esses direitos humanos. (Marx, 2009, p. 31, grifos originais)

É evidente, assim, que a crítica apresentada por Marx em *Para a questão judaica* é "a crítica aos direitos formais das sociedades burgue-

---

21. A citação é a Robespierre, extraída por Marx de: Bouchez, P.; Roux-Lavergne, P. *História parlamentar dos meses de junho, julho, agosto, setembro e outubro de 1793*; *História parlamentar da revolução francesa ou jornal das assembleias nacionais de 1789 a 1815*. Paris: Paulin, 1836. t. 28, p. 159 (nota do editor, nota de rodapé 41, Marx, ibid., p. 31).

sas presentes nas Declarações Americana e Francesa do século XVIII" (Claude Lefort, apud Wolkmer, 2004, p. 21).

Se recordarmos, como citado anteriormente por Lyra Filho, que Marx seguia um método de análise da sociedade (que inclui categorias e conceitos como totalidade, dialética, contradição, superação, revolução, dentre outros), é razoável supor que, em *Para a questão judaica*, o autor apresente uma *antítese* aos direitos humanos vistos em concepção liberal. Não se trata, ali, de apontar nova síntese para o debate acerca destes direitos — este não foi o centro dos estudos do autor de *O capital* (Marx, 2008a).

Trindade (2002, p. 53-59) apresentará outras reflexões críticas acerca dos documentos de 1789 e 1791.[22] Citando José Afonso da Silva (1985, apud Trindade, ibid., p. 55) registra que o indivíduo da Declaração de 1789 era abstrato, alheio aos grupos sociais, às relações familiares e à vida econômica. O cidadão aparecia, assim, "como um ente desvinculado da realidade da vida". O autor registra que, ironicamente — e como apontado quando debatemos a dimensão do devir do direito e dos direitos humanos —, a pretensão dos redatores da Declaração de reconhecer a igualdade como "de direitos", não "de recursos", facilitaria a retomada do debate sobre a noção de igualdade, posteriormente, em sentido socialista, radical, pelo movimento operário. Outro registro feito por Trindade diz respeito aos *silêncios* da Declaração:

> o sufrágio universal nem sequer foi mencionado, a igualdade entre sexos não chegou a ser cogitada (o "homem" do título da Declaração era mesmo só o do gênero masculino), o colonialismo francês (ou europeu em geral) não foi criticado, a escravidão não foi vituperada (e era uma realidade dramática naquele tempo), o direito ao trabalho foi esquecido etc. [...] Tão importantes quanto as ideias que a Declaração contém são as ideias que ela *não contém*. (Ibid., p. 55, grifos originais)

---

22. O autor refere-se, respectivamente, à Declaração de Direitos do Homem e do Cidadão e à Constituição Francesa aprovada em 14 de junho de 1791 (ibid., p. 53-59).

O autor demonstra que — tomo a liberdade de usar termo constantemente utilizado por Eric Hobsbawm — *para quem vê a história em retrospectiva*, não é de esperar que fosse diferente:

> Por mais que tivessem bebido nas fontes filosóficas iluministas dos "direitos naturais e universais", seria excessivo esperar que esses burgueses legisladores se mostrassem dispostos, de *motu proprio*, a pavimentar uma estrada jurídica que apontasse para alguma espécie mais real de igualdade social. (Trindade, 2002, p. 55-56)

À moda da democracia ateniense (em que os "infantes" — sem voz —, ou seja, escravos, mulheres, estrangeiros e crianças, não eram vistos como sujeitos de direitos), a Declaração de 1789 não visava responder às demandas de toda a população francesa:

> Os homens eram *iguais perante a lei* a as profissões estavam igualmente abertas ao talento; mas, se a corrida começasse sem handicaps, era igualmente entendido como fato consumado que os corredores não terminariam juntos [...]; no geral, o burguês liberal clássico de 1789 (e o liberal de 1789-1848) não era um democrata, mas sim um devoto do constitucionalismo, um Estado secular com *liberdades civis e garantias para a empresa privada e um governo de contribuintes e de proprietários*. (Ibid., p. 57, grifos nossos)

Sobre as reflexões desenvolvidas por Marx, Trindade (ibid., p. 136) afirma:

> Captando no movimento real dos trabalhadores a potência capaz de abrir caminhos para a superação dialética desta situação, Marx diria em *O capital*, "no lugar do pomposo catálogo dos direitos inalienáveis do homem entra a modesta Magna Charta de uma jornada de trabalho legalmente limitada". O papel dos trabalhadores como novos sujeitos ativos da transformação social seria enfatizado reiteradamente, deslocando o socialismo do plano da utopia para o terreno da luta política concreta.

Norberto Bobbio foi outro autor que apresentou considerações sobre a Declaração de 1789:

A Declaração conserva apenas um eco porque os homens, de fato, não nascem nem livres nem iguais. São livres e iguais com relação a um nascimento ou natureza ideais, que era precisamente o que tinham em mente os jusnaturalistas quando falavam em estado de natureza. A liberdade e a igualdade dos homens não são um dado de fato, mas um ideal a perseguir; não são uma existência, mas um valor; não são um ser, mas um dever ser. (2004, p. 29)

A contundente crítica, de autores de diferentes perspectivas teóricas, à concepção liberal de direitos humanos certamente contribuiria para os passos dados pelo campo socialista em sua contribuição ao debate, o que vimos na rápida recuperação feita deste processo ao longo dos séculos XIX e XX.

Cumpre-nos registrar que — como ocorre com a concepção reacionária de direitos humanos e, aliás, com todas as demais — há repercussões quotidianas da concepção liberal de direitos humanos para as lutas em defesa de um modelo efetivamente justo de sociedade. Ela — ainda que Marques apresente ressalvas que, como vimos, deslegitimam quem afirma encontrar nos textos internacionais de direitos humanos um direito "à propriedade privada dos meios de produção" — mantém a defesa da propriedade, da segurança e da vida (sempre sem defini-las precisamente, como criticaram autores já citados), como os principais direitos a serem garantidos. Ela construiu, na assembleia da ONU realizada em Nova York, em 1966, as condições que impediram que um único pacto internacional de direitos humanos fosse aprovado naquela ocasião. Vem dela a sustentação para que direitos considerados como civis e políticos (como o da liberdade — pensemos no *habeas corpus*, por exemplo, concedido, em geral, de imediato para que acusados pela primeira vez por crimes se defendam sem serem aprisionados)[23] fossem vistos como de implementação imediata no Pacto Internacional dos Direitos Civis e Políticos. Em contraposição,

---

23. Nas mobilizações de junho de 2013, no Brasil (Rio de Janeiro), contudo, a concessão de *habeas corpus* teve situações em que elementos como cor, raça e classe social interferiram para deixar manifestantes jovens negros moradores de favelas aprisionados por vários dias, em contraste com o tratamento dispensado a jovens brancos de classe média.

argumentou que direitos tidos como econômicos, sociais e culturais (como saúde, educação, previdência, assistência social, dentre tantos outros) fossem previstos como de implementação progressiva por parte dos Estados signatários do Pacto Internacional de Direitos Econômicos, Sociais e Culturais. Vem dela o conceito de *liberdade de imprensa* que permite que poucos proprietários de meios de comunicação social publiquem apenas o que querem e o que lhes interessa, em detrimento de uma cobertura mais ampla dos fatos relatados pela mídia mundo afora. É o mesmo conceito que justifica a possibilidade de se desenvolver propagandas nazistas, de pedofilia e de outras excrescências em países como os Estados Unidos — sob argumento de "não censura" e de "não cerceamento da liberdade de pensamento". Trata-se de concepção viva e atuante, ainda na atualidade, com impactos — inclusive — sobre defensores de outras perspectivas societárias e de direitos humanos (pensemos no debate sobre segurança, punibilidade e sistemas penal e prisional, tratado anteriormente).

3.3 A concepção socialista de direitos humanos, suas contribuições e limites

As críticas marxianas (em diversas interpretações, registre-se) aos limites da concepção liberal de direitos humanos constituíram-se como base para uma disputa neste campo. Tratava-se de questionar a prioridade dada à organização da sociedade que supostamente privilegia o indivíduo como seu centro, destacado da relação social com outros seres sociais. Romancistas, artistas, poetas, dentre outros, não necessariamente marxistas, expressaram reconhecimento de que uma organização societária, para favorecer o desenvolvimento de capacidades e potencialidades humanas a sua mais alta potência, deveria negar a ordem capitalista. Vejamos trechos de Wilde:

> Socialismo, comunismo, ou que nome se lhe dê, ao transformar a propriedade privada em bem público, e ao substituir a competição pela

cooperação, há de restituir à sociedade sua condição própria de organismo inteiramente sadio e há de assegurar o bem-estar material de cada um de seus membros. Devolverá, de fato, à vida, sua base e seu meio naturais. (Wilde, 2003, p. 18)

A seguir, o autor expressa sua apreensão acerca do que caracteriza o indivíduo:

> A admissão da propriedade privada, de fato, prejudicou o individualismo e o obscureceu ao confundir um homem com o que ele possui. Desvirtuou por inteiro o individualismo. Fez do lucro, e não do aperfeiçoamento, o seu objetivo. De modo que o homem passou a achar que o importante era ter, e não viu que o importante era ser. A verdadeira perfeição do homem reside não no que o homem tem, mas no que o homem é. A propriedade privada esmagou o verdadeiro individualismo e criou um individualismo falso. (Ibid., p. 26-27)

Marx e Engels também anunciam a perspectiva de apostar no máximo desenvolvimento das potencialidades dos seres sociais em uma sociedade comunista. Em *A ideologia alemã*, ao analisarem como se dará tal organização societária, afirmam que, nela,

> cada homem não tem um círculo exclusivo de atividade, mas pode se formar [...] em todos os ramos que preferir, [uma vez que] a sociedade regula a produção geral e [...] torna possível que eu faça hoje uma coisa e amanhã outra, que cace de manhã, pesque de tarde, crie gado à tardinha, critique depois da ceia, tal como me aprouver, sem ter de me tornar caçador, pescador, pastor ou crítico. (Marx e Engels, 2009, p. 49)

Mas o que interessa registrar nesta seção é que o acúmulo de lutas contra as contradições do discurso liberal e a realidade existente na sociedade capitalista, à luz dos questionamentos marxianos e marxistas, foi fazendo surgir uma concepção alternativa à liberal no que diz respeito aos direitos humanos. A ela aqui denominamos concepção socialista — Boaventura de Sousa Santos (e outros autores), como vimos anteriormente, a classifica como marxista. Tal concepção foi forjada em lutas sociais dos trabalhadores por melhores condições de trabalho e vida ao longo dos séculos XIX e XX. É praticamente unânime entre autores que se dedicam a pensar direitos humanos que sua maior contribuição foi trazer, para o campo destes debates, a necessidade de reconhecimento, previsão e efetividade a direitos de ordem social e do mundo do trabalho.

Foi assim que revoluções como a mexicana e a russa de 1917 previram em suas constituições, pela primeira vez em documentos desta envergadura, conceitos de seguridade social (Comparato, 2008; Trindade, 2002). Foi assim que em 1966 o bloco de países socialistas, no já conhecido evento de Nova York, defenderam que não deveria haver distinção entre a qualidade, a quantidade, a previsão, a garantia e a implementação de direitos, fossem eles quais fossem (embora tais países tenham sido, como vimos, derrotados pelo bloco de países liberais-capitalistas). Ainda que a conjuntura naquele momento não permitisse a aprovação de um único pacto internacional de direitos, isso não significa que a força do bloco de países socialistas e seus aliados passaria em brancas nuvens nas resoluções finais. O Pacto Internacional de Direitos Econômicos, Sociais e Culturais prevê, em seus artigos 6º e 7º, como do campo dos direitos humanos, reconhecimentos que jamais obteriam qualquer citação vinda de capitalistas, como condições de trabalho e salários justos. Fruto das lutas dos trabalhadores, seus direitos viam-se reconhecidos como direitos humanos em um Pacto Internacional, aprovado em Assembleia Geral da Organização das Nações Unidas, indo além das vitórias já alcançadas neste campo com a criação da Organização Internacional do Trabalho (OIT), em 1948. Registre-se que o artigo seguinte do mesmo Pacto (8º) reconhecerá o direito de greve (embora em conformidade com as leis de cada país) e o de livre associação sindical.[24]

Poder-se-ia objetar, com razão, que tais direitos continuam não existindo na realidade concreta na forma prevista pelo Pacto. Mas esta afirmação padeceria de uma limitação: em perspectiva crítica,

---

24. Cf. Mazzuoli ([org.], 2005, p. 597).

não é a previsão legal quem realiza efetivamente um direito. Mas ela alimenta, incentiva, sustenta as argumentações e lutas dos trabalhadores em busca de condições dignas de vida.

Devemos ainda constatar que há um possível desconhecimento de grande parte dos militantes socialistas e comunistas da contribuição desta perspectiva para o debate dos direitos humanos ao longo do século XX. Ainda é muito habitual ouvirmos, em debates promovidos por instâncias acadêmicas e/ou de movimentos sociais, uma dicotomia entre direitos humanos e os direitos do mundo do trabalho. Ainda que tenha sido constante, no mesmo século XX, em parte significativa do movimento sindical brasileiro, o reconhecimento e a defesa de algumas das súmulas da OIT, como a que estabelece a liberdade de organização sindical como parâmetro a ser previsto e seguido. É como se pudesse se afirmar algo assim: os direitos do mundo do trabalho foram obtidos das lutas dos trabalhadores; são, portanto, lutas socialistas e anticapitalistas. Por sua vez, os direitos individuais foram conquistas das revoluções burguesas; portanto, foram obtidas pelos liberais e, necessariamente, não conseguem superar a lógica desta sociedade desigual e desumana. Ora, nem uma nem outra afirmação pode ser feita sem altos riscos de equívoco histórico e político. Lutas dos trabalhadores nem sempre apontam para uma perspectiva de reconhecimento da necessidade de alteração do modo de produção capitalista — infelizmente, nos tempos em que vivemos, podemos inclusive afirmar que raramente conseguem chegar a tal dimensão, bastando-lhes a mera recomposição de parte das perdas salariais e/ou — no contexto defensivo, burocratizado, cooptado e capitulacionista que predomina em boa parte das lideranças sindicais mundo afora (basta ver os tais fundos de pensão de sindicatos e/ou trabalhadores disputando a privatização de empresas públicas) — a defesa da não retirada de direitos já conquistados. Por sua vez, afirmar que direitos denominados equivocada e arbitrariamente de individuais (já que não há direito que não seja social) foram conquistas exclusivas de liberais é desconsiderar a evolução histórica pós-século XVIII e tentar adaptar os acontecimentos históricos a sua lógica de argumentação.

Ademais, tal apreensão sobre a vida social poderia expressar uma visão específica sobre o pensamento marxiano, não consensual entre autores que se inspiram em suas contribuições: a de que haveria um predomínio da esfera econômica para a explicação da vida social. O que caracteriza o método marxiano, contudo, não é tal preponderância:

> É o ponto de vista da totalidade e não a predominância das causas econômicas na explicação da história que distingue de forma decisiva o marxismo da ciência burguesa. A categoria da totalidade, a dominação do todo sobre as partes, que é determinante e se exerce em todos os domínios, constituem a essência do método que Marx tomou de Hegel e que transformou de maneira original para dele fazer o fundamento de uma ciência inteiramente nova. (Lukács, apud Netto, 1998, p. 29)[25]

Mészáros identifica de onde surge tal inadequada associação:

> A ideia muito difundida de que o marxismo é um reducionismo econômico grosseiro, segundo o qual o funcionamento do sistema jurídico é determinado direta e mecanicamente pelas estruturas econômicas da sociedade, *representa uma interpretação liberal* da rejeição radical de Marx à concepção jurídica liberal. (Mészáros, 2008, p. 158, grifos nossos)

Percebe-se, portanto, que mesmo entre os militantes socialistas há distinções em torno de como se interpretar direitos humanos, sua evolução, suas potencialidades para lutas libertárias e — em dimensão que não será aqui aprofundada, mas cujo debate será ao menos constatado em seu epílogo — a sua compatibilidade com o marxismo e com a efetivação de uma sociedade comunista. No que se refere ao presente trabalho, registramos algo que de antemão já vimos como polêmico: há limites na concepção de direitos humanos conforme até aqui enunciada e denominada socialista.

---

25. Tais observações são feitas por Netto em citação a Lukács, Gyorgy. *Histoire et conscience de classe*. Paris: Minuit, 1965. p. 47.

A principal expressão de tais limitações é a defesa de uma hierarquia entre direitos. Invertendo (em lógica, como vimos, mais afeita ao período da Guerra Fria) a perspectiva liberal que lutava por reconhecer supremacia a direitos civis e políticos e apresentando-lhe uma antítese — a defesa da mesma supremacia a direitos econômicos, sociais, culturais — tal perspectiva não conseguiu avançar para a síntese posterior, que conserva conquistas e faz-lhes ir além. Paralisa o debate sobre direitos humanos na crítica àqueles que foram previstos em conjuntura absolutamente distinta da atual (a do século XVIII, especialmente) e deixa de perceber que a história evoluiu, fruto também da própria contribuição — inegável e fenomenal — das lutas dos trabalhadores em todo o mundo. Outra limitação é a de não perceber o acerto apontado pela Resolução da Conferência de Viena, em 1993, no sentido de que os direitos dos seres sociais são indivisíveis, inter-relacionados, interdependentes. Vejamos rapidamente dois exemplos.

É possível afirmar que o direito político ao voto é praticamente universalizado em países como o Brasil — destaque-se que apenas recentemente há iniciativas que viabilizam o direito de votos a pessoas presas. Esta constatação, contudo, geralmente terá relação com a posse do título eleitoral e a possibilidade (ou, no caso brasileiro, obrigatoriedade) de comparecimento às urnas para escolher um ou outro candidato a cargos legislativos ou executivos. Contudo, o direito ao voto está profundamente inter-relacionado com o direito ao acesso à informação — que envolve educação, acesso à leitura, à cultura, à possibilidade de interpretação da vida política, econômica, cultural de cada sociedade. Articulam-se, nesta perspectiva mais ampla e complexa, direitos denominados, portanto, como de diferentes "gerações". Não é por menos que pesquisas indicam que alguns meses após os processos eleitorais a maioria dos brasileiros não consegue se lembrar de que candidatura contou com seu voto.

Um segundo exemplo é como se efetiva ou não o acesso a políticas como assistência social, educação e saúde em determinadas metrópoles brasileiras e mundiais. Se contarem com presença de traficantes de drogas e de milícias policiais, muitas vezes o acesso de determinados segmentos populacionais aos equipamentos que oferecem tais serviços é limitado — e pelo direito de "ir e vir", tido por muitos como "liberal" e "burguês". Ambos os exemplos demonstram que acessar condições de vida (ou contribuir para a democratização da sociedade, ainda que nos limites da institucionalidade burguesa) na sociedade do século XXI implica articular diversos direitos.

Os documentos internacionais de direitos humanos aprovados após as duas grandes guerras mundiais também reúnem, por suposto, vários limites. São resultados de acordos, conflitos, maiorias momentâneas e às vezes inconstantes em assembleias e eventos internacionais que lhe deram origem. Mas não são os mesmos, filosófica, política e estrategicamente[26] falando, previstos pelas constituições liberais.

O mais grave e difícil para a perspectiva anticapitalista no debate sobre os direitos humanos é que tal postura — antidialética por si só — contribuiu para levar a experiências concretas em sociedades que se reivindicaram socialistas e que ainda se dizem anticapitalistas, em processo já citado ao longo do primeiro capítulo. É inegável que tais experiências podem ter avançado — e o fizeram, efetivamente — significativamente, em relação às de países capitalistas, em relação à universalização de acesso a saúde e educação, por exemplo. Basta verificar o exemplo de Cuba, com todas as dificuldades que lhe são impostas há décadas pelo bloqueio econômico internacional, acentuados pela derrocada da experiência soviética em finais do século XX. Cabe registrar, contudo, que o bloqueio econômico a Cuba sempre foi polêmica pauta dos encontros e assembleias da Organização das Nações Unidas. Nos últimos anos vêm sendo tomadas posições — ainda que indicativas — de sua condenação pela maioria dos países que integram a ONU, reconhecendo sua incompatibilidade com a defesa da autodeterminação dos povos e da oferta de melhores condições de vida para a população do país da América Central.[27]

---

26. Do ponto de vista do que anunciam, do modelo de sociedade que exigem para sua efetiva implementação.

27. Acerca de como alguns dos próprios cubanos veem a situação atual de seu país, vale consultar relatos da visita de Aleida Guevara ao Brasil, em 2011, socializados em Ruiz (2011).

Portanto, há limites e contradições na chamada concepção socialista de direitos humanos. Contudo, é forçoso reconhecer que ela cumpriu papel fundamental de polarização e antítese a concepções liberais ao longo do século passado, sendo a principal responsável por vários dos avanços obtidos no campo dos debates sobre os direitos humanos.

3.4 A concepção autodenominada contemporânea de direitos humanos

Outra concepção, com características e impactos específicos sobre o debate acerca dos direitos humanos é a que se convencionou chamar de contemporânea. Cumpre registrar alguns aspectos acerca desta denominação. Ela provavelmente se refere a um evento tido como marco histórico no debate sobre direitos humanos, a Conferência Mundial de Direitos Humanos realizada em Viena no ano de 1993. No programa de ação nela aprovado, em seu artigo 5º, como vimos, os direitos humanos foram considerados como universais, indivisíveis, interdependentes e inter-relacionados, superando a contraposição entre as concepções liberal e socialista no que diz respeito à prevalência de alguma modalidade de direitos sobre outras. Ocorre que de 1993 para 2014 passaram-se mais de duas décadas — e acontecimentos de finais do século XX e início do século XXI modificaram significativamente as intervenções que distintos sujeitos fazem quanto aos direitos humanos (por exemplo, revigorando a concepção reacionária, a partir de interpretações que se contrapõem às conquistas obtidas nos cinquenta anos anteriores). "Contemporânea", neste sentido, pode ser uma denominação já superada pela história. Talvez pudesse ser utilizada a denominação "concepção de Viena". Como vimos, no entanto, a base histórica para a positivação da concepção expressa na deliberação da capital austríaca estava em debate desde Nova York, em 1966 (portanto, quase três décadas antes) — o que não contribuiria do ponto de vista do registro fiel dos fatos que levaram a tais avanços. Desta forma, optamos por, no título desta seção, utilizar o termo concepção autodenominada contemporânea. Ele não é o melhor, mas registra estranhamento ao leitor, o que possibilita instigar a curiosidade em torno desta grafia e ter contato com tais contradições.

Um dos limites desta concepção também está relacionado ao contexto da Guerra Fria. Ao fazer avançar as concepções liberal e socialista de direitos humanos então em disputa aberta na seara dos debates sobre o tema, as resoluções de Viena não conseguiram, contudo, apontar uma superação que pudesse ser qualificada de dialética quanto aos limites anteriores. Referimo-nos, especialmente, a uma maior especificação do que seja o *direito à propriedade*, debate efetuado em seções do capítulo 2.

Parece óbvio que cartas e tratados internacionais, para obterem adesão dos mais diversos Estados, não podem pretender precisar detalhadamente o que entendem por cada direito enunciado. Trata-se de um processo de negociação, de busca de cooperação internacional — lembremo-nos, cujo maior avanço veio após os milhões de mortes e horrores vivenciados após as duas grandes guerras mundiais, com especial destaque para a segunda.

Nem tudo, contudo, deixa de ser expresso no documento aprovado pela assembleia da ONU em 1993. Para melhor ilustrar limites e potencialidades da Declaração e Programa de Ação de Viena cumpre-nos visitar algumas de suas afirmações textuais. Iniciemos por alguns de seus limites. O texto demonstra a preocupação com o fenômeno da pobreza pelo mundo, em seu parágrafo 14:

> A existência de situações generalizadas de extrema pobreza inibe o pleno e efetivo exercício dos direitos humanos; a comunidade internacional deve continuar atribuindo alta prioridade a medidas destinadas a aliviar e finalmente eliminar situações dessa natureza. (Mazzuoli [org.], 2005, p. 531)

O texto fala por si só: não se pretende, no que foi possível aprovar em Viena, a eliminação da pobreza, mas de suas manifestações extremas. Em outro trecho o texto saúda países em desenvolvimento que tenham tomado medidas para tentar superar tal estado. Observe-se, contudo, que tal saudação se dá a um determinado leque de medidas (que, no contexto dos anos 90, já conhecemos anteriormente como neoliberais):

> A Conferência Mundial sobre Direitos Humanos reafirma que os países menos desenvolvidos que optaram pelo processo de *democratização e reformas econômicas*, muitos dos quais situam-se na África, devem ter o apoio da comunidade internacional em sua *transição para a democracia e para o desenvolvimento econômico*. (Mazzuoli [org.], 2005, p. 530, grifos nossos)[28]

Na mesma linha, em seu parágrafo 12 não se fala em abdicar das dívidas externas geradas por tais programas, que costumam consumir a maior parte das riquezas de países explorados pelas grandes potências:

> A Conferência Mundial sobre Direitos Humanos apela à comunidade internacional no sentido de que a mesma empreenda todos os esforços necessários para *ajudar a aliviar a carga da dívida externa dos países em desenvolvimento*, visando complementar os esforços dos governos desses países para garantir plenamente os direitos econômicos, sociais e culturais de seus povos. (Ibid., p. 530, grifo nosso)

O documento ainda centra sua análise no amplo e a-histórico conceito de "pessoa humana"; reafirmando o caráter "natural" dos direitos humanos e liberdades fundamentais. Vejamos, respectivamente, um de seus considerandos e seu parágrafo 1:

> Reconhecendo e afirmando que todos os direitos humanos têm origem na dignidade e valor inerente *à pessoa humana*, e que esta é o sujeito central dos direitos humanos e liberdades fundamentais, razão pela qual deve ser a principal beneficiária desses direitos e liberdades e participar ativamente de sua realização. (Ibid., p. 527, grifo nosso)

---

28. Cf. parágrafo 9 da citada Declaração.

E, a seguir,

> Os direitos humanos e as liberdades fundamentais são *direitos naturais de todos os seres humanos*; sua proteção e promoção são responsabilidades primordiais dos governos. (Mazzuoli [org.], 2005, p. 528, grifo nosso)

Por outro lado, a leitura da Declaração e Pacto de Ação de Viena permite perceber que o mesmo documento apresenta elaborações conflitantes com perspectivas de países como os Estados Unidos. Nos trechos a seguir, chamamos atenção para o quanto eles se chocam com ações como o cerco econômico a Cuba e a posturas imperialistas dos EUA em relação a Iraque, Afeganistão, Porto Rico e outros países; a utilização do discurso de defesa dos direitos humanos em instrumento de combate ideológico a experiências anticapitalistas por países que assim se reivindicam; a seguir, com a busca — infelizmente, bem-sucedida no atual momento histórico — por transformar serviços essenciais para a vida das diversas populações em mercadorias e novos focos de rentabilidade para o capital.

Iniciemos pelo princípio da autodeterminação dos povos, em seus considerandos:

> Considerando as importantes mudanças em curso no cenário internacional e as aspirações de todos os povos por uma ordem internacional baseada nos princípios consagrados na Carta das Nações Unidas, incluindo a promoção e o encorajamento do respeito pelos direitos humanos e pelas liberdades fundamentais de todas as pessoas e o respeito pelo princípio dos direitos iguais e da *autodeterminação dos povos* em condições de paz, democracia, justiça, igualdade, Estados de Direito, pluralismo, desenvolvimento, melhores padrões de vida e solidariedade. (Ibid., p. 525-526, grifo nosso)

Reconhece, em parte do parágrafo 29, que violações a direitos ocorrem pelo mundo todo:

A Conferência Mundial sobre Direitos Humanos expressa profunda preocupação com as violações de direitos humanos registradas em todas as partes do mundo, em desrespeito às normas consagradas nos instrumentos internacionais de direitos humanos e no direito internacional humanitário. (Mazzuoli [org.], 2005, p. 535)

Registre-se: tal constatação esvazia o discurso imperialista de invasões a outros países sob a pretensão de defesa da democracia e dos direitos humanos, uma vez que o próprio Programa de Ação de Viena reconhece o registro de violações em todo o mundo, o que inclui, necessariamente, países que se arrogam o direito de invadir outros em nome dos direitos humanos.

Afirma, no parágrafo 31, a universalidade de direitos como acesso à saúde, condições de bem-estar, oferta de alimentação, serviços sociais necessários, relacionando-os, em parte, à unilateralidade das relações comerciais estabelecidas entre os países:

A Conferência Mundial sobre Direitos Humanos apela aos Estados para que não tomem medidas unilaterais contrárias ao direito internacional e à Carta das Nações Unidas que criem obstáculos às relações comerciais entre Estados e impeçam a plena realização dos direitos humanos enunciados na Declaração Universal dos Direitos do Homem e nos instrumentos internacionais de direitos humanos, particularmente o direito de todas as pessoas a um nível de vida adequado à sua saúde e bem-estar, que inclui alimentação e acesso a assistência de saúde, moradia e serviços sociais necessários. A Conferência Mundial sobre Direitos Humanos afirma que a alimentação não deve ser utilizada como um instrumento de pressão política. (Loc. cit.)

Outros trechos da Declaração reunirão aspectos relativos à destruição do meio ambiente (com referência à ECO-92, realizada no Rio de Janeiro, Brasil), ao combate à xenofobia, ao preconceito e à discriminação, aos direitos de mulheres e crianças, dentre outros.

É fato, portanto, que aspectos que dão origem a concepções liberais de direitos humanos permanecem presentes no documento. Ao mesmo tempo, expressando a disputa existente na assembleia que lhe deu origem, a Declaração e o Programa de Ação de Viena fazem afirmações que conflitam com o modo de produção hoje hegemônico no mundo — que não efetiva direitos em perspectivas universais, interdependentes, indivisíveis e inter-relacionadas, marca histórica mais evidente da aprovação do evento da capital austríaca.

O Programa de Ação de Viena expressa outras preocupações e apresenta constatações próprias da conjuntura vivenciada internacionalmente em 1993. Assim é que registra preocupação com os avanços na área das ciências biológicas e biomédicas (que continuam causando polêmica e apreensão no atual momento histórico, por exemplo, todo o debate que envolve a utilização de células-tronco, de clonagem humana e ações afins, em um campo do conhecimento que vem sendo denominado genericamente de bioética); registra a explosão do fenômeno da migração, entre países ou internamente a seus territórios, seja em função da pobreza e da busca por melhores condições de vida, seja como decorrência de ocupações militares, guerras civis e processos semelhantes. Sua aprovação, conforme registra o parágrafo final do Programa, foi garantida por unanimidade na assembleia realizada em 1993. Sua preparação foi precedida de encontros regionais e de contribuições de instituições e movimentos sociais não ligados aos Estados e governos membros da ONU. Ou seja: trata-se de uma tentativa, expressa e assumida, de estabelecer e fazer avançar, onde possível, as relações internacionais entre os povos e os países. Não se trata — nem em intenção, portanto — de estabelecer padrões inquestionáveis que resolvam todos os problemas da humanidade (tais afirmações ficam por conta de seus defensores, boa parte deles reconhecendo na concepção autodeterminada contemporânea este nível de avanços e potencialidades). Mas, inquestionavelmente, cumpre papéis fundamentais para as lutas em curso naquele período e posteriormente a ele. Por exemplo, não é por acaso que seu artigo 5º — o que reconhece o mesmo patamar de importância a todos os direitos — seja o mais citado do Programa de Ação, tido como marco referencial de tal concepção de direitos humanos.

O que expressa, contudo, seus maiores limites, é a ausência de uma análise macrossocietária que permita contribuir para identificar as causas das desigualdades sociais e de outras ordens que geram violações a diversos direitos. Ou seja: há a limitação de não apontar elementos de uma organização societária capaz de cumprir o enunciado no artigo 5º das resoluções de Viena.

A manutenção do reconhecimento da propriedade privada — ainda que, como visto, não signifique textualmente a propriedade privada dos meios de produção de riqueza social — como *direito* altera significativamente as condições objetivas de luta por tais previsões e não evidencia que, na atualidade, o principal óbice à implementação dos direitos humanos em perspectiva universal tem nome e sobrenome, registro e reconhecimento internacional: a sociedade capitalista, as premissas e sociabilidades dela advindas.

3.5 Uma concepção pós-moderna de direitos humanos?

Se admitirmos que concepções de direitos humanos se aliam a concepções mais gerais de organização de sociedade, aquelas que denominamos macrossocietárias, uma questão se colocará inevitavelmente para o debate. Existe uma determinada apreensão dos fenômenos sociais na contemporaneidade que, embora distinta da concepção reacionária de organização societária, também nega avanços obtidos pela modernidade e pelo período da Ilustração. Se não reivindica a volta a formas de organização social pré-capitalistas e feudais (não alega priorizar, por exemplo, explicações teológicas para explicação da realidade), nega conceitos que são fundamentais especialmente para concepções como a marxiana e a marxista de sociedade e, mesmo, as liberais, posto que também sejam depositárias de conquistas modernas e ilustradas. Chegaremos, então, à questão: haveria uma concepção pós-moderna de direitos humanos já em curso nas disputas em torno de seu reconhecimento e efetivação?

Esta seção tem por objetivo buscar elementos que contribuam para uma resposta a esta indagação. O caminho traçado será definir brevemente o que tem sido considerado pós-modernidade, seguindo-se diálogo com autores que lhes são críticos e/ou, mesmo que não reivindicando tal postura, aproximam-se — em determinadas premissas e proposições de seu pensamento — de negativas que são centrais àquela perspectiva.

Joseane Soares Santos (2007, p. 32-36) define a pós-modernidade como a defesa da modernidade como pretérita. Ou seja, os autores que se filiam a tais perspectivas defendem que as transformações em curso na sociedade contemporânea teriam levado à superação dos pilares da modernidade para a análise da crítica social. Assim, o conceito de totalidade seria confundido, propositalmente, com totalitarismo e ocultamento de diferenças (Santos, 2007, p. 39). Haveria um abandono de metanarrativas universais, já que a realidade contemporânea apresentaria uma pretensa proliferação de particularismos (Rouanet, 1998). Classes sociais seria um conceito ultrapassado, próprio do período histórico que haveria encerrado com o fim da Guerra Fria e a queda dos regimes do chamado socialismo real. Haveria, nas palavras da autora, uma impotência e uma perplexidade que seriam próprias do pensamento da lógica pós-moderna diante das alterações em curso internacionalmente (ibid., 37). Citando Boaventura de Sousa Santos (1996, p. 18-19), a autora apresenta, ainda, como característica deste pensamento o predomínio da realidade sobre as teorias, em processo que teria levado a que a primeira tomasse a dianteira sobre as segundas para tentar explicar o que se passa na vida social. O autor apresentaria a seguir (ibid., 1996, p. 19-21) cinco perplexidades e/ou desafios apresentados à sociologia dos anos 1980 e 1990. Em resumo, seriam elas: (a) a assunção de problemas políticos, culturais, simbólicos e de modos de vida a serem apreciados para além dos de natureza econômica (desemprego, inflação, integração regional, política financeira, dentre outros); (b) a "marginalização do Estado nacional", com perda de autonomia e de capacidade de regulação, em função de intensas práticas transnacionais, da internacionalização da economia e do maior fluxo de pessoas pelos diversos países; (c) transformações ocorridas no que denomina "o regresso do indivíduo", cuja vida privada estaria se tornando cada vez mais pública e menos individual, após anos de comportamentos e valorização do micro sobre o macro; (d) o desaparecimento das disputas entre capitalismo e socialismo, adicionadas por um surpreendente consenso em torno da democracia (citado como um dos grandes paradigmas sociopolíticos da modernidade), ainda que se constatem conflitos entre democracia e liberalismo econômico e que a promoção daquela venha sendo feita conjuntamente (e em dependência) com o neoliberalismo; e (e) a ampliação de interdependências transnacionais, que ultrapassariam fronteiras determinadas por antigos costumes, línguas e ideologias, com o consequente surgimento de novas identidades regionais e locais, "numa revalorização do direito às raízes".

Jameson, analisando características próprias da pós-modernidade, acrescenta outro aspecto ao debate: o que vem sendo denominado por diversos autores de "presentismo". Trata-se da valorização — nas palavras de Joseane Soares Santos, da reificação (2007, p. 44-45) do presente —, que transforma

> o passado em uma miragem visual, em estereótipo, ou textos [que abolem] efetivamente qualquer sentido prático e de um projeto coletivo. [Abandona-se] a tarefa de pensar o futuro às fantasias da pura catástrofe e cataclismos inexplicáveis. (Jameson, 1996, p. 72-73)

Netto registra que a pós-modernidade envolve mais que o pós-modernismo: "é movimento intelectual muito diferenciado — não constitui um campo teórico e ideopolítico homogêneo", chegando a haver distinções entre "pós-modernos de 'oposição'", críticos ao capitalismo — cita Boaventura de Sousa Santos — e "pós-modernos de 'celebração'", referência aos que Habermas qualificaria de neoconservadores, entre eles, Lyotard (Netto, 2010, p. 261). Ainda que reconhecendo tal diversidade, afirma haver um denominador comum, identificado por três traços: (a) a aceitação da imediaticidade para apresentação dos fenômenos socioculturais como sua expressão e modo de ser, suprimindo distinções clássicas como as existentes entre aparência e essência, ciência e arte, bem como equalizando conhecimento científico e não científico; (b) a recusa da categoria da totalidade, filosófica e teoricamente (ela seria, dentre outros fatores, anacrônica diante das transformações sociais em curso); e (c) a semiologização da realidade social, com o privilégio (ou quase monopólio) oferecido a dimensões simbólicas da vida social, reduzindo-as a uma "pura discursividade [...] ou ao domínio do signo e/ou à instauração abusiva de hiper-realidades" (Netto, 2010, p. 261-262).

Seria possível reconhecer alguns destes traços em perspectivas em disputa no campo dos direitos humanos? Haveria autores que, ainda que não se definindo como pós-modernos nem tendo reconhecida contribuição para o acúmulo atualmente existente sobre ele, reforçariam tais leituras em sua interpretação sobre o tema?

Analisemos algumas das contribuições de Bobbio,[29] conhecido interlocutor sobre direitos humanos, para tentar encontrar pistas para estas questões. Como já vimos, o autor não é adepto de explicações teológicas para a vida social. Admite a hipótese de que desconhecemos mais que conhecemos a história da humanidade, mesmo com todo o acúmulo realizado por milênios:

---

29. Necessário registrar uma ressalva. Encontrar elementos de concordância na obra de um autor com determinada corrente e/ou proposição teórica não significa rotulá-lo como adepto desta ou daquela perspectiva. Diga-se de passagem, não concordamos com certa tendência ao rótulo ideológico ou teórico como facilitador do diálogo sobre diferentes ideias acerca da realidade social. Ele é limitador da possibilidade de apreensão de distintas contribuições. Não se trata, cabe reafirmar, de uma defesa do ecletismo, mas da análise dialética que permite a conservação de elementos da realidade apontados em um quadro anterior ao mesmo tempo em que se constatam e se viabilizam avanços. Ao menos enquanto não houver a possibilidade de conhecer o conjunto da obra de um determinado autor, parece-nos prudente estabelecer tal distinção. Acerca da contribuição de Bobbio, por exemplo, identificaremos, ao tratar outras concepções de direitos humanos e as relações que as mesmas estabelecem entre si que, se é fato de que algumas de suas observações dialogam com os questionamentos pós-modernos às conquistas da Ilustração, o autor reconhece direitos como parte de um processo histórico e dialético de lutas, vê o homem como um ser teleológico e defende características para o debate sobre direitos humanos que se conflitam com o que aqui chamamos de concepção pós-moderna.

De minha parte, não hesito em afirmar que as explicações ou justificações teológicas não me convencem, que as racionais são parciais, e que elas estão frequentemente em tal contradição recíproca que não se pode acolher uma sem excluir a outra (mas os critérios de escolha são frágeis e cada um deles suporta bons argumentos). Apesar de minha incapacidade de oferecer uma explicação ou justificação convincente, sinto-me bastante tranquilo em afirmar que a parte obscura da história do homem (e, com maior razão, da natureza) é bem mais ampla que a parte clara. (Bobbio, 2004, p. 51)

Contudo, parece defender certo relativismo ao relacionar direitos e deveres:

Com uma metáfora usual, pode-se dizer que direito e dever são como o verso e o reverso de uma mesma moeda. Mas qual é o verso e qual é o reverso? Depende da posição com que olhamos a moeda. Pois bem: a moeda da moral foi tradicionalmente olhada mais pelo lado dos deveres do que pelo lado dos direitos. (Ibid., p. 53)

Relativismo, este, que também é encontrado no que diz respeito ao debate sobre os direitos humanos:

A história tem apenas o sentido que nós, em cada situação concreta, de acordo com a oportunidade, com nossos desejos e nossas esperanças, atribuímos a ela. E, portanto, não tem um único sentido. Refletindo sobre o tema dos direitos do homem, pareceu-me poder dizer que ele indica um sinal do progresso moral da humanidade. Mas é esse o único sentido? Quando reflito sobre outros aspectos de nosso tempo — por exemplo, sobre a vertiginosa corrida armamentista, que põe em perigo a própria vida na Terra —, sinto-me obrigado a dar uma resposta completamente diversa. (Ibid., p. 60)

Ora, se a história tem, para cada um, o sentido que se lhe atribui, há um diálogo muito próximo com a *negativa de metanarrativas* para apreensão de suas distintas dimensões, bem como com o *presentismo*, uma vez que se abre a possibilidade de que cada analista lhe *atribua sentidos* a partir de suas próprias perspectivas e experiências.

Em relação às metanarrativas, não há qualquer sombra de dúvida do posicionamento do autor. Vejamos:

> Mas será que hoje, no âmbito de um pensamento fragmentado como o que caracteriza a filosofia contemporânea, tão desconfiada diante das ideias gerais, tão temerosa (*a meu ver, corretamente*) de se comprometer com *visões excessivamente gerais, alguém pode crer ainda num sujeito universal*? (Bobbio, 2004, p. 122, grifos nossos)

Além de negar as narrativas gerais sobre a sociedade, o autor nega a possibilidade de qualquer sujeito universal — embora Bobbio se utilize, ao longo de sua obra publicada em 2004, do conceito de classes sociais em algumas ocasiões (ainda que não pareça ser-lhe uma categoria central). Elas aparecem, por exemplo, no seguinte trecho:

> O mundo dos homens dirige-se para a paz universal, como Kant havia previsto, ou para a guerra exterminadora, para a qual foi cunhada, em oposição a pacifismo, um dos ideais do século que acreditava no progresso, a palavra "exterminismo"? Dirige-se para o reino da liberdade, através de um movimento constante e cada vez mais amplo de emancipação (dos indivíduos, *das classes*, dos povos), ou para o reino do Grande Irmão, descrito por Orwell? (Ibid.: 121, grifo nosso)

A impossibilidade de existência de sujeitos universais seria uma negativa da existência e da influência das classes sociais na conformação de modelos societários? Em trechos em que classes sociais estão subjacentes para qualquer analista que reconheça sua existência e importância elas não são citadas textualmente:

> Isso significa que a conexão entre a mudança social e mudança na teoria e na prática dos direitos fundamentais sempre existiu; o nascimento dos direitos sociais apenas tornou essa conexão mais evidente, tão evidente que agora já não pode ser negligenciada. Numa sociedade em que só os proprietários tinham cidadania ativa, era óbvio que o direito de proprie-

dade fosse levado a direito fundamental; do mesmo modo, também foi algo óbvio que, na sociedade dos países da primeira revolução industrial, quando entraram em cena os movimentos operários, o direito ao trabalho tivesse sido elevado a direito fundamental. A reivindicação do direito ao trabalho como direito fundamental — tão fundamental que passou a fazer parte de todas as Declarações de Direitos contemporâneas — teve as mesmas boas razões da anterior reivindicação do direito de propriedade como direito natural. Eram boas razões que tinham suas raízes na natureza das relações de poder características das sociedades que haviam gerado tais reivindicações e, por conseguinte, na natureza específica — historicamente determinada — daquelas sociedades. (Bobbio, 2004, p. 71)

Destaque-se que Bobbio, embora afirme a obviedade de certos processos, associa tais constatações a processos reais, cuja materialidade demonstra que classes sociais que se apresentam como parte da organização da sociedade (proprietários burgueses e trabalhadores e seus movimentos organizativos) colocam para o debate direitos como o de propriedade ou os relacionados ao mundo do trabalho. Há trechos em que a leitura apresentada pelo autor — ainda que sempre buscando elementos na realidade para justificar suas análises — desconsidera, no entanto, dimensões centrais para o período em que tais disputas se efetivam.

> Essa universalidade (ou indistinção, ou não discriminação) na atribuição e no eventual gozo dos direitos de liberdade não vale para os direitos sociais, e nem mesmo para os direitos políticos, diante dos quais os indivíduos são iguais só genericamente, mas não especificamente. Com relação aos direitos políticos e aos direitos sociais, existem diferenças de indivíduo para indivíduo, ou melhor, de grupos de indivíduos para grupos de indivíduos, diferenças que são até agora (e o são intrinsecamente) relevantes. Durante séculos, somente os homens do sexo masculino — e nem todos — tiveram o direito de votar; ainda hoje não têm esse direito os menores, e não é razoável pensar que o obtenham num futuro próximo. Isso quer dizer que, na afirmação e no reconhecimento dos direitos políticos, não se pode deixar de levar em conta determinadas diferenças, que justificam um tratamento não igual. Do mesmo modo, e

com maior evidência, isso ocorre no campo dos direitos sociais. Só de modo genérico e retórico se pode afirmar que todos são iguais com relação aos três direitos sociais fundamentais (ao trabalho, à instrução e à saúde); ao contrário, é possível dizer, realisticamente, que todos são iguais no gozo das liberdades negativas. (Bobbio, 2004, p. 65-66)

É instrutivo perceber que ao contrapor realidades indiscutíveis quanto à universalidade oferecida aos direitos de caráter civil (liberdades) e aos sociais (trabalho, instrução, saúde), o autor não registra o que nos parece ser o substrato histórico de tal disputa: o conflito entre perspectivas distintas de organização societária e, portanto, de direitos humanos, entre capitalistas e socialistas. Poder-se-ia afirmar que há, neste trecho, uma aparente desconsideração de uma característica intrínseca a tal momento histórico. Contudo, tal constatação teria que vir necessariamente acompanhada de outra: constantemente analistas que afirmam terem referência nas contribuições marxistas e marxianas também não reconhecem o efeito da Guerra Fria sobre tal período, preferindo adotar uma perspectiva de contrapor direitos civis e políticos a sociais, culturais e econômicos. Não nos parece que devam, por isso, ser necessariamente denominados pós-modernos, mas, sim, que assumem uma perspectiva, em nossa análise, equivocada. Sobre Bobbio, Celso Lafer, na apresentação ao livro do autor italiano, ao comentar sua defesa constante de formas de proteção efetiva aos direitos humanos, afirma que tal busca

> faz sentido para Bobbio "socialista liberal" e reformista que, ao examinar os Direitos do Homem e Sociedade [título do texto em que o trecho das páginas 65 e 66 foi retirado], identifica nos direitos humanos um meio apto a induzir a mudança social. (Lafer, 2004, p. XII)

Há, ainda, no texto de Bobbio aqui analisado, trechos que demonstram certa defesa de uma postura eclética, buscando conciliar o inconciliável (Coutinho, 1991):[30]

---

30. Coutinho cita como um dos exemplos de ecletismo a tentativa de conciliar teorias sociais de Marx e Freud. Alerta para uma importante distinção. É possível combinar contribuições

E é um sinal dos tempos [...] o fato de que, para tornar cada vez mais evidente e irreversível essa reviravolta, *convirjam até se encontrarem, sem se contradizerem, as três grandes correntes do pensamento político moderno: o liberalismo, o socialismo e o cristianismo social*. Elas convergem apesar de cada uma delas *conservar a própria identidade na preferência atribuída a certos direitos mais do que a outros*, originando assim um sistema complexo, cada vez mais complexo, de direitos fundamentais cuja integração prática é muitas vezes dificultada pela sua fonte de inspiração doutrinária diversa e pelas diferentes finalidades que cada uma delas se propõe a atingir, mas que, ainda assim, representa uma meta a ser conquistada na auspiciada unidade do gênero humano. (Bobbio, 2004, p. 206, grifos nossos)

Parece ser fato, à luz do século XXI, que há experiências liberais desenvolvidas em nome de certo tipo de socialismo (pensemos em recentes governos federais de países como o Brasil — dos presidentes Luís Inácio Lula da Silva e Dilma Rousseff). Também é fato que houve (e há, embora com muito menor impacto que na segunda metade do século XX) experiências que buscaram aliar a construção de uma sociedade anticapitalista, inspiradas em contribuições marxianas, ao que o autor denomina cristianismo social (a Teologia da Libertação, como citado no capítulo 1). Contudo, afirmar que liberalismo, socialismo e cristianismo social não se contradizem no que lhes é fundamental é algo a ser evidentemente questionado. Outro aspecto analítico sobre o trecho (de texto escrito em 1991) é o fato de que não cita, no próprio debate em torno de uma possível distinção do que sejam os direitos fundamentais para cada distinta perspectiva, os acúmulos dos debates havidos ao longo do período — a assembleia de Nova York já havia sido realizada, com os pactos internacionais de direitos civis e políticos e de direitos econômicos, sociais e culturais já se encontrando aprovados; estava em curso, então, a construção da

---

de Marx para a leitura de como a sociedade se organiza e de Freud quanto à subjetividade dos indivíduos. O que é inconciliável é entender a história como resultado da organização macrossocietária e das classes e, ao mesmo tempo, como resultado das ações de indivíduos motivados por suas pulsões, repressões e vivências da sexualidade.

assembleia geral da ONU de 1993, em Viena, que viria a consagrar o princípio que, do ponto de vista das cartas internacionais, nega preponderância a quaisquer dos dois "campos" dos direitos humanos.

Bobbio reconhece, ainda, a existência de uma "era pós-moderna", oferecendo-lhe características distintas dos autores já citados.

> Entramos na era que é chamada de pós-moderna e é caracterizada pelo enorme progresso, vertiginoso e irreversível, da transformação tecnológica e, consequentemente, também tecnocrática do mundo. Desde o dia em que Bacon disse que a ciência é poder, o homem percorreu um longo caminho! O crescimento do saber só fez aumentar a possibilidade do homem de dominar a natureza e os outros homens. (Bobbio, 2004, p. 209)

Enfim, mais que caracterizar determinado autor como adepto de uma ou outra perspectiva ideoteórica, o que nos interessa, nesta seção, é discutir se há possibilidade de que elementos da perspectiva que defende a pós-modernidade podem ser identificados nas lutas quotidianas por direitos humanos. A resposta mais adequada nos parece ser a afirmativa. Uma apreciação crítica de como se efetiva a militância por direitos oferece elementos que merecem ser considerados neste debate.

Há segmentos de luta por direitos humanos — como de outros temas afins à vida no início do novo século — que argumentam que o conceito de classe social não dá conta de explicar os fenômenos sociais. Em nossa perspectiva, tais afirmações desconsideram que a divisão fundamental da sociedade em classes no capitalismo não significa negar a existência de diversidades e heterogeneidades internas às classes trabalhadoras, por exemplo. Aliás, não apenas na diversidade interna às classes podemos buscar argumentos que se contraponham aos que desconsideram as classes sociais na análise da evolução dos diversos direitos. Pensemos no debate que envolve o meio ambiente. Tem crescido a consciência internacional da necessidade de se pensar formas sustentáveis de desenvolvimento da vida humana. Se mantido o ritmo crescente de agressões à natureza teremos, muito proximamente, ausência de recursos naturais para a vida das centenas de milhões de habitantes sobre a Terra. Obviamente isto requer conscientização e mudança de culturas, inclusive individuais, para a preservação da natureza, sua recuperação, a manutenção de condições efetivas de vida para próximas gerações. Mas nada será suficiente se tais esforços forem apenas dos indivíduos. A questão central envolve o modo de produção de riquezas em cada sociedade, o que está diretamente ligado a distintos interesses de classe, portanto. Não à toa têm crescido as pressões internacionais sobre os países que se encontram entre os maiores poluidores do globo terrestre por parte de inúmeras organizações e movimentos sociais.

Distinções de gênero, geracionais, étnico-raciais, de orientação sexual, de condições físicas e/ou sensoriais existem e justificam, equivocadamente, desigualdades sociais, culturais e econômicas, tanto no capitalismo hoje hegemônico como em sociedades que se reivindicaram socialistas. No entanto, tal constatação não elimina a correção de uma análise pautada na percepção da existência e das contradições entre classes sociais como base da organização de uma sociedade desigual.

Tal dissociação do debate dos direitos humanos de uma leitura baseada na perspectiva de totalidade se associa a correntes que afirmam ser impossível aproximar-se, sucessivamente, de verdades — e que alimentam características da perspectiva pós-moderna. No que se refere aos direitos humanos, podemos perceber tal fragmentação na tentativa de reafirmar a existência de "direitos humanos *das* mulheres", "direitos humanos *das* crianças e adolescentes", "direitos humanos *dos* negros e afrodescendentes", "direitos humanos *dos* homossexuais". Não nos parece ser casual que tais formulações estejam presentes em eventos e textos de movimentos sociais, conselhos de direitos e de políticas, projetos e ações de profissionais sociais. Há, em tais perspectivas de análise e disputa pela conquista e efetivação de direitos, ao menos dois equívocos.

O primeiro relaciona-se ao já citado esvaziamento do conteúdo de classe presente nesta concepção, o que retira de tais análises as condições de relacionar os direitos humanos com premissas que estão presentes nas relações econômicas, sociais, culturais. Portanto, particulariza a análise em determinadas dimensões, negando-se a perspectiva de totalidade para os debates. O segundo equívoco diz respeito a uma conclusão que nos parece necessária para introduzir a última concepção de direitos humanos a ser por nós identificada. Não são segmentos da população (como as mulheres, as crianças, os adolescentes, os que vivenciam diferentes orientações sexuais, os surdos, os mudos, os cegos, os que habitam favelas, os trabalhadores, os burgueses, os liberais ou os socialistas) os portadores, os sujeitos de direitos humanos. Se assim observarmos o debate estaremos negando o que particulariza a espécie humana e o processo que leva à previsão e efetiva conquista de direitos. A teleologia, a vida em sociedade, a capacidade de ideação e de projeção do futuro, o processo de transformação da natureza que a (e nos) transforma nos caracterizam como seres humanos.[31]

Quanto aos direitos, eles são frutos de contradições entre diferentes interesses, de lutas sociais (ou de seus impactos conjunturais e históricos) que se instalam em diferentes processos, bem como das condições objetivas postas por cada momento histórico na relação com estas lutas. A combinação destas concepções de homem e de direitos é o que nos confere direitos humanos. Percebê-lo não significa desconsiderar as inegáveis diferenciações (socialmente construídas, com fortes impactos culturais, sociais e econômicos para os que não compõem o modelo masculino, branco, rico, heterossexual, sem limitações físicas e/ou sensoriais) existentes entre os heterogêneos seres humanos.

É incontestável: mulheres e negros *que integram diferentes classes sociais* recebem, em média, salários menores que homens e brancos; moradores das periferias são vítimas, em muito maior escala, de

---

31. Uma possível ressalva talvez seja o que se refere às crianças. Há fases de desenvolvimento do ser humano que o leva a adquirir, na vida em sociedade, as aptidões e capacidades descritas nesta concepção de homem. Assim, é preciso prever — como já fazem adequadamente várias perspectivas de direitos humanos e mesmo de políticas públicas específicas (pensemos em políticas de previdência social e na solidariedade intergeracional que viabilizam) — que direitos relacionados às crianças são direitos de próximas gerações.

violência letal e de sustação de direitos como os de ir e vir;[32] idosos têm toda sua contribuição para o crescimento e a riqueza das nações desconsiderada após décadas de trabalho e produção; homens e mulheres que amam pessoas do mesmo sexo são assassinados brutalmente[33] apenas por expressarem carinho e afeto; surdos, cegos, mudos têm maiores dificuldades de acesso a cultura, lazer, educação e saúde, além de terem legislações que lhes protegem e lhes preveem direitos a linguagens particulares constantemente desrespeitadas.[34]

Também no mundo do trabalho este processo se instala. O desemprego no mundo atinge especialmente jovens, segundo dados do IBGE e da Organização Internacional do Trabalho organizados por Ribeiro (2012). Na Espanha e na Grécia — não por acaso, locais de grandes manifestações populares e juvenis recentes contra os efeitos do capitalismo e cujos dados de desemprego geral já observamos anteriormente — a taxa de desemprego de jovens chegou em 2011 a incríveis 45,8% e 45%, respectivamente. Em Portugal, atingiu 30%. Também tiveram taxas expressivas de desemprego juvenil Itália

---

32. Como já vimos, a quem referir-se a direitos civis e políticos como exclusivos dos interesses burgueses e liberais é possível sugerir uma visita a favelas em que o tráfico encontra-se instalado em grandes cidades brasileiras e de outros países. O direito de ir e vir se inter-relaciona, nestes locais, com a possibilidade de acesso a direitos *econômicos* (deslocar-se para o trabalho, por exemplo) e *sociais* (estudar em escolas em que o "domínio" territorial é de facção distinta à de seu local de moradia, ou dirigir-se a equipamentos públicos para acesso a direitos assistenciais).

33. Levantamento do Grupo Gay da Bahia, realizado apenas a partir de ocorrências que se tornam públicas em jornais e outras mídias, demonstram que um homossexual é assassinado a cada três dias no Brasil. Cf. Lessa, Moraes e Ruiz, 2008. Mais recentemente, notícias de imprensa informam que estudos do mesmo grupo indicam que tal frequência aumentou. Atualmente um homossexual teria sua vida tolhida em períodos inferiores a dois dias no país.

34. No que diz respeito à surdez, no Brasil há legislação que reconhece aos surdos o direito à Língua Brasileira de Sinais como sua segunda língua (Lei n. 10.346/2002 e Decreto n. 5.626/2005, além de várias legislações estaduais e municipais). Ainda assim, diversos equipamentos públicos, como postos e centros de saúde, hospitais, delegacias, bancos, não promoveram as adaptações necessárias à comunicação em Libras com este segmento populacional. Não é um número pequeno de pessoas as que têm seus direitos desrespeitados por tal lentidão e descaso: dados do Censo 2000 estimam que cerca de cinco milhões de brasileiros tinham à época algum nível de surdez, especialmente obtidas em função de razões ambientais (doenças como meningite, por exemplo).

(26,5%), Reino Unido (22,9%), França (20,7%) e Estados Unidos (17,3%, neste caso, média do terceiro trimestre de 2011).

Não se trata, portanto, de esconder tais desigualdades. Aliás, é preciso mesmo reconhecer que, em sua maioria, elas são anteriores ao capitalismo e à própria formulação do conceito de classe (portanto, cobrar de tal conceito que resolva todas as questões históricas da humanidade é algo que vai além do que ele se propõe).

O que parece ser fundamental registrar, assim, é que elementos de análise pós-moderna da sociedade contemporânea encontram-se presentes no debate sobre direitos humanos. Na perspectiva adotada desde a apresentação deste trabalho não era de se esperar algo distinto: existe correlação entre perspectivas macrossocietárias e os diversos debates e lutas que ocorrem na vida social.

Parece-nos necessário ampliar com os movimentos e sujeitos sociais que atuam em defesa de direitos o diálogo sobre a necessidade de trazer para o campo dos direitos humanos uma perspectiva dialética de análise, capaz de estabelecer o que Konder (2008) alertava sobre as potencialidades desta perspectiva. Nas palavras (a que voltaremos a nos referir na próxima seção) do autor marxista, trata-se de rever o passado à luz do que ocorre no presente, e questionar este último em nome do futuro, daquilo que ainda está por vir.

Konder cita Brecht para exemplificar. Diz o militante e poeta marxista: "O que é, exatamente por ser como é, não vai ficar como está".

3.6 A necessidade histórica de uma concepção dialética de direitos humanos: contribuição alternativa, também advinda do marxismo

Já observamos ao longo deste texto a possibilidade de que as mesmas bases teóricas permitam construção de concepções distintas sobre temas da vida social. Na seção que encerrará este capítulo veremos que é possível, até mesmo, que fundamentos que sustentam uma determinada concepção sobre um tema dialoguem com outras, distintas. Não há que se estranhar com tal processo, desde que se reconheça não tratar-se, de um lado, de uma postura eclética sobre o conhecimento da realidade nem de uma rigidez excessiva em torno de fundamentos que não permita estar aberto a crítica e autocrítica a partir de apontamentos feitos por outras linhas de pensamento. Trata-se de um processo dialético, e seu não reconhecimento ou desconsideração pode ter efeitos mesmo para os melhores militantes. Konder o ilustra analisando o efeito de tal postura sobre os revolucionários:

> A falta de dialética e o anseio pela *comunidade*, combinados, podem igualmente influir — e com frequência influem mesmo — no comportamento dos revolucionários. Antes de poder transformar a sociedade na qual nasceu e atua, o revolucionário é em boa parte formado por ela, de modo que seria ingenuidade supor que ele possa permanecer completamente imune aos seus venenos. [...] Por isso, não são raros os casos de revolucionários que tendem a transformar a organização em que desenvolvem suas atividades políticas numa espécie de ídolo sagrado, que não pode ser submetido a críticas profundas e que deve merecer todos os sacrifícios. Essa atitude, alienada, causa graves prejuízos tanto aos indivíduos como à organização; os revolucionários que "fetichizam" a organização em que atuam deixam de contribuir para que ela se renove e acabam facilitando o agravamento de suas deformações. Na medida em que não aprofundam suficientemente nem o espírito crítico nem a luta permanente pela democratização de todas as relações humanas, esses indivíduos mostram ser, em última análise, maus revolucionários. (Konder, 2008, p. 80)

Os alertas de Konder cabem à abertura da seção sobre a necessidade de uma concepção dialética de direitos humanos. Caracterizamos como uma necessidade porque, se é verdade que para todas as concepções anteriormente tratadas é relativamente fácil apresentar exemplos concretos na disputa em torno da efetivação de direitos, uma concepção dialética para o tema — embora (como veremos) não seja nova ou inédita — ainda carece de maior lastro social. Este quadro advém de diferentes processos, todos eles de alguma forma também já tratados neste trabalho. Um deles é que o que se convencionou chamar de direitos humanos ao longo da história dos últimos séculos esteve hegemonicamente associado a uma temática do pensamento liberal. Isso se deu, como vimos, por força dos impactos da Revolução Francesa, mas também em decorrência de características próprias deste período: o árduo enfrentamento entre burgueses e proletários a partir do século XIX e, muito especialmente, das revoluções socialistas do século XX, bem como a constituição da Guerra Fria, no período pós-segunda guerra.

Outro processo que deixou a possibilidade de uma interpretação dialética sobre direitos humanos à margem dos debates foi a própria identificação, ao longo destes séculos, do que viria a ser o socialismo. Como diversos autores observaram, o termo era confundido com uma determinada forma de sua defesa e implementação: experiências que foram se burocratizando ao longo da história, se distanciando das premissas do pensamento marxiano, se cristalizando como únicas representantes do confronto com o capital, ainda que para isso tivessem que subjugar e tratar a ferro, fogo e armas em punho visões distintas, análises e concepções sobre a sociedade também herdeiras do marxismo. No campo dos direitos humanos, convencionou-se, seja entre os liberais e reacionários que criticavam tal concepção, seja entre os próprios socialistas — que tinham nas críticas de Marx aos limites das declarações das revoluções burguesas o principal pilar de sua contribuição para o tema — que uma concepção socialista de direitos humanos era, necessariamente, aquela que defendia a preponderância dos direitos sociais, culturais e econômicos sobre direitos civis e políticos. A possibilidade de existência de concepções alternativas — e, mesmo, ao menos no que foi possível identificar ao longo da produção deste trabalho, a pequena produção publicada acerca de outras possibilidades para o debate — era (se ainda não o é), inclusive, desconsiderada.

Uma concepção dialética para o debate e a atuação política na disputa pelo reconhecimento e efetivação de direitos humanos tem, assim, algumas características que lhe são peculiares. Direitos não são algo dado por uma esfera sobrenatural, nem tampouco são advindos da natureza ou de uma suposta igualdade inata entre todos os seres humanos. São resultado de lutas históricas, de conflitos de interesses, de ações dos movimentos sociais, do Estado, dos poderes públicos, das classes e de segmentos heterogêneos e internos a elas. Talvez por isso falar de direitos sociais e de direitos humanos como partes distintas de um determinado fenômeno se demonstre equivocado.

Direitos são sempre sociais. Se não há vida em sociedade, não há necessidade de reconhecimento de direitos e, uma vez mais, destacamos que não estamos falando, aqui, do reconhecimento meramente formal e positivado, embora esta também seja uma de suas dimensões. Portanto, os direitos nascem de características próprias da vida em sociedade — o que nos leva à afirmação de que eles são muito anteriores ao momento em que se juntaram sete letras para definir tal processo como "direito". Eles existem, embora com configurações próprias de cada conjuntura e de cada época, desde que há vida em sociedade, o que estudiosos estimam em alguns milhares de anos.

Por outro lado, direitos são sempre humanos, o que deve nos levar à concepção do que seja este termo, humano, e ao ser social como ontológico, conforme identificado por Lukács a partir das contribuições de Karl Marx. Recapitulemos: o ser humano não é senão um ser social. Diferencia-se de outros seres vivos (animais irracionais, plantas, vegetais etc.), dentre outros aspectos, por sua capacidade teleológica e pela característica de que, ao reconhecer necessidades para sua vida, projeta formas de sua satisfação e as realiza em sua relação com a natureza. Sua ação sobre a natureza e com os outros seres sociais para busca da satisfação destas necessidades não paralisa a história: ao contrário, faz surgirem novas necessidades, descobertas, potencialidades, avanços que lhe possibilitam novos esforços em torno destes objetivos e capacidades, em processo contínuo, histórico e dialético. Flores assim comenta esta característica dos direitos em sua relação com o ser social:

> Los derechos humanos no son "inventados" subjetivamente en cada momento histórico; más bien constituyen la institucionalización del desarrollo incesante de las capacidades humanas, propiciando um entendimiento del ser humano con todas sus contradicciones y complejidades.

Una de estas "capacidades", y no la menos contradictoria, es la de ser sujeto de derecho. *Todo derecho, por el hecho de serlo, es humano*; la especificidad de los derechos humanos es, por tanto, el establecimiento de las condiciones necesarias para que todo ser humano desarrolle y se apropie la capacidad de ser sujeto de derechos.[35] (Flores, 1989, p. 126, grifos nossos)

Dornelles, ao comentar tal construção, chama atenção para a possibilidade de alguns equívocos. Afirma que há autores importantes para o debate que qualificam todos os direitos como humanos a partir da visão de que

> somente os seres humanos são capazes de serem sujeitos *e terem suas faculdades, prerrogativas, interesses e necessidades protegidas, resguardadas e regulamentadas pelo Estado*. Trata-se, claramente, de uma concepção que entende que não existe direito sem o consentimento de um poder político que se pretende acima da sociedade. (Dornelles, 2007, p. 11, grifos nossos)

Trata-se, uma vez mais, de limitar os direitos a uma de suas dimensões: aquela que depende do reconhecimento e da regulamentação estatal. Não nos parece que seja esta a perspectiva defendida por Flores e os autores da Escola de Budapeste,[36] cuja contribuição o autor analisa na obra que é utilizada como referência para esta seção. Ao contrário: em diversos momentos o autor destaca a relação entre necessidades e direitos, ainda que não de forma absoluta, e não

---

35. Os direitos humanos não são "inventados" subjetivamente em cada momento histórico; ao contrário, constituem a institucionalização do desenvolvimento incessante das capacidades humanas, propiciando um entendimento do ser humano com todas suas contradições e complexidades. Uma destas "capacidades", e não a menos contraditória, é a de ser sujeito de direito. *Todo direito, pelo fato de sê-lo, é humano*; a especificidade dos direitos humanos é, portanto, o estabelecimento das condições necessárias para que todo ser humano desenvolva e se aproprie da capacidade de ser sujeito de direitos.

36. A Escola de Budapeste, segundo Flores, foi constituída por volta da segunda metade do século XX, por adeptos, à época, das ideias de Lukács, tendo no contexto sociopolítico de seu surgimento o que chama de uma crítica ética ao socialismo real. Agnes Heller, György Márkus, Mihaly Vajda e Ferenc Fehér seriam alguns de seus principais componentes (cf. Flores, 1989, p. 13-47).

deixando de reconhecer aspectos como valores que acabam por dialogar com tal concepção sobre o tema.

Mas Dornelles situa sua crítica não apenas no fato de esta — o reconhecimento pelo Estado — ser apenas uma das dimensões dos direitos humanos. Também chama atenção para o equívoco de uma relação direta entre afirmar que todos os direitos são humanos e uma hipotética interpretação de que, desta forma, todos já estariam reconhecidos e efetivados:

> O que outros autores argumentam é que, sem dúvida, todos os direitos se referem aos seres humanos, pois são enunciadas por leis da natureza humana. No entanto, nem todos os seres humanos, durante a história da humanidade, foram considerados como tal, nem seus direitos foram reconhecidos. Durante a Grécia antiga, por exemplo, tinham direitos apenas os cidadãos. Esses eram humanos. Os escravos, como "coisa", não eram sujeitos de direito. Eram apenas objetos dos direitos alheios. (Dornelles, 2007, p. 11)

As observações de Dornelles são precisas e necessárias: vistas nesta perspectiva, tal afirmação retiraria dos direitos seu caráter histórico e o fato de que, em inúmeras conjunturas, o reconhecimento de direitos a alguns sujeitos significava a vedação dos mesmos a outros. Flores, mesmo anteriormente à aprovação da Resolução e Programa de Ação de Viena, em 1993, já registrava como a Escola de Budapeste defendia o reconhecimento de todas as necessidades humanas como parte do processo de construção de uma sociedade justa. E afirma quais são aquelas *necessidades* que devem ser negadas ou rechaçadas:

> Para *Budapest*, es preciso el reconocimiento de *todas* las necesidades,[37] a excepción de aquellas que consideren al hombre como puro medio, aquellas que se dirigen a la opresión de los otros, al mantenimiento

---

37. Este trecho tem, ainda, a capacidade de ilustrar parte das distinções existentes entre a concepção aqui, pela história recente e por diversos autores, denominada de socialista e uma concepção dialética: a existência ou não de uma priorização entre direitos e necessidades dos seres sociais.

irracional del poder, a la humillación y a la degradación del ser humano.[38] (Flores, 1989, p. 89-90, grifos originais)

Assim é que uma concepção dialética para o debate sobre direitos humanos busca articular pilares básicos do método marxiano para a interpretação e a atuação na sociedade: historicidade, totalidade, dialética, ser social, contradição, dentre outros. Quanto ao caráter histórico e contraditório dos direitos já apresentamos reflexões anteriormente. A seguir trataremos, assim, alguns destes conceitos, ainda não minimamente aprofundados neste trabalho, buscando evidenciar como eles aparecem na obra de Marx e de vários de seus comentaristas.

Iniciemos por verificar o que significa afirmar que somos seres sociais. Netto busca em Marx contribuições para esta distinção:

[...] mesmo tendo por objeto privilegiado a ordem burguesa, os resultados teóricos a que Marx chegou contêm determinações cujo âmbito de validez a transcendem, entre elas a concepção do homem como ser prático e social, produzindo-se a si mesmo através das suas objetivações (a práxis, de que o trabalho é exemplar) e organizando as suas relações com os outros homens e com a natureza conforme o nível de desenvolvimento dos meios pelos quais se mantém e se reproduz enquanto homem. (Netto, 1998, p. 28-29)

Wolkmer, por sua vez, dá pistas de como se relacionam necessidades e a busca por sua satisfação:

Na verdade, o homem como essência e significado da trajetória humana aparece como um complexo de necessidades que são satisfeitas pelo trabalho produtivo. Assim, o trabalho exerce a mediação entre as necessidades humanas e a satisfação que deverão ser implementadas. (Wolkmer, 2004, p. 16-17)

---

38. Para *Budapeste*, é necessário o reconhecimento de *todas* as necessidades, à exceção daquelas que considerem ao homem como puro meio, aquelas que se dirigem à opressão dos outros, à manutenção irracional do poder, à humilhação e à degradação do ser humano.

Acerca da potencialidade teleológica dos seres humanos, o próprio Bobbio, de quem citamos anteriormente trechos que conflitam com as premissas de uma concepção dialética sobre direitos humanos e sobre a vida social, reconhece: "O homem é um animal teleológico, que atua geralmente em função de finalidades projetadas no futuro" (Bobbio, 2004, p. 48).

Para Marx e Engels, "a primeira premissa de toda a história humana é, naturalmente, a existência de indivíduos humanos vivos" (2009, p. 24). A seguir, definem que distinções é possível estabelecer originalmente em relação aos animais:

> Podemos distinguir os homens dos animais pela consciência, pela religião — por tudo o que se quiser. Mas eles começam a distinguir-se dos animais assim que começam a *produzir* os seus meios de subsistência (*Lebensmittel*), passo esse que é requerido pela sua organização corpórea. Ao produzirem os seus meios de subsistência, os homens produzem indiretamente a sua própria vida material. (Loc. cit., grifos originais)

Os autores defendem que esta premissa não é arbitrária, nem um dogma. É originada de indivíduos reais, de suas ações e condições materiais de vida, as que encontraram e as que produziram posteriormente. Trata-se, portanto, de premissa constatável "de um modo puramente empírico" (ibid., p. 23-24). Ao reconhecerem sua necessidade de comer, beber, morar em um local protegido, se vestirem e outras condições,[39] os seres sociais produziriam a forma de satisfazê-las, o que se caracterizaria como o "primeiro ato histórico" (ibid., p. 40):

> A própria primeira necessidade satisfeita, a ação da satisfação e o instrumento já adquirido da satisfação, conduz [sic] a novas necessidades

---

39. A versão aqui utilizada de *A ideologia alemã* foi publicada pela editora Expressão Popular. Nela, o tradutor (Álvaro Pina) apresenta, em notas de rodapé, eventuais notas feitas pelos autores que se localizem na versão inicial, mas que não passaram a integrar a versão final publicada da obra. Ao referirem-se a outras condições — o trecho é traduzido como "algumas outras coisas" — há as seguintes notas marginais de Marx: "Hegel. Condições geológicas, hidrográficas etc. Os corpos humanos. Necessidade, trabalho". A nota de rodapé encontra-se à página 40 da publicação consultada.

— e esta produção de novas necessidades é o primeiro ato histórico. (Marx e Engels, 2009, p. 41-42)

A satisfação das necessidades, portanto, é processo necessário para a própria autorreprodução humana: é condição para sua existência. Esta alteração da natureza (a que Marx denomina trabalho) e das próprias necessidades humanas são as origens de valores que se unificam em torno de processos para seu reconhecimento e de sua satisfação.

> A través del trabajo se satisface y se crean necesidades en un proceso constante y dialéctico. Los valores surgen de la generalización *social* de determinados grupos de necesidades, convirtiéndose en preferencias sociales compartidas por más de un grupo o una forma de vida; estas preferencias, mediadas por el esfuerzo y la praxis humana, vuelven a incidir en la misma estructura de necesidades, provocando el movimiento constante de expectativas y modos de reconocimiento y satisfacción que constituyen la base de la sociedad civil.[40] (Flores, 1989, p. 58, grifo original)

À medida que o processo histórico avança, tais fenômenos se complexificam, o que também impacta o debate sobre os direitos humanos feito nesta perspectiva:

> Así, a medida que se complica el proceso de trabajo, el sistema de necesidades, exigido para la autorreproducción humana, adquiere mayor complejidad, y, a su vez, las representaciones de valor, implicadas en uno y otro, alcanzan tal amplitud que escapan a una visión unitaria o simplista de dicha realidad. La propuesta de fudamentación desde la triple esfera del trabajo, las necesidades y las preferencias axiológicas

---

40. Através do trabalho se satisfazem e se criam necessidades num processo constante e dialético. Os valores surgem da generalização *social* de determinados grupos de necessidades, convertendo-se em preferências sociais compartilhadas por mais de um grupo ou uma forma de vida; estas preferências, mediadas pelo esforço e pela práxis humana, voltam a incidir sobre a mesma estrutura de necessidades, provocando o movimento constante de expectativas e modos de reconhecimento e satisfação que constituem a base da sociedade civil..

no pretenden en absoluto la reducción de la complejidad del fenómeno de los derechos humanos; más bien, al contrario, se dirige a una profundización en la misma, en función de la consecución de una existencia humana dentro de múltiples, plurales y "complejas" formas de vida, en las que la combinación social e individual de tales momentos parciales propician nuevos sentidos, alternativas y significaciones a dicha existencia.[41] (Flores, 1989, p. 52)

Trata-se, portanto, de conectar a ideia de direitos humanos a premissas fundamentais da concepção materialista de história defendida por Marx e Engels.

En esta coimplicación dialéctica [...] medida por el postulado ilustrado del uso racional y efectivo de capacidades humanas, se sustenta la idea de derechos humanos entendidos como los bienes sociohistóricos *producidos* por la humanidad en su proceso de evolución y desarrollo. Los derechos humanos no pueden ser tenidos en cuenta sin hacer referencia al esfuerzo humano, consciente o inconsciente, por crear objetivaciones y proyectar racionalmente fines y objetivos. Toda consideración de estas normas y reglas fuera de la relación con el trabajo — como actividad humana específica — conducirá a resultados instisfactorios, ya sean metafísicos o puramente formales, es decir, a reducciones que afectan directamente a todo el proceso de puesta en práctica de los mismos.[42] (Ibid., p. 57, grifo original)

---

41. Assim, à medida que se complexifica o processo de trabalho, o sistema de necessidades, exigido para a autorreprodução humana, adquire maior complexidade e, por sua vez, as representações de valor, implicadas em um e em outro, alcançam tal amplitude que escapam a uma visão unitária ou simplista de tal realidade. A proposta de fundamentação dessa tripla esfera do trabalho, das necessidades e das preferências axiológicas não pretende, em absoluto, a redução da complexidade do fenômeno dos direitos humanos; melhor, e ao contrário, se dirige a seu aprofundamento, em função da consecução de uma existência humana dentro de múltiplas, plurais e "complexas" formas de vida, em que a combinação social e individual de tais momentos parciais propicia novos sentidos, alternativas e significados a tal existência.

42. Nessa coimplicação dialética [...] medida pelo postulado ilustrado do uso racional e efetivo das capacidades humanas, se apoia a ideia de direitos humanos entendidos como bens sócio-históricos *produzidos* pela humanidade em seu processo de evolução e desenvolvimento. Os direitos humanos não podem ser considerados sem que seja feita uma referência ao esforço

Já afirmamos que os direitos, e os direitos humanos, constituem-se de distintas dimensões. Flores dialoga com esta constatação e apresenta riscos de sua interpretação indevida:

> Esa misma complejidad e indeterminación constituyen, como decimos, la confirmación de que estamos ante un fenómeno útil para afrontar la tarea de fundamentación de los derechos humanos, puesto que éstos son realidades que no pueden reducirse a uno o a varios factores rígidos y estáticos. Sin embargo, esos mismos derechos humanos tampoco pueden ser reducidos a meras respuestas normativas frente a las exigencias de los grupos sociales. Establecer una relación directa entre estos dos momentos, derechos humanos y necesidades humanas, conduce a la periclitada concepción que ve el derecho como un epifenómeno de la estructura económica, y, por outro lado, impediría toda labor normativa o conformadora del derecho en la sociedade civil.[43] (Flores, 1989, p. 60)

Nesse trecho, contudo, o autor associa direitos e necessidades humanas única e exclusivamente à estrutura econômica — critica, corretamente, a possibilidade de tal redução. Ocorre que o reconhecimento da inter-relação e interdependência entre todos os direitos e necessidades — o que inclui aquelas cuja satisfação não se dá exclusivamente na esfera da estrutura econômica — supera esta restrição. Cabe-nos destacar, no entanto, que é difícil imaginar que necessidades e direitos pudessem surgir que não de exigências de grupos sociais

---

humano, consciente ou inconsciente, para criar objetivações e projetar racionalmente metas e objetivos. Qualquer consideração sobre essas normas e regras fora da relação com o trabalho — como atividade humana específica — conduzirá a resultados insatisfatórios, quer sejam metafísicos ou puramente formais, quer dizer, a reduções que afetam diretamente todo o processo de sua execução.

43. Essa mesma complexidade e indeterminação constituem, como dissemos, a confirmação de que estamos diante de um fenômeno útil para enfrentar a tarefa de fundamentação dos direitos humanos, posto que esses são realidades que não podem reduzir-se a um ou a vários fatores rígidos e estáticos. No entanto, esses mesmos direitos humanos tampouco podem ser reduzidos a meras respostas normativas frente às exigências dos grupos sociais. Estabelecer uma relação direta entre esses dois momentos, direitos humanos e necessidades humanas, conduz à perigosa concepção que vê o direito como um epifenômeno da estrutura econômica e, por outro lado, impediria todo trabalho normativo ou conformador do direito na sociedade civil.

(sejam eles classes, seus segmentos ou componentes, movimentos sociais, sujeitos que exprimem uma ou outra filiação ideológica etc.). Se considerarmos que o autor se refere às "respostas normativas" a tais necessidades, a afirmação nos parece precisa. Se houver alguma desconexão entre as necessidades e os direitos gerados a partir da vida real e concreta de diferentes sujeitos sociais, grupos, movimentos, classes e outros atores corre-se o risco de incidir no equívoco que o próprio Flores denuncia, o de deixar de reconhecer a historicidade de tal processo. Ademais, parece-nos que o próprio autor, ao referir-se a integrantes da Escola de Budapeste e outras contribuições acerca do equívoco de estabelecer hierarquizações entre direitos, nos aponta o acerto desta apreensão:

> Establecer una distinción precisa entre las necesidades individuales y las sociales conlleva extremas dificultades, sobre todo por el hecho de que la sociedad como tal no puede sentir necesidades, del mismo modo que no puede tener sentimientos o afectos. Las necesidades son siempre categorías apegadas a la individualidad. *No hay necesidades indiduales y sociales, sino individuales "o" sociales, dependiendo de la procedencia de la exigencia de satisfacción de las mismas*; el acto sexual, por ejemplo, será una necesidad individual o social dependiéndo de cómo se enfoque y al final no será más que una mezcla de ambos. Las necesidades, pues, son siempre *sentidas* individualmente pero *satisfechas* socialmente. Los movimientos, o los grupos que expresan um determinado tipo de necesidades, lo que hacen es integrar a individuos que se agrupan para exigir la satisfacción o el reonocimiento de sus necesidades y expectativas.[44] (Flores, 1989, p. 78, grifos originais)

---

44. Estabelecer uma distinção precisa entre as necessidades individuais e as sociais implica extremas dificuldades, sobretudo pelo fato de que a sociedade como tal não pode sentir necessidades, do mesmo modo que não pode ter sentimentos ou afetos. As necessidades são sempre categorias próximas à individualidade. *Não há necessidades individuais e sociais, mas individuais ou sociais, dependendo da procedência da exigência de satisfação das mesmas*; o ato sexual, por exemplo, será uma necessidade individual ou social dependendo de como se enfoque e, ao final, não será mais que uma mescla de ambos. As necessidades, portanto, são sempre *sentidas* individualmente, porém *satisfeitas* socialmente. Os movimentos, ou os grupos que expressam um determinado tipo de necessidades, o que fazem é integrar indivíduos que se agrupam para exigir a satisfação ou o reconhecimento de suas necessidades e expectativas.

Flores argumenta que sua interpretação sobre o tema dos direitos humanos prevê a satisfação de necessidades que vão além das que outros autores denominariam de "básicas" ou "radicais".

> Esta interpretación de las necesidades pensamos que facilita no sólo el afán teórico por hallar el *origen* de los derechos humanos, sino que también reponde a la exigencia de concretar su modo de *positivación* y facilitar, en la medida de lo possible, una *interpretación* de los mismos partiendo del fenómeno concreto o ineliminable de las necesidades humanas.[45] (Flores, 1989, p. 99, grifos originais)

Postas, portanto, as relações entre direitos humanos, necessidades e características que particularizam o ser social, é tempo de ampliar a argumentação em torno das razões de uma concepção de direitos humanos que dialogue com o método dialético de análise da vida social.

Marx define a constituição do movimento dialético da seguinte forma: "O que constitui o movimento dialético é a coexistência dos dois lados contraditórios, sua luta e sua fusão em uma categoria nova" (Marx, 2009b, p. 129). Não se trata, contudo, como demonstra seu debate com Proudhon sobre o método de análise da realidade ao longo da mesma obra (ibid., p. 119-142) de um processo que se realiza no campo das ideias. Dialética é um conceito que é utilizado pelo autor alemão em correlação com outros, fundamentais para sua análise e presentes no mesmo livro. Dentre eles estão a totalidade e a análise da situação real da vida — em outras palavras, a análise do conjunto do modo de produção determinado em cada sociedade (no caso das análises de Marx, da sociedade capitalista).[46] Trata-se, assim, da dialética materialista, não idealista. Mészáros (2008, p. 163) nos auxilia a entender a contradição entre ambas:

---

45. Pensamos que essa interpretação das necessidades facilita não só o afã teórico por buscar a *origem* dos direitos humanos, mas também responde à exigência de concretizar seu modo de *positivação* e facilitar, à medida do possível, uma *interpretação* dos mesmos partindo do fenômeno concreto ou elimináveis das necessidades humanas.

46. A este respeito, cf. Netto (2009b, p. 11-40).

As ideias que não são mediadas pela base material da vida social, através das atividades vitais dos indivíduos que constituem a sociedade, não são, de forma alguma, ativas; ao contrário, são relíquias sem vida de uma época passada.

Há distintas contribuições da dialética para a construção de uma concepção para o debate sobre direitos humanos. Vejamos algumas citadas por Konder. O autor afirma que há uma acepção moderna de dialética, que, nesta perspectiva, significa

> o modo de pensarmos as contradições *da realidade*, o modo de compreendermos a realidade *como essencialmente contraditória e em permanente transformação*. (Konder, 2008, p. 7-8, grifos nossos)

Destaquem-se a essência contraditória da realidade e o caráter de transformação permanente que lhe é peculiar. A respeito deste último, afirma o autor:

> A dialética — maneira de pensar elaborada em função da necessidade de reconhecermos a constante emergência do novo na realidade humana — *negar-se-ia a si mesma, caso cristalizasse ou coagulasse suas sínteses, recusando-se a revê-las, mesmo em face de situações modificadas*. (Ibid., p. 38, grifo nosso)

Já pudemos observar o quanto os direitos humanos evoluíram desde seu reconhecimento nas constituições burguesas do século XVIII, constituindo-se, atualmente, em algo radicalmente distinto — embora possa conservar algumas das características de então — do que pensavam, unilateralmente, os liberais ao proclamá-los naqueles documentos.

Konder busca em Aristóteles reflexões que já apontavam a constante mutação dos processos da vida social:

> Segundo Aristóteles, todas as coisas possuem determinadas potencialidades; os movimentos das coisas são *potencialidades* que estão se

atualizando, isto é, são possibilidades que estão se transformando em realidades efetivas. (Konder, 2008, p. 10, grifos originais)

Demonstra, afirmando seguir exemplo do que Marx já chamava atenção em *A miséria da filosofia*, que se trata de uma análise histórica e concreta:

> O terreno em que a dialética pode demonstrar decisivamente aquilo de que é capaz não é o terreno da análise dos fenômenos quantificáveis da natureza e sim o da história humana, o da transformação da sociedade. (Ibid., p. 58)

E acentua: o fato de o método materialista dialético considerar o mundo realmente existente, suas relações de produção, suas distintas dimensões etc., não significa estabelecer relações apenas com o tempo presente. Há conexões com o passado e com o futuro, demonstrando que o caráter histórico das relações sociais é elemento fundamental do método marxiano de análise da realidade:

> O método dialético nos incita a revermos o passado à luz do que está acontecendo no presente; ele questiona o presente em nome do futuro, o que está sendo em nome do que "ainda não é" (Bloch, apud Konder, ibid., p. 83-84)

São os processos de continuidade e ruptura, assim identificados por Netto:

> A reflexão de Marx e Engels processa uma notável síntese do que constituía o estoque de conhecimento euro-ocidental da primeira metade do século XIX. Mas ambos não mantêm com esta base teórico-cultural tão somente a relação — crítica — de *continuidade* [...]: mais substantivamente, promovem com ela, simultaneamente, uma *ruptura*. (Netto, 2008, p. 27, grifos originais)

Para o autor, cabe a palavra "superação (*Aufhebung*), no sentido que Hegel conferiu a ela: negação com conservação" (Netto, p. 25). Já Wallerstein ressalta que a troca dialética permite "[...] encontrar novas sínteses que, naturalmente, são instantaneamente questionadas". Sabiamente afirma, a seguir: "Não é um jogo fácil" (2007, p. 84).

Conceber a defesa e o efetivo acesso a direitos pelos seres humanos na atualidade tem exigido de seus defensores uma nova tarefa: a atualização dialética da concepção de direitos humanos. Em perspectiva inspirada na dialética marxiana trata-se de reconhecer avanços obtidos com as novas sínteses produzidas ao longo das lutas sociais e ideológicas da história da humanidade. No entanto, trata-se, também, de não concebê-las como o fim da história, percebendo que contradições se põem repetidamente para todos os níveis da vida social, fazendo com que novas antíteses surjam e forcem a necessidade de novas construções teóricas, práticas, políticas, ideológicas. É, em outras palavras, o que certamente move a história.

No que diz respeito aos direitos humanos, trata-se, portanto, de apreendê-los em perspectiva que contribua para uma nova sociedade, pós-capitalista, que supere os primados da disputa e da exploração de seres humanos por outros, da apropriação privada da riqueza socialmente construída, da sociabilidade capitalista em que os indivíduos, em vez de serem seres sociais que desenvolvem plenamente suas capacidades, caracterizam-se como mônadas, isoladas e em constante conflito com os demais, conforme apontado por Marx em *Para a questão judaica*. Certamente ela não terá o modelo exato das experiências socialistas já implementadas (a sabedoria e a razão impõem a percepção de suas limitações e a busca de sua superação, mas também o aprimoramento de todas as inúmeras conquistas que tais sociedades foram capazes de produzir). No que diz respeito aos direitos humanos, significa, assim, não interromper sua interpretação e análise nos avanços e limites que concepções anteriores historicamente ou mesmo em disputa na atualidade apontaram para sua devida apreensão. Utilizar-se de perspectiva crítica neste campo implica em reconhecer a historicidade do debate em torno dos direitos (não custa reafirmar, para além do século XVIII, o que implica entender criticamente as trajetórias anteriores e posteriores deste debate). Também exige lidar com suas distintas dimensões, como aquela que, apontada por Marx, demonstra que necessidades (portanto, direitos, em suas distintas dimensões) não são estáticas. Certamente não somos capazes de imaginar quais serão aquelas geradas e disputadas daqui a algumas décadas,[47] quanto mais em sociedades pós-capitalistas. Aliás, elas, potencialmente, serão geradoras de novos direitos — à medida que possibilitarão, em tese, o desenvolvimento de todas as capacidades e potencialidades dos seres sociais sem a mediação do mercado, da mais-valia e da competição capitalista.

A tradição histórico-crítica foi capaz de construir e apresentar ao debate concepções de homem (que o reconhece como ser social distinto dos demais seres vivos) e de direitos (que não são naturais ou originados por um ser superior que os teria concedido aos seres sociais, mas fruto das contradições e das lutas sociais). Por sua vez, direitos humanos é um termo composto exatamente destes dois componentes. A tarefa de uma concepção capaz de enfrentar o debate e as disputas quanto aos direitos dos seres sociais é aproximá-los em uma única concepção, que responda às necessidades de atualização dialética posta pela história da humanidade e que aponte para a necessária transformação radical da sociedade capitalista, para que a plena efetivação de direitos seja perspectiva real.

Como afirma Flores,

> Estos derechos humanos, de que gozamos en la actualidad, se basan, pues, en esa dialéctica establecida históricamente entre ese esfuerzo humano por producir nuevas necesidades y nuevos objetos, que, a su vez, son susceptibles de ser preferidos conscientemente por la humanidad em su conjunto. [...] Los sujetos no inventan valores, pero sí pueden interpretar

---

47. Parece-nos óbvio que a realidade social já aponta algumas demandas que, certamente, instituirão debates mais agudos sobre acesso a bens e serviços em décadas vindouras. Um elemento apontado por diversos autores é a escassez de água potável quando pensado o conjunto de pessoas — cerca de sete bilhões — que hoje habitam o planeta. O direito à água, hoje uma realidade já prevista, mas ainda não disputada socialmente em movimentos de grandes impactos e mobilizações sociais, se anuncia como uma das principais disputas do próximo período.

los existentes y establecer principios que los clarifiquen y pongan en relación con las nuevas condiciones sociales. Es a esse proceso de interpretación, clarificación y adaptación a la sociedad, junto con el constante movimiento de necesidades y su consiguiente processo de entrada y salida de la relación axiológica, a lo que nos referimos en nuestra afirmación de que los derechos humanos no puden ser fundamentados desde una posición dogmática, absoluta o estática; mejor que ésta hay que hallar los cauces a través de los cuales tales derechos hallen su naturaleza específica de bienes objetivados — producidos — socialmente y dotados del mayor contenido axiológico posible. Y este cauce lo encontramos en la interacción dialéctica entre el trabajo, las necesidades (objetos de las necesidades) y los valores. (Flores, 1989, p. 105-106)[48]

Atenção: não se trata de impor, a partir do ângulo de análise ou da perspectiva teórico-ideológica do analista, uma perspectiva dialética ao tema dos direitos humanos. Ao contrário, é o movimento da própria realidade social que os constitui quem detém e evidencia a dialética.

Já vimos, ao longo do presente texto, que o debate em torno de direitos humanos promove uma unidade de contrários. Basta recuperar os limites da positivação de sua previsão, mas, ao mesmo tempo, a necessidade de lutar por seu reconhecimento legal e o quanto esta dimensão pode significar de impacto concreto para a vida e as lutas de diferentes seres sociais. Voltando a Marx, é perceptível que o conteúdo de diversos valores anunciados como direitos vão muito além

---

48. Esses direitos humanos, de que gozamos na atualidade, se baseiam, pois, nessa dialética estabelecida historicamente entre esse esforço humano por produzir novas necessidades e novos objetos, que, por sua vez, são suscetíveis de ser preferidos conscientemente pela humanidade em seu conjunto. [...] Os sujeitos não inventam valores, mas sim, podem interpretar os existentes e estabelecer princípios que os evidenciem e coloquem em relação com as novas condições sociais. É a esse processo de interpretação, clarificação e adaptação à sociedade, junto com o constante movimento de necessidades e seu consequente processo de entrada e saída da relação axiológica, a que nos referimos em nossa afirmação de que os direitos humanos não podem ser fundamentados a partir de uma posição dogmática, absoluta ou estática; melhor que isso, há que se encontrar os caminhos através dos quais tais direitos reconheçam sua natureza específica de bens objetivados — produzidos — socialmente e dotados do maior conteúdo axiológico possível. E encontramos esse caminho na interação dialética entre o trabalho, as necessidades (objetos das necessidades) e os valores (Flores, 1989, p. 105-106).

do texto, as normas positivadas em determinadas conjunturas. Assim, direitos afirmados em determinada perspectiva (liberal, por exemplo, no processo das revoluções burguesas) têm seu conteúdo aprofundado, motivando processos sociais que questionam a própria sociabilidade (capitalista) que contribuíram para formatar.

Em algumas das próprias principais lutas de trabalhadores, estejam no campo ou na cidade, podemos perceber outro aspecto da dialética se evidenciando constantemente: a possibilidade de elementos revolucionários e conservadores nos direitos que se reivindica e se conquista.

No campo, é forçoso reconhecer que a luta contra o latifúndio e a violência que vitima milhares de camponeses tem dimensões revolucionárias. Questiona a distribuição de renda e de posse de meios de produção de meios absolutamente necessários para a subsistência humana. Acentua a crítica à expropriação do trabalho, evidencia as absurdas condições a que são submetidos os camponeses (jornadas intensas e extensas, meios inadequados de transporte, trabalho em condições inseguras e perigosas, escravidão por dívidas e outras inúmeras características). Por outro lado, um dos desafios que tem se colocado para assentamentos populares conquistados a partir desta luta é a dificuldade de superar o conceito de propriedade privada da terra. Ao receber seu pedaço de chão que lhe possibilite plantar, colher, gerar formas alternativas de distribuição dos frutos de seu trabalho sem o atravessamento capitalista do lucro, nada assegura que o camponês, ao vislumbrar outras condições de vida para si e para sua família, não reivindique aquela terra como *sua*. Resultado: mesmo no âmbito dos movimentos sociais há tensões em torno da possibilidade de comercializar terrenos conquistados a partir da luta. O conceito de propriedade social da terra fica subsumido pelo de propriedade privada, tão fortemente incutido no quotidiano da vida e das lutas dos trabalhadores em uma sociedade capitalista.

As greves e movimentos em busca de melhores salários e condições de trabalho também registram na história elementos e dimensões verdadeiramente revolucionários, que instigam e alimentam as lutas sociais (pensemos nas greves operárias que resultaram nas comemorações de 8 de março e 1º de maio, e tantas outras que resultaram em redução de jornadas de trabalho ao longo dos séculos, por exemplo), criam condições objetivas para derrotas de regimes implementados em determinados países (retomemos a contribuição das greves da década de 1970 para a redemocratização do Brasil e para a derrota da ditadura instalada em 1964), questionam a apropriação privada da riqueza socialmente produzida, fazem avançar o nível de consciência crítica de inúmeros trabalhadores. Elas próprias, contudo, reúnem um elemento fortemente limitador da apreensão quanto à necessidade de derrota de um determinado modelo societário: geralmente se limitam — ainda que suas pautas de reivindicação que lhes originam costumem ser mais extensas — a bandeiras pontuais, salariais ou de alteração de uma ou outra condição de trabalho. Podem ser rapidamente ressignificadas pelos empregadores: em tempos de desregulamentação e precarização do trabalho, reduções de jornadas em equipamentos que oferecem serviços públicos têm tido como reação dos gestores a implementação de formas de gestão privada (como índices meramente quantitativos de produtivismo e resultados, contratações via terceiros, redução de direitos e outras ações).

Os mesmos exemplos podem demonstrar outra característica do movimento dialético: o aparente retorno ao velho, em processo de *negação da negação*. Destaque-se, contudo: trata-se de um *aparente* retorno, uma vez que há, necessariamente, nova qualidade no resultante de cada processo. Este novo quadro carrega, em si, germes de contradição que farão com que o movimento não se esgote ou paralise. Neste mesmo sentido pode ser retomado o comportamento de países capitalistas centrais em relação à população migrante: fazem ressurgir as velhas limitações a direitos individuais, como os de ir e vir, de permanência em determinadas localidades, de reconhecimento mínimo de cidadania (vistos de permanência, documentação que permita acesso a direitos como saúde etc.). Contudo, tais elementos são muito distintos do conteúdo que as mesmas restrições tinham em séculos passados: evidenciam, quando analisados mais profundamente, tentativas de superação de novas etapas da crise do modo capitalista de produção.

Há que se desenvolver, portanto, uma perspectiva não dicotômica de tratar o todo e as partes de cada processo. Por exemplo, reconhecer que na atual conjuntura mundial direitos denominados como sociais, civis, econômicos, políticos, ambientais, de futuras gerações ou diversos outros estão — todos eles — implicados entre si e guardam profunda relação com o tipo de sociedade existente. Elementos advindos de uma assembleia de um órgão das Nações Unidas — o mesmo que legitima e se omite diante de inúmeras violações de direitos por parte de governos de países centrais — como a indivisibilidade e a interdependência dos direitos podem servir de argumento para as lutas em defesa de uma efetiva universalidade, negada quotidianamente pela ordem do capital.

Tais desafios provavelmente estarão, a nosso ver, presentes inclusive em sociedades pós-capitalistas que inúmeros sujeitos sociais lutam por construir. Uma introdução a tais reflexões, como já dito, será objeto do epílogo deste texto.

3.7 Possíveis diálogos entre distintas concepções de direitos humanos

Um tema de tão amplas e distintas dimensões tende a possibilitar o estabelecimento de diálogo entre diferentes concepções existentes. Vejamos algumas possibilidades. As concepções socialista e dialética, por exemplo, têm posições similares quanto ao não reconhecimento de um *direito* à propriedade privada dos meios de produção de riquezas. A concepção contemporânea se aproxima da concepção dialética ao defender a universalidade dos direitos e o reconhecimento de que não há como estabelecer entre eles uma prioridade hierárquica (medida que, para Flores, implicaria a dissolução teórica e ideológica das contradições sociais e do pluralismo de exigências próprios do ser social e de suas formas históricas de vida).[49] A concepção socialista, neste pormenor, diverge de ambas, afirmando

---

49. Cf. Flores (1989, p. 76).

haver distinções nítidas entre direitos que vê como sendo da coletividade (sociais, culturais e econômicos, ao menos) ou do indivíduo (civis e políticos). As concepções reacionária e pós-moderna podem estabelecer pontos de aproximação na negativa que fazem das metanarrativas para a leitura do campo dos direitos humanos — embora também com distinções entre ambas: a primeira o faria por reafirmar modos de vida anteriores à Ilustração e à Modernidade; a segunda por defender a existência de uma crise desta última, o que implicaria no predomínio de particularidades em relação à totalidade como uma categoria central para explicação de cada fenômeno. Ao negar a totalidade — como vimos, conceito básico para um método marxista de interpretação da realidade —, a concepção pós-moderna se aproximaria bastante da liberal, que fez das concepções de direitos humanos baseadas na obra de Marx suas principais adversárias ao longo de todo o século XX.

Outros temas seriam capazes de gerar aproximações inimagináveis. A concepção reacionária defende que haja direitos apenas para parte da população sobre o planeta — Huntington, como vimos, indica que parte é a que representaria o futuro da história humana: para ele, os povos pertencentes ao que chama de civilização ocidental. Para esta concepção, podemos imaginar que não haveria problemas de ordem ética e moral em admitir a possibilidade do aborto como direito (desde que entre determinadas populações). Obviamente as razões de tal defesa — a redução numérica de possíveis ameaças a seu estilo de vida, posto que, naquela visão, pobres procriariam mais e poderiam significar ameaças ao *status quo* dos verdadeiros herdeiros do futuro da humanidade — nada têm a ver com concepções que defendem direitos sexuais e reprodutivos como direitos da mulher e do homem. Este mesmo tema, aliás, tende a dividir os que se filiam à concepção liberal. Aqueles que são resultado do processo ilustrado da predominância da razão sobre a teologia podem assumir a defesa de que a racionalidade deve pesar em suas leituras sobre aborto, eutanásia, utilização de células-tronco para cura de doenças e outros temas que envolvem a atualmente chamada bioética. Contudo, os que, mesmo liberais, têm como princípio fundamental explicações teológicas para a vida têm sobre quaisquer destes temas posições de princípio: são-lhes, necessariamente, contrários. Mas há, ainda, em outras visões — como as próprias concepções socialista e dialética — a possibilidade de encontrar militantes e defensores de direitos humanos que professam fé em alguma esfera subjetiva de inter-relação com a vida. Não seria surpreendente que apresentassem objeções a algumas destas defesas.

Enfim, o tema dos direitos humanos é complexo e a busca por tentar definir que concepções estão em disputa na sociedade contemporânea tem por finalidade não a tentativa de encaixe de cada uma delas em perímetros fechados e absolutos, que não estabelecem diálogo com outras, nem admitem a possibilidade de avanços que não estavam, inicialmente, entre suas pressuposições. Os ganhos que se podem obter tendo uma apreensão mais precisa do que conforma as principais perspectivas em disputa no campo dos direitos humanos estão localizados na superação de uma dicotomia mais própria de um determinado período da história de sua evolução, mas, fundamentalmente, em possibilitar a percepção que geralmente concepções sobre temas importantes para a vida em sociedade se aliam a visões mais globais sobre o mundo, o modo de produção vigente ou projetado, as sociabilidades estabelecidas entre os diversos sujeitos sociais, a proposta de organização societária considerada mais adequada para a vida. Implica em reconhecer, portanto, que tais temas fazem parte de um processo mais amplo de conflitos entre classes e segmentos distintos que, à medida que apresentam e disputam seus interesses, fazem mover a própria história. Dialogam com a possibilidade de disputar e construir um mundo organizado em bases efetivamente libertárias, emancipatórias, justas.

Observemos, em breves análises de citações de alguns autores, outras possíveis frentes de diálogo. Huntington, aqui identificado como tendo sua contribuição e análise sobre a sociedade como possível base de uma concepção reacionária, defende que "[...] a cultura e as identidades culturais — que, em nível mais amplo, são as identidades das civilizações — estão moldando os padrões de coesão, desintegração e conflito no mundo pós-Guerra Fria" (Huntington,

1997, p. 18). Ou, ainda do mesmo autor: "No mundo pós-Guerra Fria, as distinções mais importantes entre os povos não são ideológicas, políticas ou econômicas. Elas são culturais" (ibid., p. 20).

Como vimos, tais características (as de sobrepor explicações culturalistas à sociedade, em detrimento da organização social, política, econômica e — também — cultural) estão bastante presentes na visão pós-moderna de mundo na atualidade.

Coutinho, ao analisar como evoluiu a filosofia burguesa, estabelece uma objetiva divisão sobre períodos históricos em que, também neste campo, houve rupturas dos liberais em relação a sua característica revolucionária anterior.

> Na história da filosofia burguesa, é possível discernir — com relativa nitidez — duas etapas principais. A primeira, que vai dos pensadores renascentistas a Hegel, caracteriza-se por um movimento progressista, ascendente, orientado no sentido da elaboração de uma racionalidade humanista e dialética. A segunda — que se segue a uma radical ruptura, ocorrida por volta de 1830-1848 — é assinalada por uma progressiva decadência, pelo abandono mais ou menos completo das conquistas do período anterior, algumas definitivas para a humanidade, como é o caso das categorias do humanismo, do historicismo e da razão dialética. (Coutinho, 2010, p. 21)

O autor afirma que o predomínio de uma ou outra postura depende de causas históricas. Em momentos de crise, a burguesia acentuaria ideologicamente seu momento irracionalista, subjetivista. Já naqueles de relativa "segurança", estabilidade, prestigiaria orientações fundadas em um racionalismo formal (ibid., p. 16). Mas em que estas observações dialogariam com outras concepções sobre a vida e, possivelmente, sobre direitos humanos? Vejamos a observação seguinte:

> Do ponto de vista filosófico, essa unidade essencial das duas posições aparentemente opostas reflete-se no fato de ambas abandonarem os *três núcleos categoriais que o marxismo herdou da filosofia clássica — elaborada pela própria burguesia* em sua fase ascendente — e que são, precisamente,

o *historicismo* concreto, a concepção do mundo *humanista* e a razão *dialética*. Renunciando a esses instrumentos categoriais, *caracterizados por sua dimensão crítica*, o pensamento "modernista" — em suas duas faces — capitula diante da positividade fetichizada do mundo contemporâneo. (Coutinho, 2010, p. 15-16, grifos nossos)

Decerto que tais movimentações e deslocamentos no pensamento global sobre a história da humanidade também se reflete nas lutas quotidianas e nas possibilidades de análise conjuntural e estratégica que as informam.

Bobbio é outro autor rico em reflexões que podem dialogar — e são, efetivamente, utilizadas, muitas vezes de forma até mesmo acrítica — por distintas concepções. Vejamos algumas delas.

Na primeira citação selecionada, o autor evidencia o quanto os direitos humanos e as necessidades dos seres sociais (por ele denominadas carecimentos) estão em constante transformação, advindos do desenvolvimento efetivo das condições econômicas, sociais e culturais de cada época histórica:

> Não é preciso muita imaginação para prever que o desenvolvimento da técnica, a transformação das condições econômicas e sociais, a ampliação dos conhecimentos e a intensificação dos meios de comunicação poderão produzir tais mudanças na organização da vida humana e das relações sociais que se criem ocasiões favoráveis para o nascimento de novos carecimentos e, portanto, para novas demandas de liberdade e de poderes. (Bobbio, 2004, p. 33)

O mesmo procedimento teórico — embora, como vimos anteriormente, potencialmente em perspectiva evolucionista — é utilizado para analisar o surgimento e a evolução dos direitos denominados sociais:

> O campo dos direitos sociais [...] está em contínuo movimento: assim como as demandas de proteção social nasceram com a revolução industrial, é provável que o rápido desenvolvimento técnico e econômico traga consigo novas demandas, que hoje não somos capazes nem de

prever. A Declaração Universal representa a consciência histórica que a humanidade tem dos próprios valores fundamentais na segunda metade do século XX. É uma síntese do passado e uma inspiração para o futuro: mas suas tábuas não foram gravadas de uma vez para sempre. (Bobbio, 2004, p. 33)

Em uma de suas poucas citações a classes sociais na obra aqui referida, o autor evidencia como tal processo de alterações envolve visões sobre a possibilidade de um *direito* à propriedade:

> O elenco dos direitos do homem se modificou, e continua a se modificar, com a mudança das condições históricas, ou seja, dos carecimentos e dos interesses, das classes no poder, dos meios disponíveis para a realização dos mesmos, das transformações técnicas etc. Direitos que foram declarados absolutos no final do século XVIII, como a propriedade *sacre et inviolable*, foram submetidas a radicais limitações nas declarações contemporâneas; direitos que as declarações do século XVIII nem sequer mencionavam, como os direitos sociais, são agora proclamados com grande ostentação nas recentes declarações. (Ibid., p. 18, grifo original)

Ainda que não utilize textualmente o conceito de dialética, ele está presente nos três trechos referidos. No segundo, o faz inclusive em dimensão que parte dos que reivindicam filiação crítica não chegam a alcançar: sua contribuição para explicação do passado, do presente e do futuro — a tal dimensão denominada de devir, cara a várias perspectivas distintas de direitos humanos.

Ela, aliás, comparece em trecho citado anteriormente, quando Bobbio chama atenção para a função prática da linguagem dos direitos do ponto de vista das reivindicações dos movimentos sociais, embora alerte que eles podem obscurecer a diferença entre o que está previsto e protegido legalmente e o que está sendo efetivamente acessado. Neste particular, o autor contribui para o reconhecimento de que os direitos não são dados por uma entidade divina ou pela lógica natural das coisas. São processos em disputa social, e cada conjuntura — o que implica em analisar que forças reúnem condições, em cada momento, de impor derrotas às demais — define quais serão as distinções entre o que se mantém no campo do reivindicado (o legítimo, o projetado), do direito reconhecido e protegido (o "legal", o positivado) e daqueles que, mesmo eventualmente não passando pelas etapas anteriores já se encontram vivenciados na realidade social. Ora, várias das distintas concepções de direitos humanos podem dialogar com tal contribuição.

Decerto, contudo, que tal diálogo entre distintas visões não se dá apenas a partir de proximidades. Há antagonismos evidentes. Como vimos, parte significativa da contribuição aqui utilizada para pensar a possibilidade de uma concepção dialética de direitos humanos vem da Escola de Budapeste, composta por autores então marxistas que, em algum momento de suas produções teóricas, dialogaram com a interpretação de Lukács sobre a obra marxiana. Lessa destaca o quanto o reconhecimento de uma ontologia do ser social se contrapõe à perspectiva pós-moderna (certamente, também a concepções teológicas ou naturais do que caracteriza o ser social em relação aos demais seres vivos) de sociedade.

> Não seria uma falsidade afirmar que a *Ontologia* está entre as obras da segunda metade do século XX que mais frontalmente se opõem a todos os pressupostos e a todos os desdobramentos importantes dos pós-modernos. Em primeiro lugar, porque demonstra a insuperável conexão entre singular e universal, tanto do ponto de vista da existência da singularidade como da existência da totalidade. Demonstra, muito mais do que argumenta, que não há singular que não seja partícipe de uma totalidade e que, por isso, não há totalidade que não seja síntese de singularidades. E, portanto, que a totalidade contém uma qualidade distinta de cada singularidade, na medida em que a síntese das singularidades em totalidade dá origem a um processo que é mais amplo, rico e articulado que as singularidades tomadas isoladamente. Em segundo lugar, porque demonstra a insuperável historicidade de todo o existente, desde o inorgânico, orgânico até o social. A historicidade comparece, ao final da *Ontologia*, como uma determinação ontológica

universal por excelência. Em terceiro lugar, e decorrente dos dois pontos anteriores, o confronto de Lukács com o pós-modernismo é radical porque demonstra que a essência é uma *determinação da história*, da qual é parte movida e movente, na feliz expressão do autor húngaro. (Lessa, 2008, p. 2, grifos originais)

Também há distinções entre as concepções reacionária e liberal de sociedade e acesso a direitos, evidenciadas por situações históricas tratadas por autores como Hobsbawm, ao analisar as três possibilidades abertas a pobres que se encontravam à margem da sociedade burguesa nascente. Para o autor, os pobres poderiam "lutar para se tornarem burgueses, [...] permitir que fossem oprimidos ou [...] se rebelar" (Hobsbawm, 2010, p. 320). Afinal, mesmo o modesto lugar que lhe estava garantido na nova ordem social encontrava-se ameaçado:

> Daí, sua resistência até mesmo às propostas mais racionais da sociedade burguesa, que estavam de braços dados com a desumanidade. Os nobres rurais apresentaram o sistema Speenhamland,[50] ao qual os trabalhadores se agarraram, embora os argumentos econômicos contra ele fossem contundentes. Como meio de minorar a pobreza, a caridade cristã era tão má como inútil, como se podia ver nos Estados papais, que a praticavam em demasia. Era popular não só entre os ricos tradicionalistas, que a fomentavam como salvaguarda contra os *perigos dos direitos iguais* (propostos por "aqueles sonhadores que sustentam que *a natureza criou os homens com direitos iguais* e que as distinções sociais devem ser fundamentadas puramente na utilidade comum"),[51] mas também entre os pobres tradicionalistas, que estavam profundamente convencidos de que tinham um *direito* às migalhas que caíam das mesas dos ricos. (Ibid., p. 321, dois primeiros grifos nossos)

---

50. Registra Hobsbawm: "Segundo esse sistema, os pobres teriam garantido um salário de subsistência através de subsídios quando necessário; o sistema, embora bem-intencionado, eventualmente levou a uma pobreza ainda maior do que antes" (ibid., p. 90).

51. Citação de Hobsbawm ao teólogo P. D. Michele Augusti, *Della liberta Ed eguagianza degli uomini nell'ordine naturale e civile* (1790), citado em A. Cherubini, *Dottrine e Metodi Assistenziali dal 1789 al 1848* (Milão, 1958, p. 17).

É evidente o pavor dos possuidores das maiores riquezas quanto à afirmação da possibilidade — ainda que apenas em previsões formais e positivadas — de quaisquer formas de igualdade.

Outro interessante diálogo possível entre as diferentes concepções de direitos humanos é o que envolve o conceito de indivíduo. Convencionou-se afirmar que a consideração do indivíduo como centro nas análises teóricas, propostas e ações políticas é obra exclusiva e afim à burguesia. Não é o que nos parece. Também indivíduo, como democracia, ética, direitos e tantos outros vocábulos que aqui comparecem, recebe distintas interpretações de diversos autores e perspectivas ideopolíticas. O que existe, de fato, é a tentativa de incompatibilizar marxismo e indivíduo. Ela é produzida especialmente no âmbito de correntes de pensamento antimarxistas. Contudo, sua força ideológica é tamanha que impacta mesmo militantes sociais que buscam dicotomias para justificar as distinções entre capitalismo e socialismo sem se atentar para que suas fundamentais diferenças localizam-se não na defesa ou não de condições de vida para os seres sociais (que, também eles, combinam aspectos singulares e universais), mas no modo de apropriação dos meios de produção de riquezas e na forma como elas são posteriormente apropriadas. Tonet aponta distinções possíveis entre indivíduo burguês e *indivíduo proletário*:

> Ora, no clima de luta contra o capitalismo, sistema no qual o indivíduo é o pólo ao redor de cujos interesses tudo gira, o socialismo foi entendido como o seu oposto, ou seja, como um sistema social no qual o pólo fundamental seria a coletividade e não o indivíduo. Deste modo, indivíduo e indivíduo burguês eram tomados como sinônimos. Mais ainda. Entendendo a categoria da essência como uma categoria de cunho metafísico, ela foi totalmente rejeitada em nome do caráter integralmente histórico da concepção marxiana do ser social. Negava-se, pois, por metafísica, a ideia de que existiria uma essência humana comum a todos os homens. Admitia-se, certamente, a existência de elementos comuns a todos os homens. Mas estes seriam secundários, nada tendo a ver com uma suposta essência humana. A identidade mais profunda de um grupo social proviria de suas relações concretas. Ora, entre estas relações, as mais importantes eram consideradas as relações econômicas. Deste modo,

seriam as relações de classe o elemento mais fundamental na identidade dos grupos. Assim, *indivíduo burguês seria algo essencialmente diferente de indivíduo proletário*. (Tonet, 2002, p. 6, grifo nosso)

Prosseguindo suas reflexões, expressa como este debate pode ser relacionado ao campo dos direitos humanos:

> No entanto, assim como indivíduo não é sinônimo de indivíduo burguês, também os direitos humanos não são sinônimo de direitos de caráter meramente burguês. Estes direitos têm um caráter universal, ou seja, são objetivações que estendem sua validade para além da sociedade capitalista. Por isso mesmo, em vez de serem suprimidos ou impedidos de se desenvolver, deveriam ser defendidos e ampliados numa sociedade socialista. (Ibid., p. 7)

A fácil (e falsa) dicotomia a que nos referimos há pouco também é problematizada pelo autor em sua análise do pensamento marxiano:

> Para Marx, socialismo não é o contrário de capitalismo. Quer dizer, para ele o eixo do socialismo não é a coletividade, em oposição ao indivíduo como eixo da sociabilidade capitalista. Segundo ele, a predominância da coletividade sobre o indivíduo teve lugar em formas de sociabilidade anteriores ao capitalismo. O socialismo, contudo, só pode ser uma articulação harmônica — não isenta de conflitos e tensões — entre indivíduo e coletividade. Isto porque socialismo é — não por uma simples aspiração do sujeito, mas por determinação do processo histórico-social — a apropriação, pelos indivíduos, da riqueza humana universal — material e espiritual — e sua consequente configuração como um indivíduo rico, multifacetado, omnilateralmente desenvolvido. E como resultado disto, e em determinação recíproca, o enriquecimento do gênero humano. *O pleno desenvolvimento do indivíduo, mas entendido como indivíduo social, é inseparável do socialismo*. Deste modo, a subsunção do indivíduo à coletividade ou o inverso nada têm a ver com socialismo. (Ibid., p. 10, grifo nosso)

Reflexões de Konder sobre a relação entre indivíduo e socialismo e as contribuições marxianas rumam no mesmo sentido de Tonet. Afirma o autor que

O indivíduo, então, como dizia Marx, é o ser social; e é tão intrinsecamente social que somente ao longo da sua história em sociedade é que o homem, depois de muitos séculos, chegou a se individualizar (já que, nas comunidades mais primitivas, os indivíduos não contavam e existiam exclusivamente em função da coletividade a que pertenciam).[52]

Mészáros é outro autor marxista que contribui para a reflexão entre marxismo, direitos humanos e indivíduos. Afirma que os direitos humanos dizem, necessariamente, respeito a toda a humanidade. O acesso efetivo aos mesmos, e inclusive sua violação, seria efetivado por indivíduos ou grupos de indivíduos, com repercussões societárias que, em última instância, atingem os próprios infratores (Mészáros, 2008, p. 165). Para o autor,

> Reforçar o autêntico exercício dos direitos humanos envolve, portanto, necessariamente a aplicação de um mesmo padrão para a totalidade *dos indivíduos*, pois "o direito, por sua própria natureza, só pode consistir na aplicação de um padrão igual". (Ibid., p. 166[53], grifo nosso)

Mészáros (2008, p. 165) argumenta ser "[...] tentador concluir que o 'interesse de todos' é um conceito ideológico vazio", cuja função seria legitimar e perpetuar dado sistema de dominação. Contudo, afirma:

> Entretanto, concordar com esse ponto de vista significa ser aprisionado pela contradição que estabelece, permanentemente, um interesse particular contra outro e nega a possibilidade de escapar do círculo vicioso das determinações particulares. (Loc. cit.)

O que define, portanto, distinções sobre como cada concepção vê o indivíduo não é a defesa que cada uma faz ou não de seus direitos — discurso rasteiro e ideológico utilizado pelos capitalistas e liberais contra perspectivas comunistas. Trata-se de reconhecer o in-

---

52. Cf. Konder (2008, p. 77).
53. A citação é retirada de: Marx, K.; Engels, F. *Critique of the Gotha programme* (1875). In: _____. *Selected works* (Moscou: Progress Publishers, 1970, p. 13-30).

divíduo como ser social. O que tem implicações para outras dimensões do debate sobre o direito humano, que também passam pelo mesmo processo de negação, como a chamada dignidade humana. Vejamos como Flores relaciona estes temas:

> La consideración de la dignidad humana y de su triple condición de libertad, vida e igualdad como los valores básicos de la idea de democracia radical propiciará una superación de la alienación humana cuando comiencen a ser considerados en su necesariedad y su coimplicación absolutas. Es en este sentido como podrá enterderse a la dignidad humana como el acercamiento de la "singularidad" a la "genericidad", y al individuo como la plasmación concreta del ser social.[54] (Flores, 1989, p. 168)

Nesta concepção, até mesmo contribuições advindas de Freud, como a existência de id, ego e superego em cada indivíduo, estariam relacionadas à organização societária e ao ser humano como ser social. Flores busca em Agnes Heller reflexões a respeito:

> *Ser humano es estar implicado en algo*; ello significa "regular la apropiación del mundo desde el punto de vista de la *preservación* y *extensión* del ego, partiendo del organismo social".[55] Es decir, estamos implicados en la reproducción de nuestro ser social o, lo que es lo mismo, de nuestros valores, nuestros costumbres y nuestras objetivaciones, tanto con respecto al mundo como a nuestra propia persona.[56] (Ibid., p. 169, grifos originais)[57]

---

54. A consideração da dignidade humana e de sua tripla condição de liberdade, vida e igualdade como os valores básicos da ideia de democracia radical, propiciará uma superação da alienação humana quando comecem a ser consideradas em sua necessariedade e sua coimplicação absolutas. É nesse sentido que se poderá entender a dignidade humana como a aproximação da "singularidade" à "genericidade", e ao indivíduo como a tradução concreta do ser social.

55. Citação a HELLER, Agnes. *Teoría de los sentimientos* 3. ed. Fontamara, 1985. p. 37.

56. Nova citação a HELLER, Agnes. *La revolución de la vida cotidiana*. Península, 1982. p. 173-179.

57. *Ser humano é estar implicado em algo*; isso significa "regular a apropriação do mundo desde o ponto de vista da *preservação* e *extensão* do ego, partindo do organismo social". Ou seja, estamos implicados na reprodução de nosso ser social, ou, o que é o mesmo, de nossos valores, nossos costumes e nossas objetivações, tanto com respeito ao mundo como a nossa própria pessoa.

Ainda para Flores, Lukács estabeleceria relações entre dignidade humana e participação política:

> La concepción del individuo como *ser social* no consistirá en otra cosa que en la "integración" efectiva de aquél, como sujeto racional y consciente, en las instituciones de decisión pública y en los mecanismos de organización social. Para el Lukács de la *Ontologia del ser social*, la dignidad humana se concretaría en la relación directamente proporcional establecida entre la individualidad y los processos participativos: a mayor grado de eficacia de los procedimientos de participación democrática, mayor grado de individualid pueden gozar los actores sociales.[58] (Flores, 1989, p. 169, grifos originais)[59]

Parece-nos patente, portanto, que há proximidades e distanciamentos entre as distintas concepções de direitos humanos e de sociedade. A leitura mais adequada de fenômeno de tamanha complexidade é aquela que se pauta pela dialética, que reconhece a história passada, analisa a presente, projeta e contribui para a construção da história futura — o que fortalece a necessidade de uma concepção de direitos humanos que se paute pelo método marxiano de análise da vida social.

---

58. Citações retiradas por Flores de: LUKÁCS, György. *Ontologia dell'essere sociale*, Riuniti: Roma, 1976-1981. v. II, p. 266-275 e 450.

59. A concepção do indivíduo como *ser social* não consistirá em outra coisa que na "integração" efetiva daquele, como sujeito racional e consciente, nas instituições de decisão pública e nos mecanismos de organização social. Para Lukács da *Ontologia do ser social*, a dignidade humana se concretizaria na relação diretamente proporcional estabelecida entre a individualidade e os processos participativos: quanto maior grau de eficácia dos procedimentos de participação democrática, tanto maior o grau de individualidade de que podem gozar os atores sociais.

Epílogo

Há incompatibilidades entre marxismo e direitos humanos?

> Por que perguntariam pelo padeiro, havendo pão suficiente?
> Por que seria louvada a neve que já derreteu
> havendo outras neves para cair?
> Por que deveria haver um passado, havendo um futuro?
>
> (Bertolt Brecht
> *Por que deveria meu nome ser lembrado?*)

Se fôssemos nós os leitores deste livro uma questão certamente surgiria, incômoda e clamando por resposta. Pela lógica aqui afirmada, houve a apropriação da defesa de direitos humanos por parte da burguesia revolucionária no século XVIII. Ao menos desde então, e até a contemporaneidade, inúmeros e distintos sujeitos sociais também o fizeram, quase esvaziando de sentido o debate sobre o tema, chegando a levar alguns autores a caracterizá-lo de "ficção simbólica", já que serviria como "álibi para intervenções militares, sacralização para a tirania do mercado, base ideológica para o fundamentalismo do politicamente correto" (Zizek, 2010, p. 11), dentre outras inúmeras ações que, na verdade, afrontam o acesso a necessidades dos seres sociais.

Esta linha de raciocínio indicaria, portanto, a afirmação de que, uma vez que a burguesia teria se utilizado do discurso dos direitos humanos em sua estratégia de revestir de um caráter universal seus interesses particulares, o que se estaria a afirmar é que tais direitos não têm sua origem no âmbito da sociedade burguesa. Nela, eles teriam assumido uma forma específica, mais próxima da materialidade com que se organiza a vida e as relações sociais a partir das lógicas do lucro, da mais-valia, da competitividade, da hierarquização para acesso a determinados direitos. Chegaríamos à questão: se existiram em momentos anteriores e se na sociedade capitalista adquiriram determinada forma específica, estar-se-ia afirmando a possibilidade de que em novas sociedades, sem apropriação privada da riqueza socialmente produzida, direitos humanos poderiam continuar existindo e — mais! — sendo disputados?

Poderíamos nos furtar à resposta por dois caminhos distintos — ambos potencialmente legítimos. O primeiro, afirmando que esta possibilidade já estaria algo anunciada ao longo da argumentação deste texto — embora não fosse este o centro anunciado das preocupações aqui tratadas. O segundo advém da característica desta produção, advinda de uma dissertação de mestrado: estudos desenvolvidos nos limites de tempo e possibilidades desta etapa de formação acadêmica não nos teriam permitido ir mais a fundo neste debate — o que poderia ser retomado em novo momento.

Estas duas respostas se articulam aqui.

Parece-nos que se entendemos os seres humanos como seres sociais que geram novas necessidades a partir da satisfação de anteriores, numa sociedade em que as plenas habilidades e potencialidades humanas sejam desenvolvidas esta é uma tendência ainda maior. Nada pode nos garantir — apenas nossa convicção, desejo e esforço — que estas necessidades (ainda que não mais disputadas entre classes sociais distintas, posto que estas já não existissem) estejam todas, nesta nova sociabilidade, satisfeitas em formato igualitário. E "só se reclama o que se não tem", alerta Marx (2004, p. 120). A dialética existente na vida social tende a nos colocar desafios em patamares que não somos, hoje, sequer capazes de imaginar.

Também é preciso registrar que persistem distinções entre os seres sociais — que "não seriam distintos se não fossem desiguais" (Marx, 2004, p. 109) — que não surgem, necessariamente, da divisão entre classes sociais distintas. Como já observamos, é equivocado afirmar que não haja um componente de classe atravessando desigualdades (também materiais, mas não só) de gênero, raciais, geracionais, de orientação sexual e tantas outras. Contudo, e ainda que sejamos capazes de construir outra sociabilidade, em que valores da sociedade capitalista já tenham sido destruídos ou reduzidos a índices insignificantes durante o período de transição para este novo patamar, nada nos garante que situações similares a estas (e outras que podem surgir) não estejam presentes na nova sociedade. Parafraseando Marx (ibid., p. 120), a abstenção, aqui, se torna correta, por que a situação exige prudência. Em vez de "eliminar toda a desigualdade social e política", uma nova sociedade, "com a supressão das diferenças de classe desaparece por si mesma toda a desigualdade social e política *resultante dessas diferenças*" (ibid., p. 116, grifo nosso). Lembremos: algumas das desigualdades há pouco citadas não têm origem exclusivamente na distinção entre classes.

Por outro lado, como também vimos, há dimensões dos direitos humanos estritamente ligadas a dimensões jurídicas da vida social. Se o Estado, na forma em que o conhecemos, é um organismo de classe — o qual, ainda que com contradições, expressa interesses das classes dominantes — a extinção das classes implicaria, também, na dissolução desta instância. Necessariamente, portanto, manifestações que visam legitimar-lhe, como o Direito, teriam que deixar de existir — embora já caiba destacar que Marx afirma que o "limitado horizonte *do direito burguês poderá* ser definitivamente ultrapassado" (ibid., p. 110, grifo nosso). O presente texto, contudo, não deu conta (nem se propôs a fazê-lo, embora dialogue com algumas de suas dimensões) de retomar todo o debate sobre o Direito em Marx e entre os marxistas. Esta tarefa, considerando inclusive a existência de distintas apreensões sobre o tema, parece-nos bastante mais exigente.

Mas não seria honesto dizer que não há, no autor e nas obras aqui utilizadas, pistas da grande polêmica que envolve esta questão, bem como de elementos prévios para seu debate. Assim, resolvemos registrar, ainda que sabidamente de forma insuficiente, elementos que podem favorecer esta reflexão. O que nos levará, inevitavelmente, a dizer qual nossa predisposição para o enfrentamento deste tema.

Pretendemos, assim, apontar na etapa de conclusão argumentos de alguns autores marxistas acerca de uma possível incompatibilidade entre marxismo e direitos humanos. Há visões que afirmam que uma vez que o Estado — criado para a defesa de interesses de uma determinada classe hegemônica —, as classes sociais e, portanto, as estruturas legais que os informam deixam de existir em uma sociedade humanamente emancipada (Marx a chamará de comunismo), necessariamente não haveria direito neste momento de organização societária. Outras afirmarão que esta concepção considera apenas uma das dimensões do direito — a jurídica — e que, embora em uma sociabilidade completamente distinta das que conhecemos e somos capazes de vivenciar, mesmo em uma sociedade sem classes haverá interesses e necessidades em disputa (de outras ordens e por outros sujeitos sociais, não por distintas classes), dando prosseguimento ao processo dialético que constitui a história da humanidade.

Tentemos enfrentar esta tarefa final.

4.1 Emancipação política e emancipação humana

É novamente Marx (2009) quem, ao analisar a situação dos judeus na Alemanha e a polemizar com seu (até então) interlocutor Bruno Bauer, utiliza dois conceitos que integrarão a maior parte das reflexões marxistas sobre direitos humanos: emancipação política e emancipação humana. Não era de esperar que fosse diferente. A principal crítica marxiana às declarações aprovadas pelas revoluções burguesas — particularmente à Declaração dos Direitos do Homem e do Cidadão, aprovada após a Revolução Francesa de 1789 — está presente no texto *Para a questão judaica*. A partir de seu conteúdo haverá quem afirme que Marx é contra os direitos humanos (leitura em geral baseada na interpretação de que tais direitos são fundados pelos burgueses e se referem exclusivamente aos direitos civis e políticos em disputa na sociedade civil burguesa, todos eles em função da consolidação da burguesia como nova classe dominante, em substituição às que determinavam o rumo da vida ao longo do feudalismo).

Netto (2009) resume didaticamente o debate entre Bauer e Marx. Em linhas gerais, Bauer defendia que os judeus que viviam na Alemanha e reivindicavam tratamento igualitário aos oferecidos àqueles ali nascidos, para terem direito a tal queixa deveriam deixar de ser judeus — sendo-os, eles se excluiriam da comunidade humana, uma vez que dela se autoisolariam, ao se reivindicarem o povo eleito, privilegiado por Deus. Como afirma Frederico,

> O Estado prussiano [...], ao reafirmar seu caráter "cristão", negava aos judeus igualdade de direitos perante a lei. Bruno Bauer manifestara suas opiniões sobre o assunto, ao ver no ateísmo a pré-condição para a emancipação política dos judeus. Se os judeus querem se emancipar, dizia, devem começar por emancipar-se de sua própria religião; não faz sentido o judeu cobrar do Estado uma postura laica, enquanto ele próprio não abandonar o judaísmo. (Frederico, 2009, p. 93)

Bauer, tendo em mente a incompatibilidade entre religião e Estado, diria que o estado religioso impossibilitaria qualquer emancipação. Marx combaterá a perspectiva defendida por Bauer, afirmando que seu interlocutor confunde emancipação política e emancipação humana. Para Marx não haveria incompatibilidade entre emancipação política e a manutenção de determinada confissão religiosa, ou entre Estado (mesmo que laico) e religião (mesmo que não oficial).[1] Focando sua análise sobre os desdobramentos da ordem social burguesa,

---

1. Frederico (ibid., p. 95) alerta que Marx busca na América do Norte de seu tempo o exemplo de como o Estado político pode conviver com religiões, ainda que não as assuma para si, mantendo seu caráter laico. Iasi (2007, p. 49) afirma que Marx observava três situações distintas: a Alemanha, em que prevalecia um "Estado cristão"; a França, onde haveria insuficiência em relação à emancipação política, posto que permanecesse o formato de uma religião de "maiorias"; e os "Estados livres da América", locais em que não haveria nem

o Estado e a sociedade civil seriam complementares, uma vez que a emancipação política seria a redução do ser humano a membro desta sociedade civil, como indivíduo egoísta e independente, e, por outro lado, a cidadão, visto como pessoa moral. Embora reconhecendo o avanço da emancipação política como estágio superior ao regime feudal derrotado pela revolução burguesa, Marx defenderá que a emancipação humana a transcenderá, em larga escala. Assim, convocará os judeus a perceberem os limites da emancipação política, uma vez que esta última não os tornará, efetiva e humanamente, livres.

Iasi (2011, p. 188) demarca que emancipação política e emancipação humana implicam sociedades organizadas, materialmente, em sentidos distintos:

> Assim como a emancipação política é a expressão de certo momento da materialidade social e histórica dos seres humanos, mais especificamente a época histórica do capitalismo, a emancipação humana é a possibilidade de expressão de uma sociabilidade que se coloque contra e além do capital.

Frederico comparece ao debate adiantando polêmica que trataremos brevemente a seguir. Diz o autor:

> O judeu, em sua luta pela igualdade de direitos, apenas reafirma a sua permanência particularista numa sociedade civil burguesa ainda separada de um Estado que se quer tolerante e liberal. A emancipação política, portanto, implica uma conservação de interesses particularistas à margem do interesse coletivo, mantendo a cisão entre o homem e o cidadão. *O mesmo vale, diríamos nós, para os movimentos sociais de defesa das "minorias" surgidos na segunda metade do século 20.* São movimentos progressistas, sem dúvida, mas não resolvem a reivindicação maior da emancipação humana, reclamada pelo jovem Marx, ou da sociedade sem classes, proposta em suas obras de maturidade. (Frederico, 2009, p. 99, grifo nosso)

---

religião de Estado nem de maioria, nem o predomínio de um culto sobre outro, sendo o Estado estranho a qualquer deles.

Mas o que Marx chama de emancipação humana? Que sociedade lhe corresponde? Que exigências se apresentam para sua efetivação? É o autor quem responde:

> Só quando o homem individual retoma em si o cidadão abstrato e, como homem individual — na sua vida empírica, no seu trabalho individual, nas suas relações individuais —, se tornou *ser genérico*; só quando o homem reconheceu e organizou as suas *forces propres* como *forças sociais* e, portanto, não separa mais de si a força social na figura da força *política* — só então está consumada a emancipação humana. (Marx, 2009, p. 71-72, grifos originais)

Marx está "longe de desconsiderar a importância da emancipação política" (Trindade, 2011, p. 79). Afirma que ela foi capaz de derrotar o poder do soberano feudal, suas corporações, privilégios, a separação do povo de sua comunidade,

> Soltou o espírito político que, de algum modo, estava dissipado, fracionado, diluído nos diversos becos da sociedade feudal; reuniu-o dessa dispersão, libertou-o da mistura com a vida civil, e constituiu-o como a esfera da comunidade, dos assuntos *gerais* do povo, em independência ideal relativamente àqueles elementos *particulares* da vida civil. (Marx, 2009, p. 69, grifos originais)

Assim,

> a emancipação humana — tal como pensada por Marx, como a restituição do mundo e das relações humanas aos próprios seres humanos — exige a superação de três mediações essenciais: da mercadoria, do capital e do Estado. (Iasi, 2007, p. 56)

A emancipação humana constitui, assim, o "fim da pré-história da humanidade" (ibid., p. 59), superando o modo capitalista de produção. Para Trindade

A emancipação "humana", mais do que mera negação, aponta para a superação dialética, tanto da sociedade civil, porque fundada no interesse privado e na desigualdade real, quanto do Estado, seu correlato político/público entronizador de uma igualdade meramente imaginária. (Trindade, 2011, p. 82)

À nova sociedade Marx denominará comunismo, "ordem social comunitária, baseada na propriedade comum dos meios de produção" (Marx, 2004, p. 107). Embora afirme com Engels, como vimos, que a sociedade capitalista gera seus próprios coveiros, Marx não entende que sua derrota se dará automaticamente ou por força da ordem natural de uma suposta evolução da humanidade. Ela terá que ser obra dos próprios trabalhadores. Neste processo, não se derrotará, de imediato e para sempre, valores próprios da sociabilidade anteriormente existente. Referindo-se à etapa de transição para a sociedade comunista, Marx afirma que

> Aqui se trata não de uma sociedade comunista que se desenvolveu sobre as suas próprias bases, mas, ao contrário, de uma sociedade que acaba de sair da sociedade capitalista e que, consequentemente, apresenta, em todos os aspectos — econômico, moral, intelectual — os estigmas da antiga sociedade que a engendrou. (Loc. cit.)

A crítica marxiana à Declaração dos Direitos do Homem e do Cidadão, portanto, não se limita a apontar seus limites e a reconhecer os avanços do processo que levou a sua aprovação (a emancipação política, a derrota do feudalismo). Reconhece, inclusive, o caráter revolucionário da burguesia em relação aos feudais (mas não em relação aos proletários):

> A burguesia é considerada aqui como uma classe revolucionária — enquanto agente da grande indústria — em relação aos feudais e às classes médias decididos a manter todas as suas posições sociais, que são produto de modos de produção caducos. Feudais e classes médias não formam, portanto, com a burguesia uma mesma massa reacionária. Por outro lado, o proletariado é revolucionário frente à burguesia

porque, resultante ele próprio da grande indústria, tende a despojar a produção do seu caráter capitalista, que a burguesia procura perpetuar. (Marx, 2004, p. 111-112)

É preciso, portanto, ir além: à sociedade humanamente emancipada.

O que nos leva à questão que provoca este epílogo: há papel para os direitos humanos neste processo? Este papel se resume apenas à crítica ao modo de produção capitalista e ao caráter conservador da burguesia, que nega as promessas que ela própria apresentou (embora em conjunto com outros segmentos sociais) à sociedade como um todo de liberdade, igualdade e fraternidade efetivas como formas de organizar uma nova sociabilidade, ou pode ir além dela?

4.2 A possível incompatibilidade entre marxismo e direitos humanos

Trindade[2] apresenta sete ponderações sobre as contribuições de Marx em *Para a questão judaica*, a saber: (a) Marx deslocaria as polêmicas tratadas na Alemanha de então — como as que envolvem a emancipação — do discurso filosófico para a análise política concreta, rompendo com o idealismo de jovens hegelianos; (b) evidenciaria que cindir jurídica e politicamente cada pessoa na dupla condição de homem e cidadão refletiria uma dicotomia real instaurada pelo capitalismo, útil para difundir a ilusão de que desigualdades sociais não perturbariam a igualdade "essencial" entre as pessoas; (c) desmistificaria um suposto "universalismo" dos direitos humanos e as ilusões quanto a potencialidades transformadoras do direito; (d) adiantaria, ainda de passagem, a ideia de que "direito e capitalismo são gêmeos

---

2. A opção por priorizar o capítulo final da mais recente obra de Trindade para a presente seção diz respeito ao fato de que é uma das poucas obras no Brasil a tratar os direitos humanos a partir do conjunto das obras mais importantes de Marx e Engels. Ao final, veremos citações a outros autores marxistas.

siameses", uma vez que na ordem do capital as relações entre indivíduos seriam baseadas no direito; (e) a emancipação humana — que Marx "logo substituiria por 'comunismo'" — já embutiria a necessidade de futura extinção do Estado; (f) ao propor a ultrapassagem da emancipação política, Marx não estaria se posicionando contra ela, nem contra os direitos humanos, mas desvelando sua insuficiência, por limitarem-se (ambos, emancipação política e direitos humanos) a fronteiras de interesses burgueses na sociedade civil (os direitos humanos) e no Estado (a emancipação política). A sétima ponderação é a efetuada acima, quanto a uma possível correlação entre direitos humanos e relações econômicas capitalistas (Trindade, 2011, p. 82-83).

Assim, o autor afirma que Marx dava vários passos à frente e abria janelas para avanços teóricos posteriores, mas ainda não apreendia

> uma específica correlação, que mais tarde Marx reconheceria como necessária, qual seja, entre os direitos humanos e as formas concretas assumidas pelas relações econômicas no capitalismo. Mas o caminho até chegar a isso já não seria mais tão longo. (Ibid., p. 82)

O capítulo final de sua reconstituição do debate sobre direitos humanos em Marx e Engels[3] é aberto com uma contundente afirmação:

> *Filosoficamente*, há uma disjunção essencial entre, de um lado, a concepção de ser humano, a visão de mundo e a perspectiva histórica de direitos humanos e, de outro lado, a concepção de ser humano, a visão de mundo e a perspectiva histórica do marxismo. Persiste entre ambos, nesses planos, uma contradição *insolúvel*. (Ibid., p. 291, grifos originais)

Para o autor, os direitos humanos compreendidos a partir da modernidade ocidental teriam tido sua gênese nas teorias do direito

---

3. As referências que se seguem a Trindade são retiradas do capítulo Marxismo e direitos humanos: uma contradição filosófica (cf. Trindade, 2011, p. 291-317).

natural coexistentes durante o Iluminismo. Daí decorreria uma concepção abstrata de homem — posto que estivessem desconsiderados aspectos relativos a sua existência real, em época, sociedade, cultura e classe específicas. O ser humano seria visto em uma "essência" hipoteticamente permanente e a-histórica. Mais:

> Além de abstratas e individualistas, as concepções do direito natural eram também, filosoficamente, *idealistas,* seja quanto à noção de homem (a *ideia* de sua natureza invariável e de sua razão universal a-histórica); seja em relação à sociedade (a *hipótese* genésica do contrato social); seja face à origem do Estado (a *conjectura* de que teria nascido de uma deliberação); seja ante o desempenho social do Estado (a *suposição* de sua neutralidade); seja, ainda, quanto aos próprios *direitos naturais* (a *ideia* de sua inerência à natureza humana ou de sua descoberta pela razão individual); seja, por fim, quanto ao *direito positivo* (suposto formato natural das relações sociais).[4]

Marx e Engels teriam optado por caminho oposto: partir da realidade concreta para chegar à ideia. Para isso, suas concepções estariam "[...] fundadas nos alicerces do *materialismo,* da *dialética,* da *História* e da *prática social concreta*" (Trindade, 2011, p. 293, grifos originais). O que não significa que o conhecimento da realidade resultaria inalcançável: ele seria sempre aproximativo, historicamente acumulativo. De *"perpétuo",* haveria apenas o *movimento,* com o ser humano caracterizando-se como um "interminável se autoconstruir", em processo social e historicamente determinado (ibid., p. 294-295).

Quanto ao direito, ele emanaria

> da sociedade, *desta* sociedade fundada na produção de mercadorias (valores de troca), das relações concretamente existentes nela e, acima de tudo, das relações de produção (mediatamente) e das relações de circulação (imediatamente), tendo no contrato a sua fonte historicamente germinativa. (Ibid., p. 296, grifo original)

---

[4]. Cf. Trindade (2011, p. 293, grifos originais).

Dada a "autonomia relativa" em que o direito operaria no campo da superestrutura social que integra, ele também poderia atuar em sentido oposto, sem, contudo, jamais "desconectar-se daquelas relações", nunca a ponto de *opor-se* a elas ou de *inviabilizá-las* (Trindade, 2011, p. 296, grifos originais).

Por sua vez, os direitos humanos, *em sua forma clássica*, teriam advindo das revoluções burguesas — defendendo a existência de direitos civis e políticos adequados à implementação da nova sociabilidade que se anunciava. Nos direitos civis teriam especial destaque: a liberdade individual (pressuposto do contrato); a igualdade (equivalência de valores no processo de troca de mercadorias, correspondendo igualdade jurídica entre os que contratassem tais trocas); a propriedade (apropriação privada dos meios de produção, da mais-valia e das mercadorias produzidas) e a segurança (garantia estatal de cumprimento de tais contratos). Por sua vez, os direitos políticos qualificariam a participação dos indivíduos burgueses no Estado — cuja direção não era mais privilégio da nobreza e que se convertera no comitê público de harmonização dos negócios da burguesia ascendente, nova classe dominante.

O autor se baseia nestas premissas para afirmar que,

> Assim, não há conciliação possível entre, por um lado, conceber o homem como um ser em autoconstrução interminável, uma autoconstrução condicionada social e historicamente, inserido em uma sociedade cortada por interesses antagônicos, cuja marca é a exploração dos trabalhadores; e, por outro lado, conceber o homem como um ser abstrato e individualmente considerado, conformado por uma natureza invariável e portador, desde sempre, de "direitos" inatos e não-históricos. Como, também, não há conciliação possível entre a perspectiva da transformação social em direção a uma sociedade sem classes e, ao mesmo tempo, contemporizar com a apropriação privada capitalista dos meios sociais de produção. (Ibid., p. 297)

Conclui o autor: "Portanto, seja por seus pressupostos filosóficos, seja por seus propósitos sociais e históricos, direitos humanos e marxismo nasceram de costas um ao outro" (loc. cit.).

Mas as lutas de trabalhadores e outros segmentos (mulheres, negros, pessoas com orientações sexuais distintas, pessoas com deficiência)[5] teriam imposto à burguesia, nos últimos duzentos anos, limites à exploração, como vimos em citação anterior ao autor.

Reconhece Trindade: os direitos humanos após tais lutas foram reconfigurados, sendo distintos daqueles dos tempos de Marx e Engels. Do ponto de vista teórico tais conquistas teriam significado "um *arrombamento* das paredes da concepção oligárquico-oitocentista de direitos humanos" (Trindade, 2011, p. 297, grifo original). Desde então, cartas e tratados internacionais, constituições de diversos países e a própria Declaração Universal dos Direitos Humanos de 1948 reconheceriam direitos sociais e econômicos como parte do campo dos direitos do ser social. Ainda que, no quotidiano, um abismo separasse as previsões positivadas da efetividade na vida social.

Do ponto de vista prático, essa "marcha de conquistas sociais", ainda que não rompesse com a lógica do capital, teria trazido um novo desafio ao marxismo:

> Enquanto concepção de mundo sob a perspectiva dos interesses dos explorados e oprimidos, cabe emular essas conquistas, mesmo parciais e insuficientes, e integrar a sua defesa em uma plataforma política de resistência, a plataforma própria a este interregno histórico de defensiva, até que a ultrapassagem revolucionária do capitalismo volte a ser concretamente colocada na ordem do dia pelas lutas e reabra, assim, as portas para a humanidade retomar sua caminhada em direção a uma sociabilidade integralmente emancipadora de todos os indivíduos. (Ibid., p. 301)

Trindade prossegue afirmando que tais conquistas, por vezes, alimentam a ilusão na ideologia jurídica — posto que tornasse "a exploração *mais suportável* aos trabalhadores" (loc. cit., grifo original),

---

5. O autor reconhece, posteriormente, que algumas destas situações são multisseculares, apenas potencializadas pela atual crise do capital, que poderia abrir mão de tais preconceitos sem ameaças a sua reprodução ampliada (Trindade, 2011, p. 302).

lembrando que Marx afirmou que os seres sociais fazem história não nas condições que escolhem, mas nas que estão efetivamente dadas. Caberia ao marxismo, assim, "não se deixar arrastar novamente pela armadilha do *reformismo* político" (Trindade, 2011, p. 301, grifo original), evitando a perspectiva de conciliação de classes proposta pela ideologia jurídica — aproveitando-se do fato de que, malgrado persista a contradição filosófica que defende, parte das conquistas sociais tendencialmente emancipatórias não se conflitariam com uma plataforma marxista, de resistência ao retrocesso social e de retomada das forças necessárias para novos avanços.

Quanto aos direitos econômico-sociais, Trindade defende que sua defesa "deve integrar o cerne do programa político do marxismo de nossos tempos" (ibid., p. 312). Avaliando o retrocesso em torno de direitos no mundo do trabalho desde, pelo menos, a década de 1970, afirma que o capitalismo não só não universaliza tais direitos como necessita que eles entrem em retrocesso. O autor não desconsidera, contudo, os ataques às liberdades individuais em curso na contemporaneidade, citando em particular o comportamento dos Estados Unidos em relação a potenciais suspeitos ou "inimigos" e a populações de seu próprio território. A defesa de garantias individuais, de seu respeito e universalização, também deveriam, obrigatoriamente, compor a plataforma política marxista para a atualidade.

Por fim, Trindade apresenta três razões para responder à seguinte questão: o socialismo poderia ser conceituado atualmente ou equiparado ao desenvolvimento e ao aprofundamento dos direitos humanos do liberalismo? A resposta, segundo o autor enfaticamente negativa, deriva de três fatos. O primeiro é que os direitos humanos do liberalismo eram apenas civis e políticos, e os trabalhadores já os teriam alargado ao longo de suas lutas, forçando os próprios liberais a reconhecê-los em determinadas doutrinas jurídicas e sistemas normativos burgueses. O segundo diz respeito à propriedade privada: se prevista como direito,[6] necessariamente haveria como consequência

---

6. Neste particular o autor faz a seguinte nota: "Nenhum programa político marxista pode incorporar a defesa do direito de propriedade — a não ser que se trate da pequena propriedade

a violação, a delimitação e o condicionamento de todos os demais direitos humanos. À última razão o autor diz ser de natureza teórico-conceitual. O socialismo não poderia desenvolver e/ou aprofundar os direitos humanos por que isso corresponderia a fazê-lo com o próprio Direito, não permitindo superar a forma jurídica cujo envoltório de relações humanas já deverá ter se tornado obsoleto e extemporâneo em uma sociedade comunista.

Finalizando, o autor apresenta a seguinte síntese:

> Temos que: a) por um lado persiste e persistirá uma contradição insuperável entre o marxismo e os direitos humanos no plano conceitual jusfilosófico; b) por outro lado, parte considerável da agenda prática dos direitos humanos (não toda a agenda) — aquela resultante das *conquistas* sociais tendencialmente emancipatórias — harmoniza-se com a plataforma política marxista da época que precede a ultrapassagem do modo social de produção fundado no capital; c) *para além do capital*, a contradição entre o marxismo e os direitos humanos estará superada mediante a própria superação histórica e social do direito — portanto, dos direitos humanos — enquanto forma social correspondente às relações humanas do modo de produção capitalista. (Trindade, 2011, p. 316-317, grifos originais)

Antes de verificarmos como outros autores de perspectiva marxista se posicionam sobre este tema, salientemos alguns aspectos da construção de Trindade.

Registre-se, em princípio, que o autor organiza sua argumentação quanto à incompatibilidade filosófica entre marxismo e direitos humanos baseando-se naquilo que estes últimos se transformaram na perspectiva da sociedade capitalista. Outro aspecto ressaltado por Trindade diz respeito ao reconhecimento, no âmbito dos direitos

---

individual, familiar ou cooperativa, sem exploração de força de trabalho alheia. O *direito de propriedade privada dos meios sociais de produção*, bem como os direitos que lhe são conexos ou dele derivam, são, portanto, *os únicos componentes da agenda dos direitos humanos* que *não cabem em nenhum programa marxista*, mesmo no programa que antecede ao socialismo" (Trindade, 2011, p. 315, grifos nossos).

humanos, de um direito à propriedade privada dos meios de produção. Em um terceiro momento, argumenta o autor marxista que os direitos econômico-sociais deveriam se conformar no cerne de uma plataforma marxista contemporânea para a vida social e para os direitos humanos.

Já apresentamos elementos que se contrapõem a estas três premissas. A primeira, a que diz respeito aos direitos humanos enquanto oriundos exclusivamente das revoluções burguesas e de suas declarações. Aliás, é preciso reconhecer que o próprio Trindade, ao adjetivar *direitos humanos liberais*, acaba por admitir a existência de direitos humanos em outras perspectivas. A burguesia francesa (cuja revolução de 1789 firmou-se como principal referência histórica para o debate em torno dos direitos humanos) anunciou, naquele processo, interesses particulares como interesses universais. Isto viria a ficar evidente muito rapidamente no processo que se seguiu à Revolução, com os poucos trabalhadores urbanos e muitos camponeses que se juntaram às fileiras revolucionárias rapidamente percebendo que aquele processo não lhes garantiria liberdade, igualdade e fraternidade em sua perspectiva — mas os limitaria à ótica da nova sociedade burguesa que se instalava.

A segunda premissa de Trindade se refere ao reconhecimento (ou não, como salientou Marques ao se referir ao mesmo debate) da propriedade privada dos meios de produção como eixo central da existência de direitos humanos. Além de Marques, vimos que a Escola de Budapeste, citada por Flores,[7] não partilha desta visão; o próprio Trindade, aliás, em trecho reproduzido na nota de rodapé imediatamente anterior, relativiza esta afirmação.

Por fim, ao prever a necessidade de salientar, em uma plataforma marxista contemporânea os direitos econômico-sociais, sem abrir mão dos demais, Trindade potencialmente retoma o argumento da concepção aqui denominada socialista de direitos humanos, com ao menos três riscos daí decorrentes. O primeiro, de não perceber que

---

7. Cf. seção 3.6.

há outras perspectivas marxistas sobre o tema. O segundo, o de desconsiderar que na contemporaneidade — como ele mesmo aponta ao citar o comportamento dos países centrais, especialmente os Estados Unidos, em relação ao que denomina de garantias individuais — o capitalismo não consegue reconhecer sequer os direitos que os próprios liberais apontaram como inquestionáveis. Por fim, há que se reconhecer que a complexidade da vida no século XXI faz com que direitos qualificados por Marshall como civis e políticos (por exemplo, o de ir e vir) estejam absolutamente inter-relacionados com direitos que se denomina de sociais (como o acesso a emprego em outros países — *vide* migração para a Europa ou, mesmo, como vimos, para o Brasil, como ocorre atualmente com haitianos e outros povos) — ou a possibilidade de contato com equipamentos sociais que prestam serviços de assistência social, educação e saúde.

Portanto, sem o reconhecimento destas dimensões, muitas delas apontadas pelo próprio Trindade, a afirmação de uma incompatibilidade inquestionável entre marxismo e direitos humanos parece-nos ficar algo fragilizada.

O autor chama atenção, ainda, para características próprias de alguns dos movimentos sociais surgidos ao longo do século XX — como o movimento feminista, o movimento por direitos civis de negros, o movimento em defesa da diversidade sexual, dentre outros. Refere-se ao programa marxista para a contemporaneidade:

> Tendo em vista o seu conteúdo subjetivamente libertador (embora, mesmo no âmbito individual, não possam avançar, sob o capitalismo, além de uma libertação *parcial e relativa*), a defesa desses movimentos, dessas conquistas e dessas reivindicações não pode ficar estranha a um programa marxista contemporâneo. Mas, pelas características apontadas, esses movimentos e essas reivindicações não reúnem condições, sob o prisma da História vindoura, de constituir o núcleo mais dinâmico desse programa. (Trindade, 2011, p. 304, grifos originais)

O autor questiona a composição pluriclassista de tais movimentos como limite para cumprir a tarefa de constituição nuclear de um programa marxista. Ressalte-se, ainda, que tais ressalvas não são feitas levianamente ou de forma principista, sem uma análise das potencialidades e de alguns dos resultados práticos obtidos por tais movimentos na história recente, como pode ser observado nas instrutivas citações que seguem. Sobre o movimento negro:

> O triunfo do movimento pelos direitos civis dos afrodescendentes norte-americanos em meados do século XX, cumulado com as políticas subsequentes de "discriminação positiva" (cotas para os negros), terminaram removendo os obstáculos para a emergência, em uma ou duas gerações, de uma classe média negra nos EUA, até de uma burguesia negra — politicamente, talvez tão conservadoras quanto a classe média e a burguesia brancas. A fração revolucionária do movimento negro norte-americano foi reprimida e esvaziada, firmando hegemonia a vertente liberal. A liquidação do *apartheid* na África do Sul, na virada dos anos 1980 para os anos 1990, não abalou minimamente o capitalismo naquele país, que até se beneficiou do esvaziamento da tensão social e da estabilidade subsequente, propiciada pelos novos governantes negros, que não demoraram para fazer as pazes com o modo de produção. (Trindade, 2011, p. 303, grifo original)

Sobre o movimento feminista:

> Os movimentos feministas mundiais, também ideologicamente diferenciados (predominantemente liberais nos EUA, predominantemente de esquerda na França, Itália, Alemanha e América Latina, e quase sempre híbridos em outros países), não conseguiram reter a base de massa popular que, em maior ou menor grau, pareciam haver obtido durante a segunda onda do feminismo no Ocidente (entre as décadas de 1960 e 1980), terminando por perder ímpeto antes de aquele século terminar. (Loc. cit.)

Quanto aos movimentos por diversidade sexual:

> E os movimentos contra a discriminação de gays, lésbicas e outras minorias sexuais tendem a reduzir-se a *happenings* festivos, a par de

ensejarem o florescimento de um mercado específico, cujo potencial de consumo a burguesia está longe de desdenhar. (Trindade, 2011, p. 303, grifo original)

Para além dos movimentos sociais, Trindade aponta como o capitalismo já assimila outras manifestações políticas que poderiam ter conteúdo potencialmente revolucionário:

> A democracia do capital já absorve, sem pânico, um presidente negro (mesmo em um país de eleitorado predominantemente branco), mulheres na chefia dos Estados, até um ex-operário no governo — desde que tais governantes preservem o principal, ou seja, as leis vigentes e uma ação administrativa que assegurem a propriedade privada dos meios de produção e que garantam a continuidade da apropriação da mais-valia. (Ibid., p. 303-304)

As observações de Trindade são instigantes, necessárias e efetivamente importantes para os debates. Mas é preciso registrar que em todos os exemplos citados há potencialidades para a articulação destas demandas com os efetivos recortes de classe social que fazem com que mulheres, negros, homossexuais e outros segmentos, quando pertencentes às classes subalternas, tenham reconhecimentos ainda mais deficitários (quando não inexistentes) a seus diversos direitos. Também é possível perceber o quanto partidos revolucionários passaram a dar maior atenção a demandas de segmentos da heterogênea classe trabalhadora, buscando sempre articulá-las com a necessidade da defesa da emancipação humana e da crítica à sociedade do capital. No âmbito da diversidade de pessoas que assumem governos, o mesmo tratamento dispensado a Barack Obama, Dilma Rousseff e Luís Inácio Lula da Silva (certamente representantes dos exemplos citados pelo autor) não é o encontrado ao indígena presidente da pequena Bolívia, Evo Morales.

Trindade reconhece a necessidade de atenção a demandas individuais, de cada sujeito social, em citação ao *Manifesto do Partido Comunista*:

Em uma definição que rechaçava as tolas e/ou desonestas acusações correntes de que os comunistas pretendiam "sufocar" a individualidade humana, o *Manifesto*, bem ao contrário, caracteriza o comunismo como uma associação "em que o livre desenvolvimento de cada um é o pressuposto para o livre desenvolvimento de todos". (Trindade, 2011, p. 143, grifo original)

O autor não é o único a apresentar argumentos no sentido de incompatibilidades entre marxismo, comunismo e direitos humanos. Para Tonet (2002, p. 13), a instauração de uma sociabilidade efetivamente socialista implica na não existência de um *direito* à propriedade — "muito menos à propriedade privada". Segundo o autor, também não haverá direitos a liberdade, igualdade, vida, segurança, saúde, trabalho, educação etc. Afirma:

> Estes direitos, por mais aperfeiçoados que possam ser, enquanto permanecerem como *direitos* sempre serão *essencialmente* diferentes de sua realização efetiva numa sociedade socialista. E, por isto mesmo, sempre expressarão uma forma de sociabilidade humana inferior à sociabilidade socialista. Estes direitos continuarão a existir, segundo Marx, como direitos de caráter burguês, no período de transição do capitalismo ao comunismo, mas de modo nenhum na própria sociedade comunista. (Loc. cit., grifos originais)

Para o autor, eis o centro da questão: onde algo exista por força da natureza das coisas, deixa de existir como direito — posto que já não necessitasse de nenhuma *garantia jurídico-política* (o grifo é nosso). Tonet exemplifica:

> Deixa de existir o *direito* à propriedade para existir simplesmente o acesso natural à riqueza. O mesmo se dá em relação a todos os outros direitos. Em resumo, [em] uma sociedade plenamente emancipada, onde foi suprimida radicalmente a desigualdade social, onde os homens são efetivamente livres e iguais, onde os indivíduos podem, de fato, construir-se como indivíduos plenamente humanos porque têm acesso

ao patrimônio genérico comum, não faz sentido a existência de qualquer tipo de poder político e de direito. (Tonet, 2002, p. 13)

Na sociedade humanamente emancipada, em que houver a livre associação dos indivíduos que trabalham, a espécie humana chegará, segundo o autor, ao patamar mais elevado de sua entificação. Este novo patamar abrirá um processo "indefinidamente aperfeiçoável para a humanidade" (Tonet, 2002, p. 4), em momento em que — e só então — poder-se-á dizer que os seres sociais são efetivamente livres. O autor ressalta, como Marx, que este não é necessariamente um processo que virá:

> Todavia, é importante ressaltar: a emancipação humana não é algo inevitável. É somente uma possibilidade. Se se realizará efetivamente ou não, depende da luta dos próprios homens. Porém, ao contrário da impossível cidadania mundial, ela é uma possibilidade real, cujas bases se encontram na materialidade do próprio ser social. (Tonet, 2002, p. 13)

Em nossa leitura, Tonet — como Trindade — parece referir-se especialmente à *forma jurídica* do direito. É ela que, numa sociedade hipotética e efetivamente igualitária, deixa de ter razão de ser. Esta perspectiva comparece na introdução de seu artigo:

> Gostaria de expor, resumidamente, a tese que pretendo defender. Trata-se do seguinte: a *luta pelos chamados direitos humanos só adquire seu pleno e mais progressista sentido se tiver como fim último a extinção dos próprios direitos humanos*. Portanto, não se estiver voltada para o aperfeiçoamento da cidadania e da democracia, mas para a superação radical da ordem social capitalista, da qual as dimensões jurídica e política — onde se encontram a cidadania e a democracia — são parte intimamente integrante. (Ibid., p. 1, grifo original)

Ora, ao propor a defesa da extinção dos próprios direitos humanos como centro da luta por sua efetiva existência, certamente o autor não está se referindo a educação, trabalho, saúde, igualdade, vida.

Como vimos antes, estas seriam dimensões já presentes e incorporadas à sociedade e sociabilidade comunistas. Permite-nos, portanto, a visão de que há, também em Tonet, referência a um suposto direito à propriedade privada dos meios de produção, garantido por cidadania e democracia em perspectiva burguesa — este, sim, necessariamente (e consensualmente, inclusive para os que não veem incompatibilidade entre direitos humanos e marxismo) superado em uma sociedade sem classes.

Tonet não se furta a analisar a possibilidade de subsistência do direito em sociedades pós-capitalistas. Vejamos:

> Para fins de exame, admitamos que direito e política possam subsistir em uma sociedade socialista. É evidente que isto não poderia ser concluído senão após uma profunda discussão acerca do que é socialismo. Com efeito, para Marx, assim como a crítica da religião não é a crítica da religião, mas do solo social que lhe dá origem e sustentação, também no caso do direito e da política (e de toda outra sociedade humana) a crítica de qualquer uma delas é a crítica de sua matriz originária. Se, pois, posto o matrizamento ontológico de uma sociedade socialista (a forma específica do trabalho) — visto sempre numa perspectiva da autoconstrução humana — direito e política fossem uma condição necessária para a reprodução do ser social deste novo patamar, então eles teriam, por força das coisas, sua existência garantida. Sem o exame crítico da problemática do socialismo, a partir do solo matrizador do trabalho, e sem a eliminação, por completo, do pressuposto falso do chamado "socialismo real", toda a discussão fica desfocada e, a meu ver, toda tentativa de fundamentar a perenidade do direito e da política e a validade universal dos direitos humanos, se torna, no mínimo, problemática. (Tonet, 2002, p. 12)

Há, portanto, que reconhecer a necessidade de se definir de que sociedade pós-capitalista se fala. Não fazê-lo pode significar confundir-se com sociedades que se reivindicaram socialistas ao longo do século XX, mas que expressavam apenas uma determinada (e pretensa, posto que não reconhecida por outros marxistas) apropriação do acúmulo marxista para a análise da vida social.

Outros autores, também baseados em referenciais marxistas, entram neste debate sem sequer admitir o fim da dimensão jurídica do direito em uma sociedade humanamente emancipada.[8] Para eles há que se explicitar o que se chama de direito, e que possibilidades há ou não de ressignificá-lo, posto tratar-se de uma objetivação humana secundária, resultante, portanto, da forma como se organiza o trabalho. Lyra Filho, após diferenciar direito e lei,[9] afirma não se tratar de um problema de vocabulário, mas daquilo que se dispuser a aceitar como Direito. O autor cita Bloch para afirmar que não há libertação econômica sem respeito a direitos humanos:

> Sob o ponto de vista do socialismo, não é outro o posicionamento de Ernst Bloch, o filósofo marxista alemão, quando afirma que "a dignidade é impossível sem a libertação econômica", mas a libertação econômica "é impossível, também, se desaparece a causa dos Direitos do Homem. Estes dois resultados não nascem, automaticamente, do mesmo ato, mas reciprocamente se reportam um ao outro. Não há verdadeiro estabelecimento dos direitos humanos sem o fim da exploração: não há fim verdadeiro da exploração, sem o estabelecimento dos direitos humanos". Daí a importância da revisão crítica, inclusive numa legislação socialista. (Lyra Filho, 1982, p. 13)

Defende, a seguir, a possibilidade de concepções jurídicas que dialoguem com a dialética — e para além de suas relações com o Estado:

> A reflexão socialista mais moderna tende, igualmente, a buscar uma teoria jurídica mais flexível, e, afinal, propriamente dialética, em que se liberte daquela noção de Direito como, antes de tudo, direito estatal, ordem estatal, leis e "controle incontrolado". (Ibid., p. 37)

---

8. *Aparentemente* o fazem, posto que dialoguem com a sociedade socialista, mas citam outras potenciais sociabilidades, simultaneamente.

9. Cf. citação anterior.

No socialismo, salienta, permanecem diferentes classes. Assim,

> Não fica eliminada a problemática de classe, nem os limites *jurídicos* em que um regime socialista há de conter os processos de construção, para não desnaturar o próprio socialismo. De qualquer maneira, em sistema capitalista ou socialista, a questão classista não esgota a problemática do Direito: permanecem aspectos de opressão dos grupos, cujos direitos humanos são postergados, por normas, inclusive, legais. Já citamos a questão das raças, religião, sexos — que hoje preocupam os juristas do marxismo não-dogmático. (Lyra Filho, 1982, p. 102, grifo original)

Como afirmamos, os limites deste texto não permitem um debate mais qualificado sobre os variados aspectos apontados por autores do porte de Trindade, Tonet, Lyra Filho e outros que se manifestam sobre a relação entre Direito, transição socialista, sociedade comunista (ou humanamente emancipada). As reflexões aqui apontadas são, assim, questionamentos iniciais, que podem ou não vir a fazer parte de futuros estudos ao longo de novas pesquisas acadêmicas. Ainda assim, como conclusão do presente trabalho e a título de provocações para as reflexões conjuntas com quem nos lê, cumpre registrar o que mais nos incomoda e que guarda profunda relação entre este debate e a forma como parte dos sujeitos sociais que se reivindicam marxistas e revolucionários (de várias filiações, o que, portanto, faz com que qualquer tentativa de identificá-los soe leviana) têm tratado a problemática dos direitos humanos.

4.3 Um novo fim da história? A morte da dialética?

Tonet, ao se referir ao momento em que os seres sociais poderão se reconhecer como, efetivamente, livres — a sociedade humanamente emancipada —, afirma que tal possibilidade "[...] não significa, de modo nenhum, afirmar que são *nem completa, nem perfeita e nem total-*

mente livres, mas que serão, como seres humanos, o *mais plenamente livres possível*" (Tonet, 2002, p. 4, grifos nossos).

Reconhecê-lo significa apontar que a sociedade humanamente emancipada, que poderá advir das lutas por efetiva igualdade, não será estática. Nela, os seres sociais serão *o mais plenamente livres possível*. Afinal, a emancipação humana

> Ao contrário do que muitas vezes se afirma — por ignorância ou má fé — [...] não significa o paraíso terrestre, uma sociedade perfeita, harmônica, sem problemas, plenamente feliz e, portanto, o fim da história. Ao contrário, Marx diz que, na verdade, é o começo da verdadeira história da humanidade, considerando como pré-história todo o processo até a extinção das classes sociais. (Loc. cit.)

Como vimos, há perspectivas de análise dos direitos humanos que apontam a necessidade de correlacioná-los ao caráter ontológico do ser social. Direitos, em uma determinada dimensão, seriam necessidades — geradas por homens e mulheres a partir de sua relação com seus pares e com a natureza — satisfeitas ou não dentro de uma determinada sociabilidade histórica e materialmente concreta. Também pudemos observar, a partir de distintos autores, que a sociedade capitalista — ao contrário do que anunciam os liberais — é geradora de obstáculos para a efetiva liberdade e igualdade entre os diversos seres sociais. Em dados momentos, como o atual, mesmo *direitos* que anuncia como prioritários, inalienáveis e naturais são seguidamente violados, em nome de tentar conceder ao capital maior tempo de vida e aos capitalistas novas possibilidades de produção e ampliação da mais-valia que lhes gera riquezas apropriadas privadamente (embora produzidas socialmente).

Há que se imaginar que em uma sociedade em que os seres sociais tenham suas potencialidades plenamente desenvolvidas a evolução da ciência, da tecnologia, de novas formas de vida e sociabilidade, de novos valores, dentre inúmeras outras dimensões da vida social, sejam maximizadas. Esta sociedade certamente consolidará um patamar de sociabilidade humana infinitamente superior ao atualmente existente. Tamanhas são as alterações possíveis que Marx chega a afirmar que só então se dará o início da verdadeira história da humanidade.

Contudo, é prudente e adequado considerar que isto não significa reverter a perspectiva de Fukuyama (1992) ao analisar os acontecimentos do final do século passado, decretando um fim da história às avessas. Não por que, repetimos, esta sociedade não implique patamares humanos de sociabilidade absurdamente superiores aos anteriores. Mas por que isto significaria decretar a morte da dialética.

Decerto que nesta hipotética, viável e possível nova sociedade e sociabilidade universal e humanamente emancipada as relações não se darão mais entre classes sociais — o que pode dispensar a existência do Estado e, possivelmente, do Direito *no modo como hoje o conhecemos*. Não será, contudo, uma sociedade em que diferenças estarão eliminadas. Ao contrário:

> Numa fase superior da sociedade comunista, quanto tiver desaparecido a escravizante subordinação dos indivíduos à divisão do trabalho e, com ela, a oposição entre o trabalho intelectual e o trabalho manual; quando o trabalho não for apenas um meio de viver, mas se tornar ele próprio na primeira necessidade vital; quando, com o desenvolvimento múltiplo dos indivíduos, as forças produtivas tiverem também aumentado e todas as fontes de riqueza coletiva brotarem com abundância, só então o limitado horizonte do direito burguês poderá ser definitivamente ultrapassado e a sociedade poderá escrever nas suas bandeiras: "De cada um segundo as suas capacidades, a cada um segundo as suas necessidades!" (Marx, 2004, p. 109-110)

A eliminação, prévia e sem análise dos condicionantes materiais vindouros, da necessidade de existência de direitos humanos — vistos como necessidades geradas pelos próprios seres sociais, e não necessariamente satisfeitas de imediato — em uma sociedade humanamente emancipada já foi utilizada como argumento por regimes que decretaram não a ampliação dos direitos em sua plenitude. Muitas vezes, aliás, significaram violações, mortes, repressões que jamais podem ser atribuídas a Marx, Engels e outros autores da teoria crítica, como apontado por Trindade em citação feita em capítulo anterior.

Não há como antecipar quais serão os desafios e contradições postos a uma sociedade humanamente emancipada. Contudo, há como considerar o que foram, permanecem sendo, e o que resultou das polêmicas existentes (inclusive no campo dos que se reivindicam socialistas e marxistas) quanto a diferentes aspectos da vida social: direitos humanos; existência ou não de liberdades políticas em sociedades pós-capitalistas, mesmo as "de transição"; inter-relações e interdependências existentes entre *direitos* "civis", "políticos", "sociais", "econômicos", "culturais" e outros; níveis de participação política e de deliberações tomadas por governos ou por trabalhadores livremente associados; dentre outros vários fatores.

Parece-nos, assim, que afirmar a plena satisfação das necessidades humanas, geradas, disputadas e vivenciadas pelos próprios seres sociais em suas infindas capacidades e potencialidades, é a forma mais adequada de enfrentar o polêmico debate sobre os direitos humanos na contemporaneidade. Nesta perspectiva, eles não são mera tática para chegar a outra sociabilidade: são contribuições, adições à necessária extinção das classes sociais. A adoção de hierarquizações de importância entre distintas dimensões da vida dos sujeitos sociais só nos traz problemas: admite-se (ainda que em outra suposta direção) uma construção evolucionista de satisfação de necessidades humanas; assume-se o risco, apontado por autores de Budapeste, de uma decisão subjetiva sobre que dimensões devem se sobrepor sobre outras; limita a adesão de seres sociais que têm profundamente limitados aspectos de sua vida que não estão imediata ou exclusivamente relacionados à divisão de classes sociais na sociedade (embora a existência destas classes potencializem tais privações); tende a repetir equívocos cometidos em nome do marxismo e das sociedades pós-capitalistas defendidas como alternativa à sociabilidade do capital.

Nesta perspectiva, direitos humanos não se efetivam universalmente nos limites da sociedade capitalista. O que implica apreendê-los em uma concepção dialética e histórica, que contribua para a construção de uma sociabilidade em que homens e mulheres, mesmo diversos e heterogêneos, vivenciem a efetiva emancipação anunciada por Marx e disputada por tantos sujeitos sociais ao longo da história — e persistam gerando e buscando a satisfação de necessidades que, cada vez mais, serão então muito mais capazes de gerar.

Referências

ANDERSON, Perry. Balanço do neoliberalismo. In: SADER, Emir; GENTILI, Pablo (Orgs.). *Pós-neoliberalismo*: as políticas sociais e o Estado democrático. Rio de Janeiro: Paz e Terra, 1995. Cap. 1.

ARQUIDIOCESE DE SÃO PAULO. *Brasil*: nunca mais. Petrópolis: Vozes, 2011. (Col. Vozes de Bolso.)

ASLAN, Reza. *Zelota*: a vida e a época de Jesus de Nazaré. Rio de Janeiro: Zahar, 2013.

BARROCO, Maria Lúcia S. *Ética*: fundamentos sócio-históricos. São Paulo: Cortez, 2008. (Biblioteca básica de Serviço Social, v. 4.)

BEER, Max. *História do socialismo e das lutas sociais*. São Paulo: Expressão Popular, 2006.

BOBBIO, Norberto. *A era dos direitos*. Rio de Janeiro: Elsevier, 2004.

BONSTEIN, Julia. Maioria dos alemães orientais sente que a vida era melhor no comunismo. *Der Spiegel*. Alemanha, 2009. Disponível em: <http://noticias.uol.com.br/midiaglobal/derspiegel/2009/07/05/ult2682u1224.jhtm>. Acesso em: 14 set. 2009.

BRASIL. *Constituição Federal* (1988). 40. ed. atual. e ampl. São Paulo: Saraiva, 2007.

CAVALCANTI, Flavia Guerra. Até parece insulto. *O Globo*, 22 jan. 2012, p. 7, Opinião, Rio de Janeiro, 2012.

CHAUI, Marilena. *Convite à filosofia*. 7. ed., 2. reimpr. São Paulo: Ática, 2000.

COMPARATO, Fábio Konder. *A afirmação histórica dos direitos humanos*. 6. ed. São Paulo: Saraiva, 2008.

CONSELHO FEDERAL DE SERVIÇO SOCIAL (CFESS). *O trabalho do assistente social no SUAS*. Brasília: CFESS, 2011.

COUTINHO, Carlos Nelson. *O estruturalismo e a miséria da razão*. São Paulo: Expressão Popular, 2010.

_____. Democracia: um conceito em disputa. *Socialismo e Liberdade*, Rio de Janeiro, Fundação Lauro Campos, ano I, n. 0, p. 15-22, 2009 (edição experimental).

_____. *Contra a corrente*: ensaios sobre democracia e socialismo. São Paulo: Cortez, 2008, 2. ed. revista e atualizada.

_____. Pluralismo: dimensões teóricas e políticas. *Cadernos Abess*, Ensino em Serviço Social: pluralismo e formação profissional. São Paulo: Cortez, n. 4, 1991.

DORNELLES, João Ricardo W. *O que são direitos humanos*. 3. reimpr. São Paulo: Brasiliense, 2007. (Col. Primeiros Passos, v. 229.)

DURKHEIM, Émile. *Da divisão do trabalho social*; As regras do método sociológico; O suicídio; As formas elementares da vida religiosa. Émile Durkheim: seleção de textos de José Arthur Gianotti. Traduções de Carlos Alberto Ribeiro de Moura et al. São Paulo: Abril Cultural, 1978.

DWYER, Jim; FLYNN, Kevin. *102 minutos*: a história inédita da luta pela vida nas torres gêmeas. São Paulo: Jorge Zahar, 2005.

ENGELS, Friedrich. *Do socialismo utópico ao socialismo científico*. Lisboa: Estampa, 1974.

_____; KAUTSKY, Karl. *O socialismo jurídico*. São Paulo: Boitempo, 2012.

FERNANDES, Florestan. O que é revolução. In: _____. *Clássicos sobre a revolução brasileira*. 4. ed. São Paulo: Expressão Popular, 2005.

FLORES, Joaquín Herrera. *Los derechos humanos desde la Escuela de Budapest*. Madrid: Tecnos, 1989.

FOLHA DE S.PAULO. Zona do euro tem maior desemprego desde 1997, 3 abr. 2012, p. A-18, caderno Mundo.

FREDERICO, Celso. *O jovem Marx (1843-1844)*: as origens da ontologia do ser social. São Paulo: Expressão Popular, 2009.

FUKUYAMA, Francis. *O fim da história e o último homem*. Rio de Janeiro: Rocco, 1992.

GORENDER, Jacob. *Direitos humanos*: o que são (ou devem ser). São Paulo: Senac, 2004. p. 11-48.

HOBBES, Thomas. *Leviatã ou matéria, formas e poder de um estado eclesiástico e civil*. São Paulo: Martin Claret, 2009. (Col. A obra prima de cada autor, série ouro, v. 1.)

HOBSBAWM, Eric. *A era das revoluções (1789-1848)*. São Paulo: Paz e Terra, 2010.

_____. *Era dos extremos*: o breve século XX (1914-1991). São Paulo: Companhia das Letras, 1995.

HUNTINGTON, Samuel P. *O choque de civilizações e a recomposição da ordem mundial*. Rio de Janeiro: Objetiva, 1997.

IANNI, Octavio (Org.). *Marx*. 3. ed. São Paulo: Ática, 1982. (Col. Grandes Cientistas Sociais.)

IASI, Mauro Luís. O direito e a luta pela emancipação humana. In: FORTI, Valéria; BRITES, Cristina Maria. *Direitos humanos e serviço social*: polêmicas, debates e embates. Rio de Janeiro: Lumen Juris, 2011. p. 171-193.

_____. *Ensaios sobre consciência e emancipação*. São Paulo: Expressão Popular, 2007.

_____. Nada deve parecer impossível de ser mudado. In: BEER, Max. *História do socialismo e das lutas sociais*. São Paulo: Expressão Popular, 2006. p. 7-12.

INSTITUTO BRASILEIRO DE GEOGRAFIA E ESTATÍSTICA (IBGE). *Estatísticas do Registro Civil*, v. 32, 2005. Disponível em: <http://www.ibge.gov.br/home/estatistica/populacao/registrocivil/2005/registrocivil_2005.pdf>. Acesso em: 15 jul. 2009.

JAMESON, Fredric. *Pós-modernismo*: a lógica cultural do capitalismo tardio. São Paulo: Ática, 1996.

KARAM, Maria Lúcia. *Expansão do poder punitivo e violação de direitos fundamentais*. Disponível em: <http://www.mundojuridico.adv.br>. Acesso em: 8 out. 2009.

KONDER, Leandro. *Introdução ao fascismo*. 2. ed. São Paulo: Expressão Popular, 2009a.

_____. *O marxismo na batalha das ideias*. São Paulo: Expressão Popular, 2009b.

_____. *O que é a dialética*. São Paulo: Brasiliense, 2008. (Col. Primeiros Passos; v. 23.)

LAFER, Celso. Apresentação. In: BOBBIO, Norberto. *A era dos direitos*. Rio de Janeiro: Elsevier, 2004. p. v-xviii.

LESSA, Camilla P.; MORAES, Luana A.; RUIZ, Jefferson L. S. Violência física contra homossexuais. In: CONFERÊNCIA MUNDIAL DE TRABALHADORES SOCIAIS, 19., *Anais...*, CFESS/FITS, Brasília, 2008.

LESSA, Sérgio. *Para compreender a Ontologia de Lukács*. Disponível em: <http//www.espacoacademico.com.br/077/77lessa.htm>. Acesso em: 20 maio 2008.

LYRA FILHO, Roberto. *O que é o direito*. São Paulo: Brasiliense, 1982. (Col. Primeiros Passos.)

MARINHEIRO, Vaguinaldo. Continente deve ter sua geração perdida, como aconteceu no Japão dos anos 1990. *Folha de S.Paulo*, Mundo, 3 abr. 2012, p. A-18.

MARQUES, Elídio Alexandre Borges. Direitos humanos: para um esboço de uma rota de colisão com a ordem da barbárie. In: FORTI, Valéria; BRITES, Cristina Maria. *Direitos humanos e serviço social*: polêmicas, debates e embates. Rio de Janeiro: Lumen Juris, 2011. p. 195-209.

_____. *Imperialismo e direitos humanos no século XXI*: restrições legais e violações diretas às liberdades individuais na atual fase de acumulação capitalista. Tese (Doutorado em Serviço Social) — Escola de Serviço Social, Universidade Federal do Rio de Janeiro, Rio de Janeiro, 2006. 277 f.

MARSHALL, T. H. *Cidadania, classe social e status*. Rio de Janeiro: Zahar, 1967.

MARX, Karl. *Para a questão judaica*. São Paulo: Expressão Popular, 2009.

_____. *O capital*: crítica da economia política. Rio de Janeiro: Civilização Brasileira, 2008a. livro 1, v. 1.

MARX, Karl. O 18 Brumário de Luis Bonaparte. In: _____. *A revolução antes da revolução*. São Paulo: Expressão Popular, 2008b.

_____. Crítica ao Programa de Gotha. In: ANTUNES, Ricardo (Org.). *A dialética do trabalho* — Escritos de Marx e Engels. São Paulo: Expressão Popular, 2004.

_____. *Contribuição à crítica da economia política*. 2. ed. São Paulo: Martins Fontes, 1983.

_____; ENGELS, Friedrich. *A ideologia alemã*. São Paulo: Expressão Popular, 2009.

_____; _____. *Manifesto do Partido Comunista*. São Paulo: Expressão Popular, 2008.

MASCARO, Alysson Leandro. Prefácio. In: TRINDADE, José Damião de Lima. *Os direitos humanos na perspectiva de Marx e Engels*. São Paulo: Alfa-Omega, 2011.

MATSUURA, Koichiro. *Mensagem do diretor-geral da Unesco por ocasião do Dia Internacional para a eliminação da pobreza, 17 de outubro*. Disponível em: <http://www.unesco.org.br/noticias/opiniao/disc_mat/elim_pobreza/mostra_documento>. Acesso em: 23 out. 2006.

MAZZUOLI, Valerio de Oliveira (Org.). *Coletânea de direito internacional*. 3. ed. São Paulo: Revista dos Tribunais, 2005.

MELLO, Leonel Itaussu Almeida. John Locke e o individualismo liberal. In: WEFFORT, Francisco C. (Org.). *Os clássicos da política*. 13. ed., 13. reimpr. São Paulo: Ática, 2006. p. 79-110.

MÉSZÁROS, István. *Filosofia, ideologia e ciência social*: ensaios de negação e afirmação. São Paulo: Boitempo, 2008.

_____. *O poder da ideologia*. São Paulo: Boitempo, 2004.

MOTA, Helena de Assis. *Escritos marxianos de juventude e direito*. Dissertação (Mestrado em Sociologia) — Instituto de Filosofia e Ciências Humanas, Universidade Estadual de Campinas, Campinas, 2011. 93 f.

NASCIMENTO, Milton Meira do. Rousseau: da servidão à liberdade. In: WEFFORT, Francisco C. (Org.). *Os clássicos da política*. 13. ed., 13. reimpr. São Paulo: Ática, 2006. p. 187-241.

NETTO, José Paulo. Posfácio. In: COUTINHO, Carlos Nelson. *O estruturalismo e a miséria da razão*. 2. ed. São Paulo: Expressão Popular, 2010.

_____. Prólogo à edição brasileira. In: MARX, Karl. *Para a questão judaica*. São Paulo: Expressão Popular, 2009a.

_____. Introdução. In: MARX, Karl. *Miséria da filosofia*: resposta à Filosofia da miséria, do Sr. Proudhon. São Paulo: Expressão Popular, 2009b.

_____. Cinco notas a propósito da "questão social". *Temporalis*, Brasília, Abepss, n. 3, p. 41-49, 2001.

_____. Prólogo — elementos para uma leitura crítica do Manifesto Comunista. In: MARX, Karl; ENGELS, Friedrich. *Manifesto do Partido Comunista*. São Paulo: Cortez, 1998.

_____. *Crise do socialismo e ofensiva neoliberal*. 2. ed. São Paulo: Cortez, 1995. (Col. Questões de nossa época; v. 20.)

ORWELL, George. A revolução dos bichos. *Folha de S.Paulo*, São Paulo, 2003.

PAGLIUCA, José Carlos Gobbis. *Direitos humanos*. São Paulo: Rideel, 2010.

REIS, Toni. GLTB e direitos humanos em 2004: um balanço. In: _____. *Direitos humanos no Brasil 2004*. Relatório da Rede Social de Justiça e Direitos Humanos. São Paulo: Rede Social de Justiça e Direitos Humanos, 2004. p. 281-286.

RIBEIRO, Fabiana. Na contramão do mundo. *O Globo*, Rio de Janeiro, 19 fev. 2012, p. 27.

RIBEIRO, Renato Janine. Hobbes: o medo e a esperança. In: WEFFORT, Francisco C. (Org.). *Os clássicos da política*. 13. ed., 13. reimpr. São Paulo: Ática, 2006. p. 51-77.

ROSDOLSKY, Roman. *Gênese e estrutura de "O capital" de Karl Marx*. Trad. César Benjamin. Rio de Janeiro: EDUERJ/Contraponto, 2001.

ROUANET, Sérgio Paulo. *Mal-estar da modernidade*: ensaios. 2. ed. São Paulo: Companhia das Letras, 1998.

ROUSSEAU, Jean-Jacques. *Do contrato social*. São Paulo: Penguin Classics, Companhia das Letras, 2011.

_____. *Discurso sobre as ciências e as artes*: discurso sobre a origem e os fundamentos da desigualdade entre os homens. São Paulo: Martin Claret, 2010. (Col. A obra-prima de cada autor; v. 199.)

RUIZ, Jefferson Lee de Souza Ruiz. *Cuba libre*: aquele pontinho no globo terrestre que é uma pedra no sapato do capital. Disponível em: <http://midiaequestaosocial.blogspot.com/2011/07/editoria-estranha-semelhanca-com-utopia.html>. Acesso em: 11 fev. 2012.

SAES, Décio Azevedo Marques de. *Cidadania e capitalismo*: uma crítica à concepção liberal de cidadania. Instituto de Estudos Avançados da Universidade de São Paulo. São Paulo: USP, abr. 2000. (Col. Documentos; v. 8.) Disponível em: <http://www.unicamp.br/cemarx/criticamarxista/16saes.pdf>. Acesso em: 20 maio 2010.

SALES, Mione Apolinário; RUIZ, Jefferson Lee de Souza. *Mídia, questão social e Serviço Social*. São Paulo: Cortez, 2009.

SANTOS, Boaventura de Sousa. Por uma concepção multicultural de direitos humanos. In: _____. *Os caminhos e o cosmopolitismo multicultural*. Rio de Janeiro: Civilização Brasileira, 2003.

_____. *Pela mão de Alice*: o social e o político na pós-modernidade. 2. ed. São Paulo: Cortez, 1996.

SANTOS, Josiane Soares. *Neoconservadorismo pós-moderno e Serviço Social brasileiro*. São Paulo: Cortez, 2007. (Col. Questões da nossa época, v. 132.)

SECRETARIA ESPECIAL DE DIREITOS HUMANOS. *Revista Direitos Humanos*, Especial PNDH-3, Brasília, SEDH, abr. 2010.

_____. *Capacitação de gestores em direitos humanos*. Brasília, SEDH/Ministério da Justiça do Governo Federal do Brasil, 2004. (Mimeo.)

SPENCER, Colin. *Homossexualidade:* uma história. Rio de Janeiro: Record, 1996.

SUN TZU. *A arte da guerra*. Porto Alegre: L&PM, 2000.

TOLEDO, Bruno Alves de Souza. Sistemas Internacionais de Proteção aos Direitos Humanos: a experiência do sistema prisional do Espírito Santo. *Em Foco*, edição Direitos Humanos, Rio de Janeiro, CRESS-RJ, 2014 [no prelo].

TONET, Ivo. *Cidadão ou homem livre?* Disponível em: <http://www.ivotonet.xpg.com.br/arquivos/cidadao_ou_homem_livre.pdf>. Acesso em: 20 abr. 2012.

_____. Para além dos direitos humanos. *Novos Rumos*, São Paulo, v. 37, p. 63-72, 2002.

TRINDADE, José Damião de Lima. Direitos humanos: distintas concepções em disputa. *Em Foco*, edição Direitos Humanos. Rio de Janeiro, CRESS-RJ, 2014 [no prelo].

_____. *Os direitos humanos na perspectiva de Marx e Engels*: emancipação política e emancipação humana. São Paulo: Alfa-Omega, 2011.

_____. *História social dos direitos humanos*. São Paulo: Peirópolis, 2002.

URIBE, Gustavo. Índice de assassinatos entre negros é duas vezes maior. São Paulo, agência Estado, 25 ago. 2009. Disponível em: <http://www.estadao.com.br/noticias/geral,indice-de-assassinatos-entre-negros-e-duas-vezes-maior,424505,0.htm>. Acesso em: 30 set. 2009.

VENTURI, Gustavo; RECAMÁN, Marisol. As mulheres brasileiras no início do século 21. In: _____. *Direitos Humanos no Brasil 2005*. Relatório da Rede Social de Justiça e Direitos Humanos. São Paulo: Rede Social de Justiça e Direitos Humanos, 2005. p. 161-172.

WALLERSTEIN, Immanuel. *O universalismo europeu*: a retórica do poder. São Paulo: Boitempo, 2007.

WEBER, Max. *A ética protestante e o espírito do capitalismo*. São Paulo: Pioneira, 1987.

WILDE, Oscar. *A alma do homem sob o socialismo*. Porto Alegre: L&PM, 2003.

WOLKMER, Antônio Carlos. *Introdução ao pensamento jurídico crítico*. 7. ed. São Paulo: Saraiva, 2009.

_____. Marx, a questão judaica e os direitos humanos. *Sequência*, n. 48, p. 11-28, jul. 2004.

ZIZEK, Slavoj. Contra os direitos humanos. *Mediações*, Londrina, v. 15, n. 1, p. 11-29, jan./jun. 2010.

Filmes cinematográficos (DVD)

A FUGA DAS GALINHAS. Direção: Peter Lord; Nick Park. Produção: David Sproxton. Reino Unido: Paramount, 2000. (1 DVD.)

JEAN CHARLES. Direção: Henrique Goldman. Produção: Henrique Goldman; Carlos Nader; Luke Schiller. Reino Unido: Imagem filmes, 2009. (1 DVD.)

ADEUS, LENIN. Direção: Wolfgang Becker. Produção: Stefan Arndt. Alemanha, 2002. (1 DVD.)

Páginas eletrônicas

CONSELHO FEDERAL DE SERVIÇO SOCIAL. <http://www.cfess.org.br/arquivos/SEMINARIO_SS_no_SUAS(2009).PDT>. Acesso em: 30 nov. 2011.

DHNet DIREITOS HUMANOS NA INTERNET. <http://www.dhnet.org.br/direitos/sip/index.html>. Acesso em: 8 fev. 2012.

MARCELO FREIXO. <http://www.marcelofreixo.com.br/site/noticias_do.php?codigo=184>. Acesso em: 30 jan. 2012.

OBSERVATÓRIO DA IMPRENSA. <http://www.observatoriodaimprensa.com.br/news/view/paulo-verlaine--37413>. Acesso em: 30 mar. 2012.

OPERA MUNDI. <http://operamundi.uol.com.br/conteudo/noticias/19667/pelo+mundo+brasileiros+protestam+contra+a+desocupacao+do+pinheirinho.shtml>. Acesso em: 6 fev. 2012.

PELA SAÚDE. < http://pelasaude.blogspot.com/>

SECRETARIA DE DIREITOS HUMANOS. <http://www.sedh.gov.br>. Acesso em: 30 mar. 2012.

SOCIALIST WORKER. <http://socialistworker.co.uk>. Acesso em: 7 set. 2011.

UNIVERSO ON LINE. <http://noticias.uol.com.br/ultimas-noticias/afp/2011/06/17/onu-aprova-resolucao-historica-sobre-direitos-dos-homossexuais.jhtm>. Acesso em: 3 jan. 2012.

UNITED NATIONS MULTIMEDIA. <http://www.unmultimedia.org/radio/portuguese/detail/155399.html>. Acesso em: 1º fev. 2012.

Sobre o Autor

Jefferson Lee de Souza Ruiz é assistente social e mestre em Serviço Social pela Universidade Federal do Rio de Janeiro (UFRJ), sendo os direitos humanos o centro de suas principais produções. Desde 2000 presta assessoria às direções do Conselho Regional de Serviço Social 7ª Região (RJ). Em sua trajetória militante integrou a direção de movimentos sociais, sindicais e partidários. Tem experiência em docência universitária e em cursos e debates promovidos por diversas instituições. Publicou artigos sobre direitos humanos e temas afins. É co-organizador do livro *Mídia, questão social e Serviço Social*, publicado pela Cortez Editora.